OCTAVE FEUILLET

DE L'ACADÉMIE FRANÇAISE

MONSIEUR
DE CAMORS

PARIS
CALMANN-LÉVY, ÉDITEURS
3, RUE AUBER, 3

Droits de reproduction et de traduction réservés pour tous les pays.

ŒUVRES COMPLÈTES

D'OCTAVE FEUILLET

DE L'ACADÉMIE FRANÇAISE

MONSIEUR DE CAMORS

CALMANN-LÉVY, ÉDITEURS

ŒUVRES COMPLÈTES
D'OCTAVE FEUILLET
DE L'ACADÉMIE FRANÇAISE

Grand format in-18

LES AMOURS DE PHILIPPE	1 vol.
BELLAH	1 —
LE DIVORCE DE JULIETTE	1 —
HISTOIRE DE SIBYLLE	1 —
HISTOIRE D'UNE PARISIENNE	1 —
HONNEUR D'ARTISTE	1 —
LE JOURNAL D'UNE FEMME	1 —
JULIA DE TRÉCŒUR	1 —
UN MARIAGE DANS LE MONDE	1 —
MONSIEUR DE CAMORS	1 —
LA MORTE	1 —
LA PETITE COMTESSE, LE PARC, ONESTA	1 —
LE ROMAN D'UN JEUNE HOMME PAUVRE	1 —
SCÈNES ET COMÉDIES	1 —
SCÈNES ET PROVERBES	1 —
THÉÂTRE COMPLET	5 —
LA VEUVE	1 —

L'ACROBATE, comédie en un acte.
LA BELLE AU BOIS DORMANT, comédie en cinq actes.
LE CAS DE CONSCIENCE, comédie en un acte.
CHAMILLAC, comédie en cinq actes.
LE CHEVEU BLANC, comédie en un acte.
CIRCÉ, proverbe en un acte.
LA CLÉ D'OR, comédie lyrique.
LA CRISE, comédie en quatre actes.
DALILA, drame en quatre actes, six parties.
LA FÉE, comédie en un acte.
JULIE, drame en trois actes.
MONTJOYE, comédie en cinq actes.
LA PARTIE DE DAMES, pièce en un acte.
PÉRIL EN LA DEMEURE, comédie en deux actes.
LES PORTRAITS DE LA MARQUISE, comédie-pastiche.
LE POUR ET LE CONTRE, comédie en un acte.
RÉDEMPTION, comédie en cinq actes.
LE ROMAN D'UN JEUNE HOMME PAUVRE, comédie en cinq actes, sept tableaux.
LE ROMAN PARISIEN, comédie en cinq actes.
LE SPHINX, drame en quatre actes.
LA TENTATION, comédie en cinq actes, six tableaux.
LE VILLAGE, comédie en un acte.

E. GREVIN — IMPRIMERIE DE LAGNY

M. DE CAMORS

Des confidences particulièrement dignes de foi nous ont guidé dans le cours de ce récit. La partie du public dont l'intérêt passionné s'attachait naguère au mystère dramatique d'une brillante existence parisienne peut donc lire ces pages avec confiance : elle y trouvera la vérité même sur le caractère et la destinée d'un homme qui nous paraît être une des physionomies les plus expressives de son temps et de son pays, le comte Louis Lange d'Ardennes de Camors.

Dire d'un scélérat qu'il était né scélérat, d'une femme légère qu'elle était née courtisane, c'est une vaine et triste parole qu'on entend chaque jour et qu'on lit partout. Cette banalité a l'inconvénient de renverser en passant quelques notions de morale encore accréditées dans la foule. Si l'homme n'est responsable de ses actes que devant la gendarmerie, à la bonne heure; mais, tant que l'humanité ne se sera pas rendue tout entière à cette croyance aussi élevée que salutaire, il faut tâcher de se persuader et de persuader aux autres qu'il n'y a point de fatalités de naissance. Cela est tout au moins encourageant pour les pères qui se donnent la peine d'élever leurs enfants, et pour les gens de bien qui se dévouent à l'éducation populaire. Nous croyons, quant à nous, que le héros de ce livre était né pour être un honnête homme, ou le contraire, ou quelque chose entre les deux, suivant la direction que ses précepteurs naturels devaient imprimer à ses penchants et à ses facultés, suivant le milieu moral dont il subirait l'influence, et enfin suivant l'usage qu'il ferait lui-même sur lui-même de sa volonté intelligente et libre.

PREMIÈRE PARTIE

I

Un soir du mois de mai, vers onze heures, un homme d'une cinquantaine d'années, fort bien fait et de haute mine, descendait d'un coupé dans la cour d'un petit hôtel de la rue Barbet-de-Jouy. Il monta d'un pas de maître les marches du perron. Deux ou trois domestiques l'attendaient dans le vestibule. L'un d'eux le suivit dans un vaste cabinet de travail situé au premier étage, et qui communiquait avec une chambre à coucher par une arcade drapée. Le valet raviva les feux des lampes qui éclairaient ces deux pièces, et il allait se retirer quand son maître lui dit :

— Mon fils n'est pas rentré?

— Non, monsieur le comte... Monsieur le comte n'est pas souffrant?

— Souffrant? pourquoi?

— Monsieur le comte est pâle.

— J'ai eu un peu froid ce soir au bord du lac.

— Monsieur le comte ne désire rien?

— Rien.

Le domestique sortit.

Resté seul, le comte s'approcha d'un meuble curieusement travaillé à la mode italienne, et y prit une boîte longue et plate en bois d'ébène. Elle contenait deux pistolets, qu'il s'occupa de charger avec soin. Il y ajusta ensuite des capsules, qu'il écrasa légèrement avec le pouce sur la cheminée de l'arme. Cela fait, il consulta sa montre, alluma un cigare, et, pendant une demi-heure, le bruit régulier de ses pas résonna sourdement sur le tapis de la galerie. Son cigare fini, il s'arrêta, parut réfléchir, et entra dans la chambre voisine, emportant ses armes. Cette pièce, comme la précédente, était meublée avec une élégance sévère et ornée avec goût : quelques tableaux, tous de maîtres, des marbres, des bronzes, des ivoires. Le comte jeta un regard d'intérêt singulier sur l'intérieur de cette chambre, qui était la sienne, sur les objets familiers, sur les tentures sombres, sur le lit préparé pour le sommeil; puis, se dirigeant vers une table qui était placée dans l'embrasure d'une fenêtre, il y posa les pistolets, s'assit, médita quelques minutes la tête dans ses mains, et se mit à écrire ce qui suit :

A MON FILS

« Mon fils, la vie m'ennuie; je la quitte. La vraie supériorité de l'homme sur les créatures inertes ou passives qui l'entourent, c'est de pouvoir s'affranchir à son gré des servitudes fatales qu'on nomme les lois de la nature. L'homme peut, s'il veut, ne pas vieillir : le lion ne le peut pas. Méditez sur ce texte, toute force humaine est là.

» La science le dit et le prouve. L'homme intelligent et libre est sur cette planète un animal imprévu. Produit d'une série de combinaisons et de transformations inattendues, il éclate au milieu de la soumission des choses comme une dissonance et une révolte. La nature l'a engendré sans l'avoir conçu. C'est une dinde qui a couvé sans le savoir un œuf d'aigle; effrayée du monstre, elle a prétendu l'enchaîner : elle l'a surchargé d'instincts dont il a fait des devoirs, de règlements de police dont il a fait des religions. Chacune de ces entraves brisées, chacune de ces servitudes vaincues marque un pas dans l'émancipation virile de l'humanité.

» C'est vous dire que je meurs dans la foi de mon siècle. Je crois à la matière incréée, féconde, toute-puissante, éternelle. C'est la Nature des anciens. Il y a eu dans tous les temps les sages qui ont entrevu la vérité. Mûre aujourd'hui, elle tombe dans le domaine commun : elle appartient à tous ceux qui sont de taille à la porter, car cette religion dernière de l'humanité est le pain des forts. Elle a sa tristesse, elle isole l'homme; mais elle a sa grandeur, car elle le fait libre, elle le fait dieu. Elle ne lui laisse de devoirs qu'envers lui-même; elle ouvre un champ superbe aux gens de tête et de courage.

» La foule reste encore et restera toujours plus ou moins courbée sous le joug de ses religions mortes, sous la tyrannie des instincts. On verra toujours plus ou moins ce que vous voyez en ce moment à Paris : une société dont le cerveau est athée et le cœur dévot. Au fond, elle ne croit pas plus au Christ qu'à Jupiter, mais elle continue machinalement de bâtir des églises. Elle n'est même plus déiste : elle supprime radicalement au fond de sa pensée la vieille chimère du Dieu personnel et moral, témoin, sanction et juge; mais elle ne dit pas un mot, elle n'écrit pas une ligne, elle ne fait pas un geste dans sa vie publique ou privée, qui ne soit l'affirmation de cette chimère. Cela est utile peut-être, mais cela est méprisable. Sortez de ce troupeau, recueillez-vous, et écrivez votre catéchisme vous-même sur une page blanche.

» Quant à moi, j'ai manqué ma vie pour être né quelques années trop tôt. La terre et le ciel étaient alors encombrés de ruines. On n'y voyait pas. La science, d'ailleurs, était relativement en enfance. De plus, j'avais contre les doctrines du monde nouveau les préventions et les répugnances naturelles à mon nom. Je ne comprenais pas qu'il y a quelque chose de mieux à faire que de bouder puérilement contre son vainqueur : c'est de reconnaître que ses armes sont bonnes, de les lui prendre et de l'en écraser. Bref, faute d'un principe d'action, j'ai flotté au hasard : ma vie n'a pas eu de plan. Je n'ai été qu'un homme de plaisir, c'est trop peu. Vous serez plus complet, si vous voulez m'en croire.

» Que peut être un homme de ce temps qui a le bon sens et l'énergie de conformer sa vie à sa foi? Je pose la question, c'est à vous de la résoudre; je ne puis que vous livrer à la hâte quelques idées que je crois justes et que vous creuserez à loisir. Le matérialisme n'est une doctrine d'abrutissement que pour les sots ou pour les faibles : assurément je ne lis dans son code aucun des préceptes de la morale vulgaire, de ce que nos pères appelaient la vertu; mais j'y lis un grand mot qui peut suppléer à bien d'autres, l'honneur, c'est-à-dire l'estime de soi. Il est clair qu'un matérialiste ne peut être un saint; mais il peut être un gentilhomme, c'est quelque chose. Vous avez d'heureux dons, mon fils; je ne vous connais qu'un devoir au monde, c'est de les développer largement et d'en jouir avec plénitude. Usez sans scrupule des femmes pour le plaisir, des hommes pour la puissance, mais ne faites rien de bas.

» Pour que l'ennui ne vous chasse pas comme moi prématurément de ce monde dès que la saison du plaisir sera close, ménagez à votre âge mûr les émotions de l'ambition et de la vie publique. Ne vous engagez pas avec le gouvernement régnant : il vous est réservé d'en entendre faire l'éloge par ceux qui l'auront renversé. C'est la mode française. Chaque génération veut sa proie. Vous sentirez bientôt la poussée de la génération nouvelle. Préparez-vous de loin à en prendre la tête.

» En politique, mon fils, vous n'ignorez pas que chacun a les principes de son tempérament. Les bilieux sont démagogues, les sanguins sont démocrates, et les nerveux sont aristocrates. Vous êtes à la fois sanguin et nerveux. C'est une belle constitution. Elle vous permet de choisir. Vous pouvez, par exemple, être aristocrate pour votre compte personnel et démocrate pour le compte d'autrui. Vous ne serez pas le seul.

» Rendez-vous maître de toutes les questions qui peuvent passionner vos contemporains; mais ne vous passionnez vous-même pour aucune. En réalité, tous les principes sont indifférents; ils sont tous vrais ou faux, suivant l'heure. Les idées sont des instruments dont vous devez apprendre à jouer opportunément pour dominer les hommes. Dans cette voie encore, vous aurez des camarades.

» Sachez, mon fils, qu'arrivé à mon âge et lassé de tout, vous aurez besoin de sensations fortes. Les jeux sanglants des révolutions vous seront alors comme une amourette à vingt ans.

» Mon fils, je me fatigue. Je vais me résumer. — Être aimé des femmes, être craint des hommes, être impassible comme un dieu devant les larmes des unes et le sang des autres, finir dans une tempête, voilà la destinée que j'ai manquée et que je vous lègue : vous êtes fort capable avec vos grandes facultés de l'accomplir intégralement, si vous vous défaites de je ne sais quelle faiblesse de cœur que j'ai remarquée en vous, et qui vous vient sans doute du lait maternel. — Tant que l'homme naîtra de la femme, il y aura en lui quelque chose de défectueux.

» Je vous le répète en terminant : appliquez-vous à secouer toutes les servitudes naturelles, instincts, affections, sympathies ; autant d'entraves à votre liberté et à votre force.

» Ne vous mariez pas, si quelque intérêt supérieur ne vous y pousse.

» Si vous vous mariez, n'ayez point d'enfants.

» N'ayez point d'amis ; César, devenu vieux, eut un ami, qui fut Brutus...

» Le mépris des hommes est le commencement de la sagesse.

» Modifiez votre escrime, votre jeu est trop large.

» Ne vous fâchez point. — Riez peu. — Ne pleurez jamais. — Adieu.

» CAMORS. »

Les faibles lueurs de l'aube passaient à travers les lames des persiennes. Un oiseau matinal commençait à chanter sur un marronnier voisin de la fenêtre. M. de Camors dressa la tête et prêta une oreille distraite à ce bruit qui l'étonnait. Voyant que le jour naissait, il plia avec une sorte de hâte les pages qu'il venait d'écrire, apposa son cachet sur l'enveloppe, y mit la suscription: *Pour le comte Louis de Camors*, — et se leva.

Grand amateur d'œuvres d'art, M. de Camors conservait religieusement un magnifique ivoire du xvie siècle, qui avait appartenu à sa femme : c'était un christ dont la blancheur mate se détachait sur un large médaillon de velours. Son œil rencontra la pâle et triste effigie : il l'y laissa attaché un moment avec une persistance étrange; puis, souriant amèrement, il saisit un des pistolets d'une main ferme et l'approcha de sa tempe : un coup de feu retentit; la chute d'un corps pesant ébranla le parquet; des fragments de cervelle s'agitèrent sur le tapis. — M. de Camors était entré dans l'éternité, son testament à la main.

A qui s'adressait ce document? Sur quel terrain allait tomber cette semence?

Louis de Camors avait à cette époque vingt-sept ans. Sa mère était morte jeune. Il ne paraissait pas qu'elle eût été particulièrement heureuse avec son mari. Son fils s'en souvenait à peine, comme d'une jeune femme jolie et pâle qui chantait à demi-voix pour l'endormir, et qui pleurait souvent. Il avait été élevé principalement par une maîtresse de son père. Elle se nommait la vicomtesse d'Oilly; c'était une veuve, assez bonne femme. Sa sensibilité naturelle et la douce facilité de mœurs qui règne à Paris lui avaient permis de s'occuper à la fois du bonheur du père et de l'éducation du fils. Quand le père lui échappa, ce qui ne tarda guère, il lui laissa l'enfant pour la calmer un peu par ce signe de confiance et d'amitié. On le lui menait trois fois la semaine. Elle l'habillait, le peignait, le choyait et le conduisait avec elle à la messe. Elle le faisait jouer aussi avec un Espagnol de bonne mine, qui, depuis quelque temps, lui servait de secrétaire. Elle ne négligeait pas à l'occasion de placer quelque précepte de saine morale. Ainsi, l'enfant l'ayant vue un soir, non sans surprise, déposer un baiser sur le front de son secrétaire, et lui ayant dit avec la rude franchise de son âge :

— Pourquoi embrasses-tu monsieur, qui n'est pas ton mari ?

— Mon ami, répondit la vicomtesse, parce que le bon Dieu nous commande d'être charitables et affectueux pour les pauvres, les infirmes et les exilés. Or, M. Perez est exilé.

Louis de Camors eût mérité de meilleurs soins; c'était un enfant généreux. Ses camarades du collège Louis-le-Grand se souviennent de sa chaleur d'âme et de sa grâce naturelle, qui lui faisaient pardonner ses aptitudes et ses succès pendant la semaine, ses bottes vernies et ses gants lilas le dimanche. Vers la fin de ses études, il s'était lié particulièrement avec un pauvre bouclier nommé Lescande, qui excellait aux mathématiques, mais qui était d'ailleurs fort mal bâti, gauche, d'une timidité sauvage, et ridiculement tendre sous son épaisse enveloppe. On l'appelait familièrement Tête-de-Loup par allusion à sa chevelure touffue et rebelle. L'élégant Camors fit taire les railleurs en couvrant ce brave garçon de son amitié. Lescande lui en sut un gré infini, et l'adora. Il ouvrit pour son ami la triple serrure de son excellent cœur, et en laissa sortir un secret important. Il aimait. Il aimait une fillette blonde qui était sa cousine et qui était pauvre comme lui. C'était même une circonstance providentielle qu'elle fût pauvre : autrement, il n'aurait jamais osé élever sa pensée jusqu'à elle. Un triste événement les avait rapprochés : elle avait perdu son père, chef de division dans un ministère, et elle restait avec sa mère dans une situation étroite. Lescande, à sa dernière sortie, l'avait surprise avec des manchettes sales. Il avait, à cette occasion, reçu d'elle le billet suivant :

« Cher cousin, pardonne-moi mes manchettes pas trop blanches. Je te dirai que nous ne pouvons plus changer de manchettes que trois fois par semaine, maman et moi. Pour maman, on ne s'en aperçoit pas parce qu'elle est propre comme un oiseau; moi aussi : mais, quand j'étudie mon piano, mes manchettes frottent. Après cette explication, mon bon Théodore, j'espère que tu m'aimeras tout de même.

» JULIETTE. »

Lescande en avait pleuré. Heureusement, il avait son dessein : il serait architecte. Juliette lui avait promis de l'attendre; dans une dizaine d'années, il serait mort à la peine, ou il habiterait délicieusement avec sa cousine une maisonnette dont il montra le plan et même plusieurs plans à Camors.

— Voilà la seule ambition que j'aie et que je puisse avoir, ajoutait Lescande. Toi, c'est différent; tu es né pour de grandes choses.

— Écoute, mon vieux Lescande, répondait Camors, qui achevait alors triomphalement sa rhétorique, je ne sais si ma destinée sera vulgaire; mais je suis certain que mon âme ne l'est pas. J'y sens des ardeurs, des élans qui me donnent tantôt des joies, tantôt des souffrances inexprimables. Je voudrais découvrir un monde, sauver une nation, aimer une reine! Je ne conçois que des ambitions ou des amours illustres... Les amours, au surplus, je n'y songe guère. Il faut à mon activité un ressort plus noble. Je prétends me dévouer à une des grandes causes sociales, politiques ou religieuses qui agitent le monde à cette heure du siècle. Quelle sera cette cause? Je ne le sais pas encore. Je n'ai pas encore d'opinion bien arrêtée; mais, dès que je serai sorti du collège, je chercherai la vérité, et je la découvrirai aisément. Je lirai tous les journaux. Paris est, d'ailleurs, un foyer intellectuel tellement lumineux, qu'il doit suffire d'ouvrir les yeux avec bonne foi et avec indépendance pour trouver le vrai chemin. Je suis dans d'excellentes conditions pour cela. Quoique bon gentilhomme, je n'ai point de préjugés. Mon père me laisse libre; il est lui-même très éclairé et très libéral. J'ai un oncle républicain, j'ai une tante légitimiste, qui de plus est une sainte; j'ai un oncle conservateur! Je ne m'en vante pas, de celui-là; mais c'est pour te dire qu'ayant un pied dans tous les partis, je suis tout porté pour les comparer entre eux et pour bien choisir. Une fois maître de la sainte vérité, mon vieux Lescande, tu peux compter que je la servirai de ma plume, de ma parole et de mon épée jusqu'à la mort.

De tels discours, prononcés avec une émotion sincère et accompagnés de serrements de main chaleureux, tiraient des larmes au vieux Lescande dit Tête-de-Loup.

Huit ou neuf ans plus tard, Louis de Camors sortait à cheval un matin du petit hôtel qu'il occupait alors avec son père. Rien n'est gai comme Paris le matin. Le matin est partout l'âge d'or de la journée. Le monde, à cette heure charmante, semble peuplé de braves gens qui s'aiment entre eux. Paris, qui ne se pique pas de candeur, prend lui-même sous cette influence heureuse un air d'innocente allégresse et d'aimable cordialité. Les petits voiturins à sonnettes se croisent rapidement dans les rues et font penser aux campagnes couvertes de rosée. Les cris rythmés du vieux Paris jettent leurs notes aiguës à travers le bourdonnement profond de la grande cité qui s'éveille. On voit les concierges goguenards balayer les trottoirs blancs; les marchands à demi vêtus enlèvent avec fracas les volets des boutiques; des groupes de palefreniers en toque écossaise fument et fraternisent sur le seuil des hôtels; on entend les questions de bon voisinage, les menus propos du réveil, les pronostics du temps, s'échanger d'une porte à l'autre avec sympathie. Les jeunes modistes attardées descendent vers la ville d'un pied léger, font çà et là un brusque temps d'arrêt devant un magasin qui s'ouvre, et reprennent leur vol comme des mouches qui viennent de sentir une fleur. Les morts eux-mêmes, dans ce gai Paris matinal, paraissent s'en aller gaiement au cimetière avec leurs cochers gaillards qui se sourient l'un à l'autre en passant.

Souverainement étranger à ces impressions agréables, Louis de Camors, un peu pâle, l'œil à demi clos, un cigare entre les dents, s'avançait dans la rue de Bourgogne au petit pas de son cheval. Il prit le galop de chasse dans les Champs-Élysées, gagna le bois de Boulogne et le parcourut à l'aventure; le hasard l'en fit sortir par l'avenue Maillot, qui n'était pas encore aussi peuplée qu'on la voit aujourd'hui. Déjà cependant quelques jolies habitations, précédées de pelouses verdoyantes, s'y élevaient dans des buissons de lilas et de clématite. Devant la grille ouverte d'une de ces maisonnettes, un monsieur jouait au cerceau avec un tout jeune enfant à tête blonde. L'âge de ce monsieur était incertain; on pouvait lui donner de vingt-cinq à quarante ans. Une cravate blanche l'ornait dès l'aurore; des favoris épais et courts, taillés comme les buis de Versailles, dessinaient sur ses joues deux triangles isocèles. Camors, s'il aperçut ce personnage, ne parut lui accorder aucune espèce d'intérêt. C'était pourtant le vieux Lescande. Il est vrai qu'ils s'étaient perdus de vue depuis plusieurs années, comme il arrive aux plus chauds amis de collège. Lescande cependant, dont la mémoire était apparemment plus fidèle, sentit son cœur bondir à l'aspect de ce jeune cavalier majestueux qui s'approchait. Il fit un geste pour s'élancer; un sourire épanoui s'ébaucha sur sa bonne figure et se termina par une grimace vague; il était évidemment oublié ou méconnu. Camors n'était plus qu'à deux pas de lui, il allait passer, et son beau visage ne donnait pas le moindre signe d'émotion; — tout à coup, sans qu'un seul pli de sa physionomie eût remué, il arrêta son cheval, ôta son cigare de sa bouche, et dit d'une voix tranquille :

— Tiens! tu n'as plus ta tête de loup?

— Tu me reconnais! s'écria Lescande.

— Parbleu! pourquoi donc pas?

— Je croyais... je craignais... à cause de mes favoris...

— Tes favoris ne te changent pas... ils conviennent à ton genre de beauté... Qu'est-ce que tu fais là?

— Là? Mais je suis chez moi, mon ami... Entre donc deux minutes, je t'en prie.

— Pourquoi pas? dit Camors avec le même accent d'indifférence suprême.

Il donna son cheval au domestique qui le suivait et franchit la grille du jardin, soutenu, poussé, caressé par la main tremblante de Lescande.

Le jardin était de dimension médiocre, mais fort

soigné et plein d'arbustes rares à larges feuilles. Dans le fond, une petite villa dont le goût italien présentait sa gracieuse façade.

— Tiens, c'est gentil, ça! dit Camors.

— Tu reconnais mon plan numéro trois, n'est-ce pas?

— Numéro trois... parfaitement... Et ta cousine est-elle dedans?

— Elle est là, mon ami, dit Lescande à demi-voix en indiquant de la main une grande fenêtre à balcon qui surmontait le perron de la villa, et dont les persiennes étaient closes. Elle est là, et voici notre fils.

Camors laissa flotter sa main sur les cheveux de l'enfant.

— Diable! tu n'as pas perdu de temps... Ainsi tu es heureux, mon brave?

— Tellement heureux, mon ami, que j'en suis inquiet... Le bon Dieu est trop bon pour moi, ma parole... Je me suis donné de la peine, c'est vrai... Figure-toi que je suis allé passer deux ans en Espagne, dans les montagnes, dans un pays infernal... J'ai bâti là un palais de fée pour le marquis de Buena-Vista, un très grand seigneur... Il avait vu mon plan à l'Exposition, et s'était monté la tête là-dessus... C'est ce qui a commencé ma fortune... Du reste, ce n'est pas mon métier tout seul qui a pu m'enrichir aussi vite, tu comprends;... mais j'ai eu une série de chances incroyables... J'ai fait des affaires magnifiques sur des terrains, et très honnêtement, je te prie de croire...

Je ne suis pourtant pas millionnaire... Tu sais que je n'avais rien, et ma femme pas davantage... Enfin, ma maison construite, il me reste une dizaine de mille francs de rente... Ce n'est guère pour nous entretenir sur ce pied-là; mais je travaille... et j'ai si bon courage, mon cher! ma pauvre Juliette est si aise dans ce paradis!...

— Elle n'a plus de manchettes sales? dit Camors.

— Je t'en réponds! Elle aurait même une légère tendance au luxe, comme toutes les femmes, tu sais... Mais ça me fait plaisir que tu te rappelles nos bêtises du collège... Du reste, moi, à travers toutes mes péripéties, je ne t'ai pas oublié un instant... J'avais même une envie folle de t'inviter à ma noce; mais, ma foi! je n'ai pas osé... tu es si brillant, si lancé... avec tes chevaux! Ma femme te connaît bien, va! D'abord je lui ai parlé de toi cent mille fois... et puis elle adore les courses... elle est abonnée au *Sport*... Elle me dit : « C'est encore un cheval de ton ami qui a gagné... » Et nous nous réjouissons de ta gloire en famille, mon cher!

Une teinte rosée passa sur les joues de Camors.

— Vous êtes vraiment trop bons, dit-il.

Ils firent quelques pas en silence sur l'allée finement sablée qui tournait autour la pelouse.

— Et toi, cher ami, reprit Lescande, j'espère que tu es heureux de ton côté?

— Moi, mon ami? dit Camors. Étonnamment!... Mon bonheur est simple, mais sans nuages. Je me lève généralement le matin, je vais au Bois, puis au cercle, et puis au Bois, et je retourne au cercle... S'il y a le soir une première représentation quelque part, j'y vole... Ainsi, hier soir, on donnait une pièce nouvelle qui est vraiment ravissante... Il y a dedans une chanson qui commence par

> Il était un pivert,
> Un p'tit pivert,
> Un jeune pivert...

Au refrain, on imite le cri du pivert... Eh bien, c'est charmant... Tout Paris va chanter ça pendant un an avec délices... Je ferai comme tout Paris, et je serai heureux...

— Mon Dieu! mon ami, dit gaiement Lescande, si ça suffit à ton bonheur...

— Ça et les principes de 89, dit Camors en allumant un nouveau cigare aux cendres du premier.

Leur dialogue fut interrompu par une fraîche voix de femme qui se fit entendre derrière la persienne du balcon, et qui dit :

— Tu es là, Théodore?

Camors leva les yeux et vit une main fort blanche qui se repliait au dehors sur une des lames de la persienne fermée, et qui baignait dans un rayon de soleil.

— C'est ma femme, dit vivement Lescande. Cache-toi là.

Il le rejeta derrière un massif de catalpas, prit un

air de joyeuse malice en se tournant vers le balcon, et répondit :

— Oui, ma chère : quoi ?

— Maxime est avec toi ?

— Oui, le voilà.

— Bonjour, mère, cria l'enfant.

— Fait-il beau ce matin ? reprit la voix.

— Très beau... tu vas bien ?

— Je ne sais pas... J'ai trop dormi, je crois.

Elle ouvrit la persienne, en poussa les volets, et, voilant d'une main ses yeux éblouis par le jour, elle parut sur le balcon. C'était une femme dans la fleur de la jeunesse, élancée, souple, gracieuse, et qui paraissait plus grande qu'elle n'était dans l'ampleur flottante de sa robe de chambre bleue. Des bandelettes de la même nuance s'entrelaçaient à la grecque dans ses cheveux châtains, que la nature, l'art et la nuit avaient chiffonnés, crêpés et bouclés à l'envi sur sa tête mignonne. Elle s'accouda sur le balcon, bâilla en montrant toutes ses dents, et, regardant son mari :

— Pourquoi as-tu l'air bête ? lui dit-elle.

Tout à coup elle aperçut Camors, que l'intérêt du moment avait à demi tiré de son abri : elle eut un petit cri farouche, rassembla ses jupes à la diable et se sauva dans la chambre.

Louis de Camors, depuis le collège jusqu'à cette heure, ne s'était pas fait une grande idée de la Juliette qui avait le vieux Lescande pour Roméo. Il éprouva donc une surprise agréable en reconnaissant que son ami était plus heureux à cet égard qu'il ne l'avait présumé.

— Je vais être grondé, mon ami, dit Lescande en riant de tout son cœur, et toi aussi... car tu restes à déjeuner avec nous, n'est-ce pas?

Camors parut hésiter, puis brusquement :

— Non... non... impossible, mon ami... J'oubliais... je suis attendu.

Il voulut partir, mais Lescande le retint jusqu'à ce qu'il en eût eu obtenu la promesse de venir dîner le mardi suivant en famille, c'est-à-dire avec lui, sa femme et sa belle-mère, madame Mursois.

Cette invitation laissa un nuage sur l'esprit de Camors jusqu'au jour fixé. Outre qu'il n'aimait pas les dîners de famille, il se souvenait plus qu'il n'eût voulu de la scène du balcon. La bonhomie indiscrète de Lescande l'irritait et le touchait à la fois. Il se sentait appelé à jouer un sot rôle près de cette jolie femme, qu'il pressentait coquette, et que ses souvenirs d'enfance et d'honneur lui rendaient sacrée. Bref, il était d'humeur assez maussade quand il descendit de son *dog-cart*, le mardi soir, devant la petite villa de l'avenue Maillot.

L'accueil de madame Lescande et de sa mère lui remit un peu le cœur. Elles lui parurent être ce qu'elles étaient en effet, deux honnêtes personnes pleines d'aisance et de distinction. La mère avait été belle, elle avait été veuve de bonne heure; il n'y avait pas une tache dans sa vie. Une sorte de délicatesse exquise lui tenait lieu des principes solides que le siècle ne comporte guère. De même que beaucoup de femmes du monde, elle avait le goût de la vertu, comme l'hermine a le goût de la blancheur. Le vice lui répugnait moins comme un mal que comme une souillure. Sa fille avait reçu d'elle ces instincts de chasteté élégante qui se cachent plus souvent qu'on ne le croit sous les vives apparences des mondaines.

Ces deux aimables femmes avaient cependant un travers fâcheux qui leur était commun avec beaucoup de Parisiennes de leur temps et de leur condition. Malgré beaucoup d'esprit, elles se pâmaient d'une admiration bourgeoise devant cette aristocratie plus ou moins pure qu'on voit étaler tour à tour dans l'avenue des Champs-Élysées, dans les théâtres, sur les champs de course, sur les plages célèbres, sa frivolité affairée et ses vanités rivales; malgré beaucoup d'honnêteté, elles se montraient friandes jusqu'au scandale des aventures les plus équivoques qui pouvaient éclater dans cette région d'élite. C'était leur bonheur et leur gloire de connaître par le menu les moindres détails de la haute vie parisienne, d'en suivre les fêtes, d'en parler l'argot, d'en copier les toilettes, d'en distinguer les livrées. De la sorte, si elles n'étaient pas la rose, elles vivaient près d'elle, elles s'imprégnaient de ses parfums et de ses couleurs, et une telle familiarité les rehaussait singulièrement dans leur propre estime et dans l'estime de leurs amies.

Camors, sans occuper encore dans l'olympe de la mode le rang qu'il devait tenir un jour, y pouvait déjà passer pour un demi-dieu, et, à ce titre, il inspirait à madame Lescande et à sa mère un sentiment de curiosité ardente. Son ancienne liaison avec Lescande avait, d'ailleurs, attaché sur lui leur intérêt particulier. Elles savaient le nom de ses chevaux; peut-être savaient-elles le nom de ses maîtresses. Il fallut tout leur bon goût naturel pour dissimuler à leur hôte la secrète agitation de leurs nerfs en sa sainte présence. Elles y réussirent pourtant si bien, que Camors en fut piqué. Sans être fat, il était jeune. Il était habitué à plaire. Il savait que la princesse de Clam-Goritz lui avait récemment appliqué sa profonde définition de l'homme aimable. « Il est aimable, car on se sent toujours en danger près de lui. » Il lui parut conséquemment un peu anormal que la simple belle-mère et la simple femme du simple Lescande supportassent son rayonnement avec autant de calme. Cela le fit sortir de sa réserve préméditée. Il se mit en frais de coquetterie, non pour madame Lescande, qu'il s'était juré de respecter, mais pour madame Mursois, et il déploya tout le soir autour de la mère des grâces qui charmèrent la fille. Lescande cependant, la bouche ouverte jusqu'au gosier, triomphait du succès de son camarade.

Le lendemain dans l'après-midi, Camors revint de sa promenade au Bois par l'avenue Maillot. Madame Lescande travaillait par hasard sur son balcon, et lui rendit son salut par-dessus sa tapisserie. Il remarqua qu'elle saluait bien, par un léger plongeon suivi d'un petit coup d'épaules distingué.

Quand il vint lui faire visite, deux ou trois jours après, comme c'était son devoir, il avait réfléchi ; il fut résolument glacial, et ne parla à madame Lescande que des vertus de son mari. Cela fut d'un effet malheureux, car la jeune femme, qui avait réfléchi de son côté, dont l'honnêteté était éveillée, et qu'une poursuite insolente n'eût pas manqué d'effaroucher, se rassura ; elle s'abandonna sans défiance au plaisir et à la fierté de voir et de faire voir dans son salon une des principales étoiles du ciel de ses rêves.

On était alors en mai, et il y avait des courses à la Marche le dimanche suivant. Camors y devait courir de sa personne. Madame Mursois et sa fille y entraînèrent Lescande. Camors combla leurs vœux en les faisant pénétrer dans l'enceinte du pesage. Il les promena en outre devant les tribunes. Madame Mursois, à laquelle il donnait le bras et qui n'avait jamais eu l'avantage d'être menée en public par un cavalier revêtu d'une casaque orange et chaussé de bottes à revers, madame Mursois nageait dans l'azur. Lescande et sa femme la suivaient en partageant son délire.

Ces agréables relations continuèrent pendant quelques semaines sans paraître changer de caractère. Un jour, Camors venait s'asseoir auprès de ces dames devant le palais de l'Exposition, et achevait de les initier aux élégances qui défilaient sous leurs yeux. Un soir, il entrait dans leur loge, daignait y séjourner pendant un acte ou deux, et rectifiait leurs notions encore incomplètes sur les mœurs du corps de ballet. Dans ces diverses rencontres, le jeune homme affectait à l'égard de madame Lescande le langage d'une bonne intimité fraternelle, peut-être parce qu'il persistait sincèrement dans ses résolutions délicates, peut-être parce qu'il n'ignorait pas que tout chemin mène à Rome, et celui-là aussi sûrement qu'un autre. Madame Lescande cependant se rassurait de plus en plus, et, voyant qu'elle n'avait pas à se défendre comme elle l'avait d'abord appréhendé, elle crut pouvoir se permettre une légère offensive. Aucune femme n'est flattée qu'on l'aime comme une sœur. Camors, un peu inquiet de la tournure que prenaient les choses, fit quelques efforts pour en arrêter le cours; mais les hommes exercés à l'escrime ont beau vouloir ménager leur adversaire, l'habitude est plus forte, ils ripostent malgré eux. De plus, il commençait à s'éprendre sérieusement de madame Lescande et de sa mine de jeune chatte à la fois fine et naïve, curieuse et effrayée, provocante et craintive, bref charmante.

Ce fut dans la soirée même où M. de Camors le père rentra chez lui pour se tuer que son fils, passant dans l'avenue Maillot, fut arrêté par Lescande sur le seuil de la villa.

— Mon ami, lui dit Lescande, puisque te voilà,

fais-moi un grand plaisir : une dépêche me mande à Melun ; je suis forcé de partir à la minute. Reste à dîner avec ces dames. Elles sont toutes tristes. Je ne sais ce qu'a ma femme : elle a pleuré toute la journée sur sa tapisserie. Ma belle-mère a la migraine. Ta présence va les remonter. Voyons, je t'en prie.

Camors opposa quelques objections, puis il se rendit. Il renvoya son cheval. Son ami le présenta aux deux femmes que l'arrivée de ce convive inattendu parut, en effet, ranimer un peu. Lescande monta ensuite en voiture et partit, après avoir reçu de sa femme une caresse plus expansive qu'à l'ordinaire.

Le dîner fut gai. Il y avait dans l'air comme une odeur de poudre et de danger dont madame Lescande et Camors ressentaient secrètement l'excitante influence. Leur animation, encore innocente, se plut à ces riantes escarmouches, à ces brillants combats de barrières qui précèdent les mêlées sinistres.

Vers neuf heures, la migraine de madame Mursois, grâce peut-être à la fumée du cigare qu'on avait permis à Camors, redoubla cruellement. Elle n'y put tenir, et annonça qu'elle était forcée de gagner sa chambre. Camors voulait se retirer ; mais sa voiture n'était pas arrivée, et madame Mursois insista pour qu'il attendît.

— Ma fille, ajouta-t-elle, va vous jouer du piano jusque-là.

La jeune femme, demeurée seule avec son hôte, se mit en effet devant son piano.

— Qu'est-ce que vous voulez que je vous joue? dit-elle d'une voix remarquablement brève.

— Mon Dieu!... une valse.

La valse terminée, il y eut un silence. Pour le rompre, elle se leva, et, frottant ses mains l'une contre l'autre lentement, avec embarras :

— Il me semble qu'il y a de l'orage, dit-elle. Ne croyez-vous pas?

Elle s'approcha de la fenêtre et sortit sur le balcon, où Camors la suivit. Le ciel était pur. En face d'eux s'étendait la lisière sombre du Bois : quelques rayons de lune dormaient sur les pelouses. Leurs mains flottantes se rencontrèrent, et pendant un moment ne se quittèrent pas.

— Juliette! dit le jeune homme d'une voix émue et basse.

Elle tressaillit, repoussa la main de Camors et rentra dans le salon.

— Je vous en prie, dit-elle, allez-vous-en.

Et elle s'assit brusquement sur sa causeuse en faisant de la main un signe impérieux auquel Camors n'obéit pas.

Les chutes des honnêtes femmes sont souvent d'une rapidité qui stupéfie.

Peu d'instants après, la jeune madame Lescande s'éveillait de son ivresse aussi parfaitement perdue qu'une femme peut l'être.

Ce réveil ne fut pas doux. Elle mesura du premier coup d'œil l'abîme sans fond, sans issue, où elle était si soudainement tombée; son mari, sa mère, son enfant, tourbillonnèrent dans le chaos de son cerveau comme des spectres. Elle passa sa main sur son front deux ou trois fois en disant : « Mon Dieu !... » Puis elle se souleva, et regarda vaguement autour d'elle, comme si elle eût cherché une lueur, un espoir, un refuge. Rien. Sentant la détresse profonde de l'irréparable, sa pauvre âme se rejeta tout entière sur son amant; elle attacha sur lui ses yeux humides.

— Comme vous devez me mépriser! dit-elle.

Camors, à demi agenouillé sur le tapis, haussa doucement les épaules en signe de dénégation, et lui baisa la main avec une courtoisie distraite.

— N'est-ce pas? reprit-elle d'un accent suppliant. Dites!

Il eut un sourire étrange et cruel.

— N'insistez pas, dit-il, je vous en prie.

— Pourquoi?... C'est donc vrai alors... vous me méprisez?

Il se dressa brusquement debout devant elle, et, la regardant en face :

— Pardieu! dit-il.

A ce mot effroyable, la jeune femme ne répondit rien. Un cri s'étrangla dans sa gorge. Son œil s'ouvrit démesurément, comme dilaté par le contact de quelque poison.

Camors marcha dans le salon, puis il revint vers elle.

— Vous me trouvez odieux, dit-il d'un ton bref et violent, et je le suis en effet; mais peu m'importe. Il ne s'agit pas de moi. Après vous avoir fait beaucoup de mal, il y a un service — un seul — que je puis vous rendre, et je vous le rends. Je vous dis la vérité ! Les femmes qui tombent, sachez-le bien, n'ont pas de juges plus sévères que leurs complices. Ainsi, moi... que voulez-vous que je pense de vous? Je connais votre mari depuis son enfance... pour son malheur et pour ma honte! Il n'y a pas une goutte de sang dans ses veines qui ne vous soit dévouée... il n'y a pas une fatigue de ses jours, pas une veille de ses nuits qui ne vous appartienne; tout votre bien-être est fait de ses sacrifices... toutes vos joies sont le fruit de ses peines! Voilà ce qu'il est pour vous!... Moi, vous avez vu mon nom dans un journal, vous m'avez vu passer à cheval sous votre fenêtre... rien de plus... et c'est assez... et vous me livrez en une minute toute sa vie avec la vôtre, tout son bonheur, tout son honneur avec le vôtre! Eh bien, tout fainéant... tout libertin de mon espèce qui abusera comme moi de votre vanité et de votre faiblesse, et qui vous dira ensuite qu'il vous estime, mentira! Et si vous pensez qu'au moins il vous aimera, vous vous trompez encore... Nous haïssons vite des liens qui nous font des devoirs où nous ne cherchons que du plaisir; notre premier souci, dès qu'ils sont formés, est de les rompre... Et puis enfin, madame, voulez-vous tout savoir? Les femmes comme vous ne sont pas faites pour des amours pervers comme les nôtres... leur charme est dans l'honnêteté, et, en la perdant, elles perdent tout... Les honnêtes femmes sont gauches à nos ivresses malsaines... leurs transports sont puérils... leur désordre même est ridicule... et c'est pour elles un bonheur rare que de rencontrer à leur première faute un misérable comme moi qui le leur dise!... Maintenant, tâchez de m'oublier... Adieu!

Et, se dirigeant à pas rapides vers la porte du salon, M. de Camors sortit.

Madame Lescande l'avait écouté, immobile et blanche comme du marbre; quand il eut disparu, elle demeura dans la même attitude mortuaire, l'œil fixe, les bras inertes, souhaitant au fond de l'âme que la mort s'y trompât et la saisît. Au bout de quelques minutes, un bruit singulier, qui semblait venir de la pièce voisine, frappa ses oreilles : on eût dit le hoquet convulsif d'un rire violent et étouffé. Les imaginations les plus bizarres et les plus terribles se pressèrent dans l'esprit de la malheureuse femme : l'idée à laquelle elle s'attacha fut que son mari était revenu secrètement, qu'il savait tout, et que le rire qu'elle entendait était celui d'un fou. Sentant elle-même sa tête s'égarer, elle s'élança de la causeuse, courut à la porte et l'ouvrit. La pièce voisine était la salle à manger, faiblement éclairée par une lampe suspendue. Elle y vit Camors à demi couché sur le parquet, sanglotant follement, et battant du front les barres d'une chaise qu'il étreignait de ses bras désespérés.

Elle ne trouva pas une parole à lui dire. Elle s'assit près de lui, laissa son cœur éclater, et pleura silencieusement. Il se traîna jusqu'à elle, prit le bas de sa robe qu'il couvrit de baisers, et, dès que sa poitrine soulevée et ses lèvres tremblantes lui permirent d'articuler un mot :

— Ah! cria-t-il, pardon! pardon!... pardon!

Ce fut tout. Il se releva et partit. Elle entendit l'instant d'après le roulement de la voiture qui s'éloignait.

S'il suffisait de n'avoir plus de principes pour n'avoir plus de remords, les Français des deux sexes seraient généralement plus heureux qu'ils ne le sont; mais, par une inconséquence fâcheuse, il arrive tous les jours qu'une jeune femme qui ne croit pas à grand'chose, comme madame Lescande, et qu'un jeune homme qui ne croit à rien, comme M. de Camors, ne peuvent se donner le plaisir de quelque indépendance morale sans en souffrir ensuite cruellement. Mille vieux préjugés que l'on croyait bien enterrés se redressent soudain dans la conscience, et ces morts vous tuent.

Louis de Camors cependant descendait vers Paris aux grandes allures de son trotteur Fitz-Aymon (par Black-Prince et Anna-Bell), éveillant sur son chemin, par l'élégance de sa personne et de son attelage, des sentiments d'envie qui se seraient changés en pitié, si les plaies de l'âme étaient visibles. L'amer ennui, le découragement de la vie, le dégoût de soi n'étaient pas pour ce jeune homme des impressions nouvelles; mais jamais il ne les avait éprouvées avec une intensité aussi aiguë, aussi poignante qu'à cette heure maudite où il fuyait à la hâte le foyer déshonoré du vieux Lescande. Jamais aucun trait de sa vie ne lui avait éclairé d'un pareil jet de lumière la profondeur de sa déchéance morale. En infligeant ce vulgaire affront à cet ami des jours purs, à ce cher confident des généreuses pensées et des fières ambitions de sa jeunesse, c'était l'honnêteté même, il le sentait, qu'il avait mise sous ses pieds. Comme Macbeth, il n'avait pas tué seulement un homme endormi, il avait tué le sommeil.

A l'angle de la rue Royale et du boulevard, ces réflexions lui parurent tellement insupportables, qu'il pensa successivement à se faire trappiste, à se faire soldat, et à se griser. Il s'arrêta à ce dernier parti. Le hasard le servit à souhait dans ce dessein. Comme il mettait pied à terre devant la porte de son cercle, il se trouva face à face avec un jeune homme maigre et pâle qui lui tendit la main en souriant; il reconnut le prince d'Errol :

— Tiens, c'est vous, mon prince? Je vous croyais au Caire!

— J'en arrive ce matin.

— Ah!... Eh bien, ça va-t-il mieux, votre poitrine?
— Peuh!

— Bah! vous avez bonne mine... Et le Caire, est-ce drôle?

— Peuh! pas trop!... Ah çà! dites-moi, Camors, c'est véritablement Dieu qui vous envoie!

— Croyez-vous, mon prince? Pourquoi donc ça?

— Parce que... je vais vous dire cela tout à l'heure... mais auparavant narrez-moi donc votre affaire.

— Quelle affaire?

— Votre duel pour Sarah.

— C'est-à-dire contre Sarah?

— Qu'est-ce qui s'est donc passé?... J'ai su cela très vaguement, moi, là-bas.

— Mon Dieu! mon cher ami, c'était une bonne action que j'avais voulu faire, et, suivant l'usage, j'en ai été puni... J'avais entendu conter que cet imbécile de la Brède empruntait de l'argent à une petite sœur qu'il a pour le répandre aux pieds énormes de Sarah... Cela m'était fort égal, vous pouvez croire... mais enfin cela m'agaçait... Je ne pus m'empêcher de lui dire un jour au cercle : « Vous avez pourtant joliment tort, la Brède, de vous ruiner et surtout de ruiner mademoiselle votre sœur pour un escargot aussi peu sympathique que Sarah, une fille qui est toujours enrhumée du cerveau... et qui d'ailleurs vous trompe! — Me trompe! répéta la Brède en agitant ses grands bras, — me trompe! et avec qui? — Avec moi. » Comme il sait que je ne mens jamais, il a voulu me tuer... Heureusement, j'ai la vie dure.

— Vous l'avez planté dans son lit pour trois mois, m'a-t-on dit?

— Tout au plus.

— Eh bien, maintenant, cher ami, rendez-moi un service... Je suis un ours, moi, un sauvage, un revenant... Aidez-moi à me remettre dans le mouvement, hein?... Allons souper avec des personnes enjouées et de vertu plus que médiocre... Cela m'est recommandé par les médecins!

— Du Caire? Rien de plus facile, mon prince.

Une heure plus tard, Louis de Camors et le prince d'Errol, en compagnie d'une demi-douzaine de convives des deux sexes, prenaient possession d'un salon de restaurant dont on nous permettra de respecter le huis clos.

Aux lueurs pâles de l'aube, ils sortirent. — Il se trouva qu'à ce moment même un chiffonnier à longue barbe grise errait comme une ombre devant la porte du restaurant, piquant de son crochet les tas d'immondices qui attendaient le balai de la voirie municipale. Camors, en fermant son porte-monnaie d'une main peu assurée, laissa échapper un louis, qui alla se perdre au milieu des débris fangeux accumulés contre le trottoir. Le chiffonnier leva la tête avec un sourire timide.

— Ah! monsieur, dit-il, ce qui tombe au fossé devrait être au soldat!

— Ramasse-le avec tes dents, dit Camors, et je te le donne.

L'homme hésita et rougit sous son hâle; puis il jeta aux jeunes gens et aux femmes qui riaient autour de lui un regard de haine mortelle, et s'agenouilla; il se coucha la poitrine dans la boue, et, se relevant l'instant d'après, leur montra la pièce d'or serrée entre ses dents blanches et aiguës. Cette belle jeunesse applaudit. Il sourit d'un air sombre, et tourna le dos.

— Hé! l'ami, dit Camors le touchant du doigt, veux-tu gagner cinq louis maintenant?... Donne-moi un soufflet; ça te fera plaisir, et à moi aussi!

L'homme le regarda en face, murmura quelques mots indistincts, et le frappa soudain au visage avec une telle force, qu'il l'envoya culbuter contre la muraille. Il y eut un mouvement parmi les jeunes gens comme s'ils allaient se précipiter sur la barbe grise.

— Que personne ne le touche! dit vivement Camors. Tiens, mon brave, voilà tes cent francs!

— Garde-les, dit l'autre; je suis payé!

Et il s'éloigna.

— Bravo, Bélisaire! cria Camors. — Ma foi, messieurs, je ne sais pas si vous êtes comme moi, mais je suis réellement enchanté de cette petite fête... Je vais y rêver! Bonjour, mesdames!... Au revoir, prince.

Un fiacre matinal traversait la rue. Il s'y jeta et se fit conduire à son hôtel, rue Barbet-de-Jouy. La porte de la cour était ouverte; un reste d'ivresse l'empêcha de remarquer un groupe de domestiques et de voisins qui stationnait en désordre devant les écuries. Ces gens firent brusquement silence en l'apercevant et le regardèrent passer en échangeant de muettes démonstrations de sympathie et de compassion.

Il occupait le second étage de l'hôtel. Comme il montait l'escalier, il se trouva tout à coup en face du valet de chambre de son père. Cet homme était fort pâle : il tenait un pli cacheté qu'il lui présenta d'une main tremblante.

— Qu'est-ce que c'est donc, Joseph? dit Camors.

— C'est une lettre que M. le comte a laissée pour monsieur... avant de partir.

— Avant de partir?... Mon père est parti?... Où cela? Comment?... Pourquoi pleurez-vous?...

Le domestique, à qui la voix manquait, lui remit le pli.

— Mon Dieu!... Qu'est-ce que c'est?... Pourquoi y a-t-il du sang là-dessus?...

Il ouvrit l'enveloppe à la hâte et lut les premiers mots : « Mon fils, la vie m'ennuie; je la quitte... »

Il n'alla pas plus loin. Le pauvre enfant aimait son père, malgré tout. Il tomba raide sur le palier. — On l'emporta dans sa chambre.

II

Louis de Camors, en quittant le collège, s'élançait dans la vie, on s'en souvient, le cœur gonflé de toutes les saintes vertus de la jeunesse, — confiance, sympathie, enthousiasme, dévouement. Les horribles négligences de son éducation première n'avaient pu corrompre dans ses veines ces braves instincts, ou, si l'on veut, ces germes de faiblesse, comme le pensait son père, que le lait maternel y avait apparemment déposés. Ce père, en le confinant dans un collège pour se débarrasser de lui pendant une dizaine d'années, lui avait rendu, d'ailleurs, le seul service qu'il lui rendît jamais. Ces vieilles prisons classiques ont du bon : la saine discipline du cloître, le contact habituel de cœurs chauds et entiers, la longue familiarité des belles œuvres, des intelligences viriles et des grandes âmes antiques, tout cela ne donne pas sans doute une règle morale très précise ; mais tout cela inspire un certain sentiment idéal de la vie et du devoir qui a sa valeur.

Ce vague héroïsme dont Camors emportait la conception, il ne demandait pas mieux, on s'en souvient encore, que d'en découvrir la formule pratique, applicable au temps et au pays où il était destiné à vivre. Il trouva, on s'en doute, que cette tâche était un peu plus compliquée qu'il ne se l'était figuré, et que la vérité à laquelle il prétendait se dévouer, mais qui devait au préalable sortir de son puits, n'y mettait pas de complaisance. Il ne laissa pas toutefois de se préparer vaillamment à la servir en homme, dès qu'elle aurait répondu à son appel. Il eut le mérite, pendant plusieurs années, de mener à travers les passions de son âge et les excitations de la vie opulente, l'existence austère, recueillie et active d'un étudiant pauvre. Il fit son droit, s'ensevelit dans les bibliothèques, suivit les cours publics, et se forma, durant cette période ardente et laborieuse de sa jeunesse, un fonds solide de connaissances qu'on devait retrouver plus tard avec étonnement sous l'élégante frivolité du *sportsman*.

Mais, pendant que ce jeune homme s'armait pour le combat, il perdait peu à peu ce qui vaut mieux que les meilleures armes, et ce qu'aucune ne remplace, le courage. A mesure qu'il cherchait la vérité, elle fuyait devant lui, plus indécise de jour en jour, et prenait, comme dans un rêve pénible, les formes mouvantes et les mille têtes des Chimères.

Paris, vers le milieu de ce siècle, était en quelque sorte encombré de démolitions sociales, religieuses et politiques, au milieu desquelles l'œil le plus clairvoyant avait peine à distinguer nettement les formes des constructions nouvelles et les contours des édifices de l'avenir. On voyait bien que tout était abattu, mais on ne voyait pas que rien se relevât. Dans cette confusion, au-dessus des débris et des épaves du passé, la puissante vie intellectuelle du siècle, le mouvement et le choc des idées, la flamme de l'esprit français, la critique, la science jetaient une lumière éblouissante, mais qui semblait, comme le soleil des premiers âges, éclairer le chaos sans le féconder. Les phénomènes de la mort et ceux de la vie se confondaient dans une immense fermentation où tout se décomposait et où rien ne paraissait germer encore. A aucune époque de l'histoire peut-être, la vérité n'avait été moins simple, plus enveloppée, plus complexe, car il semblait que toutes les notions essentielles de l'humanité fussent à la fois remises à la fournaise, et qu'aucune n'en dût sortir entière.

Ce spectacle est grand, mais il trouble profondément les âmes, celles du moins que l'intérêt et la curiosité ne suffisent pas à remplir, c'est-à-dire presque toutes. Dégager de ce bouillant chaos une ferme religion morale, une idée sociale positive, une foi politique assurée, c'est une entreprise difficile pour les plus sincères. Il faut espérer cependant qu'elle n'est pas au-dessus des forces d'un homme de bonne volonté, et peut-être Louis de Camors l'eût-il accomplie à son honneur, s'il eût rencontré, pour l'y aider, de meilleurs guides et de meilleurs enseignements qu'il n'en eut. — C'est un malheur commun à tous ceux qui entrent dans le monde que d'y trouver les hommes moins purs que les idées; mais Camors était né à cet égard sous une étoile particulièrement triste, puisqu'il ne devait rencontrer dans son entourage immédiat, dans sa famille même, que les mauvais côtés et en quelque sorte l'envers de toutes les opinions auxquelles il pouvait être tenté de s'attacher.

Quelques mots sur cette famille sont nécessaires.

Les Camors sont originaires de la Bretagne, où ils possédaient au siècle dernier d'immenses propriétés, et en particulier les bois considérables qui portent encore leur nom. Le grand-père de Louis, le comte Hervé de Camors, avait racheté, au retour de l'émigration, une faible partie de ses domaines héréditaires. Il s'y était installé à la vieille mode, et il y avait nourri jusqu'à la fin de sa vie d'incurables préventions contre la Révolution française et contre le roi Louis XVIII. Il avait eu quatre enfants, deux fils et deux filles, et il avait cru devoir protester contre le niveau égalitaire du Code civil en instituant de son vivant, par un subterfuge légal, une sorte de majorat en faveur de l'aîné de ses fils, Charles-Henri, au préjudice de Robert-Sosthène, d'Éléonore-Jeanne et de

Louise-Élisabeth, ses autres hoirs. Éléonore-Jeanne et Louise-Élisabeth acceptèrent avec une soumission apparente la mesure qui avantageait leur frère à leurs dépens, bien qu'elles ne dussent jamais la lui pardonner; mais Robert-Sosthène, qui, en sa qualité de branche cadette, affectait de vagues tendances libérales, et qui était en outre couvert de dettes, s'insurgea franchement contre le procédé paternel. Il jeta au feu ses cartes de visite ornées d'un casque au-dessous duquel on lisait : *Chevalier Lange d'Ardennes de Camors*; en fit graver de nouvelles avec cette simple inscription : *Dardennes jeune (du Morbihan)*, et en envoya un échantillon à son père. A dater de ce jour, il se donna pour républicain.

Il y a des gens qui s'attachent à un parti par leurs vertus, d'autres par leurs vices. Il n'est pas un parti politique accrédité qui ne contienne un principe vrai et qui ne réponde à quelque aspiration légitime des sociétés humaines. Il n'en est pas un non plus qui ne puisse servir de prétexte, de refuge et d'espérance à quelques-unes des passions basses de notre espèce. La fraction la plus avancée du parti libéral en France se compose d'esprits généreux, ardents et absolus que tourmente un idéal assurément très élevé: celui d'une société virile, constituée avec une sorte de perfection philosophique, maîtresse d'elle-même chaque jour et à chaque heure, déléguant à peine quelques-uns de ses droits, n'en aliénant aucun, vivant, non sans lois, mais sans maîtres, et développant enfin son activité, son bien-être, son génie avec toute la plénitude de justice, d'indépendance et de dignité que l'état républicain donne seul à tous et à chacun. Tout autre cadre social leur paraît garder quelque chose des servitudes et des iniquités de l'ancien monde, et leur semble suspect tout au moins de créer entre les gouvernants et les gouvernés des intérêts différents, quelquefois hostiles. Ils revendiquent enfin pour les peuples la forme politique qui sans contredit fait le plus d'estime de l'humanité. On peut contester l'opportunité pratique de leurs vœux; on ne peut méconnaître la grandeur de leur principe. C'est en réalité une fière race d'esprits et de cœurs. Ils ont eu de tout temps leurs puritains sincères, leurs héros et leurs martyrs; mais de tout temps aussi ils ont eu, comme tous les partis, leurs faux dévots, leurs aventuriers et leurs ultras, qui sont leurs plus dangereux ennemis. Dardennes jeune, pour se faire pardonner sans doute l'origine équivoque de ses convictions, devait prendre rang parmi ceux-là.

Louis de Camors, jusqu'au jour où il sortit du collège, ne connaissait pas son oncle Dardennes, qui était resté brouillé avec son père; mais il professait pour lui un culte secret et enthousiaste, lui attribuant toutes les vertus du principe qu'il représentait à ses yeux. La république de 1848 expirait alors, et son oncle était un vaincu. Ce fut un attrait de plus pour le jeune homme. Il alla le voir à l'insu de son père, comme en pèlerinage, et il fut bien accueilli.

Il le trouva exaspéré non pas tant contre ses adversaires politiques que contre son propre parti, qu'il accusait du désastre de sa cause.

— On ne fait point, disait-il d'un ton solennel et dogmatique, on ne fait point les révolutions avec des gants. Les hommes de 93 n'en avaient pas... on ne fait point d'omelette sans casser des œufs. Les pionniers de l'avenir doivent marcher la hache à la main. La chrysalide des peuples ne se développe pas sur des roses. La liberté est une déesse qui veut de grands holocaustes. Si on eût terrorisé la France en 48, on en fût resté le maître !

Ces maximes grandioses étonnèrent Louis de Camors. Dans sa naïveté juvénile, il savait un gré infini aux hommes honnêtes qui avaient gouverné leur pays dans ces jours difficiles, non seulement d'être sortis du pouvoir aussi pauvres qu'ils y étaient entrés, mais d'en être sortis les mains pures de sang. A cet hommage qui leur sera rendu par l'histoire et qui les vengera de beaucoup d'injustices contemporaines, il ajoutait un reproche qui ne se conciliait guère avec les étranges griefs de son oncle : il leur reprochait de n'avoir pas dégagé plus franchement, ne fût-ce que dans les détails de mise en scène, la république nouvelle des mauvais souvenirs de l'ancienne. Loin de croire, comme son oncle en effet, que des procédés renouvelés de 93 eussent assuré le triomphe de cette république, il pensait qu'elle avait succombé uniquement sous l'ombre sanglante du passé, et que, grâce à cette terreur tant vantée, la France était le seul pays du monde où les dangers de la liberté parussent, pour des siècles peut-être, disproportionnés à ses bienfaits.

Il est inutile d'insister plus longtemps sur les relations de Louis de Camors avec son oncle Dardennes. On comprend assez qu'elles jetèrent dans son esprit la défiance et le découragement, qu'il eut le tort ordinaire de faire rejaillir sur la cause tout entière les violences trop peu désavouées d'un de ses médiocres apôtres, et qu'il prit enfin dès ce moment l'habitude fatale, et trop commune en France, de confondre le mot progrès avec le mot désordre, la liberté avec la licence et la Révolution avec la Terreur.

L'effet naturel de l'irritation et du désenchantement sur cette âme ardente fut de la rejeter brusquement vers le pôle des opinions contraires. Camors se dit qu'après tout sa naissance, son nom, ses conditions de famille lui indiquaient son devoir véritable, qui était de combattre les doctrines despotiques et cruelles qu'il croyait voir désormais au bout de toutes les théories démocratiques. Une chose, d'ailleurs, l'avait encore choqué et rebuté dans le langage habituel de son oncle, c'était la profession d'un athéisme absolu. Il avait lui-même, à défaut de foi très formelle, un fonds de croyance générale, de respect et comme de sensibilité religieuse que l'impiété cynique offensait. De plus, il ne comprenait point et il ne comprit jamais dans tout le cours de sa vie que des principes pussent se soutenir par leur propre poids dans la conscience humaine, s'ils n'avaient des racines et une sanction plus haut. — Ou un Dieu ou pas de principes ! — ce fut un dilemme dont aucun philosophe allemand ne put le faire sortir.

La réaction de ses idées le rapprocha des autres branches de sa famille, qu'il avait un peu négligées jusque-là. Ses deux tantes demeuraient à Paris. Toutes deux, en raison de la réduction de leur dot, avaient dû autrefois faire quelques concessions pour passer à l'état de mariage. L'aînée, Éléonore-Jeanne, avait épousé du vivant de son père le comte de la Roche-Jugan, qui avait dépassé la cinquantaine, mais qui était, d'ailleurs, un fort galant homme. Il était digne d'être aimé. Néanmoins sa femme ne l'aima pas, leur manière de voir différant extrêmement sur quelques points essentiels. M. de la Roche-Jugan était de ceux qui avaient servi le gouvernement de la Restauration avec un dévouement inviolable, mais attristé. Il avait été attaché dans sa jeunesse au ministère et à la personne du duc de Richelieu, et il avait conservé, des leçons et de l'exemple de cet illustre personnage, l'élévation et la modération des sentiments, la chaleur du patriotisme et la fidélité sans illusions. Il vit de loin les abîmes, déplut au prince en les lui montrant, et l'y suivit. Rentré dans la vie privée avec peu de fortune, il y gardait sa foi politique plutôt comme une religion que comme une espérance. Ses espérances, son activité, son amour du bien, il tourna tout vers

3.

Dieu. Sa piété, aussi éclairée qu'elle était profonde, lui fit prendre rang parmi cette élite d'esprits qui s'efforçait alors de réconcilier l'antique foi nationale avec les libertés irrévocables de la pensée moderne. Il éprouva dans cette tâche, comme la plupart de ses nobles amis, de mortelles tristesses, et tellement mortelles, qu'il y succomba. Sa femme, il est vrai, ne contribua pas peu à hâter ce dénoûment d'une vie excellente par l'intempérance de son zèle et l'acrimonie de son étroite dévotion. C'était une personne d'un petit cœur et d'un grand orgueil, qui mettait Dieu au service de ses passions, comme Dardennes jeune mettait la liberté au service de ses rancunes. Dès qu'elle fut veuve, elle purifia son salon : on n'y vit plus figurer désormais que des paroissiens plus orthodoxes que leur évêque, des prêtres français qui reniaient Bossuet, et, en conséquence, la religion fut sauvée en France. Louis de Camors, admis dans ce lieu choisi à titre de parent et de néophyte, y trouva la dévotion de Louis XI et la charité de Catherine de Médicis, et y perdit bientôt le peu de foi qu'il avait.

Il se demanda douloureusement s'il n'y avait pas de milieu entre la Terreur et l'Inquisition, et s'il fallait être en ce monde un fanatique ou rien. Il chercha quelque opinion intermédiaire constituée avec la force et la cohésion d'un parti, et il ne la put découvrir.

Il semblait alors que toute la vie se fût réfugiée dans les opinions extrêmes, et que tout ce qui n'était pas violent et excessif en fait de politique ou de religion fût indifférent et inerte, vivant au jour le jour, sans principe et sans foi. Tel lui parut être du moins le personnage que les tristes hasards de sa vie lui présentèrent comme le type des politiques tempérés.

Sa plus jeune tante, Louise-Élisabeth, que ses goûts portaient aux jouissances de la vie mondaine, avait jadis profité de la mort de son père pour se mésallier richement. Elle avait épousé le baron Tonnelier, dont le grand-père avait été meunier, mais dont le père, homme de mérite et d'honneur, avait rempli des fonctions élevées sous le premier Empire, le baron Tonnelier avait une grande fortune, qu'il accroissait encore chaque jour par des spéculations industrielles. Il avait été dans sa jeunesse beau cavalier, voltairien et libéral. Avec le temps, il était resté voltairien, mais il avait cessé d'être beau cavalier et surtout libéral. Tant qu'il fut simplement député, il eut encore çà et là quelques velléités démocratiques; mais, le jour où il fut investi de la pairie, il reconnut définitivement que le genre humain n'avait plus de progrès à accomplir. La Révolution française était close : elle avait atteint son but suprême. Personne ne devait plus ni marcher, ni parler, ni écrire, ni grandir : cela le dérangeait. S'il eût été sincère, il eût avoué qu'il ne concevait pas comment il pouvait y avoir encore quelquefois des orages et du tonnerre dans le ciel, et comment la nature n'était pas parfaitement heureuse et tranquille, quand lui-même l'était.

Lorsque son neveu put l'apprécier, le baron Tonnelier n'était plus pair de France; mais, étant de ceux qui ne se font pas de mal en tombant, qui même se font quelquefois du bien, il avait reconquis une position très élevée dans le monde officiel, et il s'efforçait consciencieusement de rendre au gouvernement nouveau les services qu'il avait rendus au règne précédent. Il parlait avec une aisance étrange de supprimer tel journal, tel orateur, tel professeur, tel livre, de supprimer tout, excepté lui. A l'entendre, la France avait fait fausse route depuis 1789, et il s'agissait de la ramener en deçà de cette date fatale. Toutefois, il ne parlait pas de retourner pour son compte au moulin de son grand-père, ce qui était contradictoire. Si ce vieillard eût rencontré la Liberté, sa mère, au coin d'un bois, il l'eût étranglée. Nous ajouterons à regret qu'il avait coutume de qualifier de *bousingots* ceux de MM. les ministres qui lui étaient suspects de dispositions libérales, et en particulier ceux qui prétendaient favoriser l'instruction populaire. Jamais, en un mot, conseiller plus funeste n'approcha d'un trône. Heureusement, s'il en était près par la dignité, il en était loin par la confiance.

C'était, du reste, un homme aimable, encore vert et galant, plus galant même qu'il n'était vert. Il en résultait qu'il avait d'assez mauvaises mœurs. Il hantait fort les coulisses. Il avait deux filles, récemment mariées, devant lesquelles il citait volontiers les plus piquantes plaisanteries de Voltaire et les historiettes les plus salées de Tallemant des Réaux; c'est pourquoi toutes deux promettaient de fournir à la chronique légère, comme leur mère avant elles, une série d'anecdotes intéressantes.

Pendant que Louis de Camors apprenait par le contact et par l'exemple des membres collatéraux de sa famille à se défier également de tous les principes et de toutes les convictions, son terrible père l'achevait. Viveur à outrance, dépravé jusqu'aux moelles, égoïste effréné, passé maître dans l'art de la haute gouaillerie parisienne, se croyant supérieur à tout parce qu'il rabaissait tout, et se complaisant finalement à flétrir tous les devoirs dont il avait aimé toute sa vie à se dispenser, voilà son père. Avec cela, l'honneur de son cercle, une grande mine, et je ne sais quel charme imposant. Le père et le fils se voyaient peu. M. de Camors étant beaucoup trop fier pour mêler son fils à ses désordres personnels; mais la vie commune les rapprochait quelquefois aux heures des repas. Il écoutait alors avec sa manière froide et railleuse les récits enthousiastes ou découragés du jeune homme; il ne lui faisait jamais l'honneur d'une controverse sérieuse : il répondait par quelques paroles amères et hautaines, que son fils sentait tomber comme des gouttes glacées sur ce qui restait de flamme dans son cœur.

A mesure que le découragement l'envahissait, il perdait l'entrain du travail et s'abandonnait de plus en plus aux plaisirs faciles des oisifs de sa condition. En s'y abandonnant, il en prit le goût; il y porta les séductions de sa personne et la supériorité de ses facultés, mais en même temps une sorte de tristesse sombre et parfois violente. Ce qu'il y avait en lui d'âpre et de malfaisant ne l'empêcha nullement d'être aimé des femmes, et le fit redouter des hommes. On l'imita. Il contribua à fonder la charmante école de la jeunesse sans sourire. Ses airs d'ennui et de lassitude, qui avaient du moins chez lui l'excuse d'une cause sérieuse, furent copiés servilement par des adolescents qui n'avaient jamais connu d'autres souffrances que celles d'un estomac surmené, mais à qui il plaisait néanmoins de paraître fanés dans leur cœur et de mépriser l'humanité.

Nous avons retrouvé Camors dans cette phase de sa vie. Rien de plus artificiel, on l'a compris, que l'insouciant dédain dont ce jeune homme portait le masque. En tombant dans la fosse commune du doute, il avait sur la plupart de ses contemporains l'avantage de n'y pas faire son lit avec une lâche résignation. Il s'y soulevait et s'y débattait sans cesse par de violents sursauts. Les âmes fortes ne s'endorment pas aisément. L'indifférence leur pèse. Il leur faut un mobile, une raison de vivre, une raison d'agir, une foi. Louis de Camors allait enfin trouver la sienne.

III

Son père, dans son testament de mort, ne lui avait pas tout dit. Outre les moyens de parvenir, il lui en laissait la nécessité, car le comte de Camors était ruiné aux trois quarts. Le désordre de sa fortune datait de loin. C'était pour en réparer les brèches qu'il s'était marié; mais cette opération n'avait pas réussi. Un héritage considérable sur lequel il comptait pour sa femme, et qui avait déterminé son choix, était allé ailleurs. Un établissement de bienfaisance en avait profité. Le comte de Camors avait intenté un procès aux légataires devant le conseil d'État; puis il avait consenti à transiger moyennant un rente viagère d'une trentaine de mille francs, qui naturellement s'éteignait avec lui. Il jouissait encore de quelques grasses sinécures que son nom, ses relations de cercle et l'autorité de sa personne lui avaient fournies dans de grandes administrations financières. Ces ressources ne lui survivaient pas davantage. Il n'était que locataire de l'hôtel qu'il occupait, et le nouveau comte de Camors se trouvait réduit finalement à la simple dot de sa mère, qui, pour un homme de son rang et de ses goûts, était un pauvre viatique.

Son père lui avait, d'ailleurs, laissé entendre plus d'une fois qu'il n'aurait rien de plus à espérer après lui. Le jeune homme s'était donc dès longtemps habitué à cette perspective, et, quand elle se réalisa, il ne fut ni aussi surpris ni aussi frappé qu'il aurait dû l'être de l'imprévoyant égoïsme dont il était victime. Son culte pour son père n'en fut pas altéré, et il n'en lut pas avec moins de respect et de confiance le testament singulier qui figure en tête de ce récit. Les théories morales que ce document lui recommandait n'étaient pas nouvelles pour lui ; elles étaient dans l'air, il les avait bien des fois agitées dans son cerveau fiévreux ; mais jamais elles ne lui étaient apparues avec la force condensée d'un dogme, avec la netteté précise d'un système pratique, ni surtout avec l'autorité d'une telle voix et d'un tel exemple.

Un incident vint appuyer puissamment dans son esprit l'impression de ces pages suprêmes. Huit jours après la mort de son père, il était à demi couché sur le divan de son fumoir, le visage sombre comme la nuit et comme les pensées qui l'occupaient lorsqu'un domestique entra et lui remit une carte. Il la prit, et lut: *Lescande, architecte.* Deux points rouges tachèrent soudain ses joues pâles.

— Je ne reçois pas, dit-il.

— C'est ce que j'ai dit, répliqua le domestique; mais ce monsieur insiste si extraordinairement...

— Si extraordinairement?

— Oui, monsieur, comme s'il avait à parler à monsieur de choses très sérieuses.

— Très sérieuses? répéta de nouveau Camors en regardant le valet dans les yeux. — Faites monter.

Camors se leva et marcha dans la chambre. Un sourire d'une amertume douloureuse plissa ses lèvres, et il murmura:

— Est-ce qu'il va falloir le tuer maintenant?

Lescande fut introduit, et son premier geste démentit les appréhensions que ces paroles révélaient. Il se précipita et saisit les deux mains du jeune comte. Camors remarqua pourtant que ses traits étaient décomposés et que ses lèvres tremblaient.

— Assieds-toi, lui dit-il, et remets-toi.

— Mon ami, dit Lescande après un moment, je viens te voir bien tard... Je te demande pardon... mais j'ai été moi-même si malheureux!... Tu vois, je suis en deuil...

Camors sentit un frisson traverser ses os.

— En deuil! dit-il, comment?

— Juliette est morte, dit Lescande.

Et il cacha ses yeux sous sa large main.

— Mon Dieu! dit Camors d'une voix sourde.

Il écouta un moment Lescande qui sanglotait. Il fit un mouvement pour lui prendre la main, et n'osa pas.

— Est-ce possible! reprit-il.

— Cela est arrivé si vite, dit Lescande, que cela me paraît un rêve... un rêve affreux... Tu sais, la dernière fois que tu es venu, elle souffrait... je te l'avais dit, je m'en souviens... Elle avait pleuré toute la journée... pauvre enfant! Le lendemain, quand je suis revenu, elle a été prise... Une congestion aux poumons... à la tête aussi... est-ce que je sais? enfin, elle est morte... que veux-tu!... et si bonne, si aimante jusqu'au dernier instant, mon ami!... Une demi-heure avant, elle m'a appelé... elle m'a dit: « Oh! je t'aimais tant! je t'aimais tant! je n'aimais que toi... vraiment que toi! Pardonne-moi!... pardonne-moi!... » Lui pardonner... quoi, mon Dieu? De mourir probablement!... car jamais elle ne m'avait fait un autre chagrin au monde... avant celui-là! O Dieu de bonté!

— Je t'en prie, mon ami...

— Oui, oui! j'ai tort, pardon! Tu as aussi tes douleurs, toi... mais on est égoïste, tu sais... Ce n'est pas de cela que je suis venu te parler, mon ami... Dis-moi... je ne sais ce qu'il y a de vrai dans un bruit qui s'est répandu... Tu m'excuseras si je me trompe... Je suis bien loin de songer à t'offenser, tu peux croire, mais enfin on dit que tu restes dans une situation de fortune difficile... Si cela était, mon ami...

— Cela n'est pas.

— Enfin, si cela était... je ne vais pas garder ma petite maison là-bas, tu comprends... à quoi bon maintenant?... Quant à mon fils, il peut attendre, je travaillerai pour lui ... Eh bien, ma maison vendue, j'aurai deux cent mille francs, j'en mets la moitié à ta disposition... tu me les rendras, si tu peux.

— Merci, mon ami, dit Camors... Véritablement je n'ai besoin de rien... Il y a bien ici quelque désordre... mais je reste encore plus riche que toi.

— Oui, mais avec tes goûts...

— De grâce!

— Enfin tu sauras toujours où me trouver... et je compte sur toi, n'est-ce pas?

— Oui.

— Adieu, mon ami... Je te fais du mal... je m'en vais... au revoir... Tu me plains, dis?

— Oui, au revoir.

Lescande sortit.

Le jeune comte était demeuré debout, immobile, les yeux fixés dans le vide. De légères convulsions passaient sur ses traits. Cette minute fut décisive dans sa vie. Il y a des moments où le besoin du néant se fait si violemment sentir, qu'on y croit et qu'on s'y jette. En présence de ce malheureux homme si indignement trahi, si brisé, si confiant, Camors, s'il y avait quelque chose de vrai dans la vieille morale spiritualiste, devait se reconnaître coupable d'une action atroce qui le condamnait à un remords presque insoutenable; mais, s'il était vrai que le troupeau humain fût le résultat purement matériel des forces de la nature, produisant au hasard des êtres forts et des êtres faibles, des agneaux et des lions, — il n'avait fait que son métier de lion en égorgeant son camarade. Il se dit, le testament de son père sous les yeux, qu'il en était ainsi, et se calma.

Plus il réfléchit ce jour-là et les jours qui suivirent, dans la retraite profonde où il s'ensevelit, plus il se persuada que cette doctrine était la vérité même qu'il avait tant cherchée, et que son père lui avait légué la vraie formule de la vie. Son âme épuisée de dégoûts et d'inertie, son âme vide et froide, s'ouvrit avec une sorte de volupté à cette lumière qui la remplit et l'échauffa. Il avait dès ce moment une foi, un principe d'action, un plan d'existence, tout ce qui lui manquait, et il n'avait plus ce qui l'oppressait, ses doutes, ses agitations, ses remords. Cette doctrine, d'ailleurs, était haute ou du moins hautaine : elle satisfaisait son orgueil et justifiait ses mépris. Pour conserver sa propre estime, il lui suffirait de rester fidèle à l'honneur, de ne faire rien de bas, comme le disait son père, et il était bien décidé à ne rien faire en effet qui eût à ses yeux ce caractère. Au surplus, il y avait des hommes — n'en avait-il pas rencontré ? — profondément imbus du dogme matérialiste, et qui comptaient parmi les plus honnêtes gens de leur temps. Peut-être eût-il pu se demander si ce fait incontestable ne devait pas être attribué aux individus et non à la doctrine, et s'il n'y avait pas dans le mal comme dans le bien des hommes qui croient et qui ne pratiquent pas. Quoi qu'il en soit, à dater de cette crise, Louis de Camors fit du testament de son père le programme de sa vie.

Développer à toute leur puissance les dons physiques et intellectuels qu'il tenait du hasard, faire de lui-même le type accompli d'un civilisé de son temps, charmer les femmes et dominer les hommes, se donner toutes les joies de l'esprit, des sens et du pouvoir, dompter tous les sentiments naturels comme des instincts de servage, dédaigner toutes les croyances vulgaires comme des chimères ou des hypocrisies, ne rien aimer, ne rien craindre et ne rien respecter que l'honneur, tels furent en résumé les devoirs qu'il se reconnut et les droits qu'il s'arrogea.

C'était avec ces armes redoutables, maniées par une intelligence d'élite et par une volonté vigoureuse, qu'il devait rentrer dans le monde, le front calme et grave, l'œil caressant et implacable, le sourire aux lèvres, comme on l'a connu. Dès cet instant, il n'y eut plus un nuage ni dans sa pensée, ni sur ses traits, qui semblèrent même ne plus vieillir.

Il résolut avant tout de ne point déchoir et de conserver, malgré l'exiguïté présente de ses ressources, ses habitudes d'élégance et de luxe, dût-il vivre pendant quelques années sur son capital. La fierté et la politique lui en donnaient également le conseil. Il n'ignorait pas que le monde est aussi dur aux besoigneux qu'il est secourable à ceux qui ne manquent de rien. S'il l'eût ignoré, l'attitude première de sa famille après la mort de son père l'eût suffisamment édifié à cet égard. Sa tante de la Roche-Jugan et son oncle Tonnelier lui avaient, en effet, témoigné en cette circonstance la froide circonspection de gens qui peuvent soupçonner qu'ils ont affaire à un malheureux. Ils avaient même, pour plus de sûreté, quitté Paris, en négligeant de dire au jeune comte quelle retraite ils avaient choisie pour y cacher leur douleur. Il devait, au reste, l'apprendre bientôt. Pendant qu'il achevait de liquider la succession de son père et qu'il organisait ses projets de fortune et d'ambition, il éprouva par une belle matinée du mois d'août une assez vive surprise.

Il comptait parmi ses parents un des plus riches propriétaires fonciers de France, le général marquis de Campvallon d'Arminges, célèbre au Corps législatif par ses interruptions effrayantes. Il avait une voix de tonnerre, et, quand il disait de cette voix de tonnerre : « Bah!... Allons donc!... Assez!... Ordre du jour! » l'hémicycle tremblait dans ses profondeurs, et MM. les commissaires du gouvernement bondissaient sur leurs sièges. C'était, d'ailleurs, le meilleur homme du monde, quoiqu'il eût tué en duel deux de ses semblables ; mais il avait eu ses raisons. — Camors le connaissait peu ; il lui rendait strictement les devoirs que la parenté et la politesse exigeaient, le rencontrait au cercle, faisait quelquefois son whist, et c'était tout. Il y avait deux ans que le général avait perdu un neveu qui était l'héritier direct de son nom et de ses biens, et il était assiégé en conséquence d'une foule de cousins et de collatéraux empressés, parmi lesquels madame de la Roche-Jugan et la baronne Tonnelier concouraient au premier rang. Camors était d'une humeur différente, et il avait depuis ce temps apporté dans ses relations avec le général une réserve particulière.

Il ne reçut donc pas sans étonnement le billet que voici :

« Mon cher parent,

» Vos deux tantes et leur famille sont chez moi, à la campagne. S'il vous était agréable de les rejoindre, je serai toujours heureux d'offrir une cordiale hospitalité au fils d'un vieil ami et d'un compagnon d'armes. Je me suis présenté chez vous avant de quitter Paris; mais vous étiez invisible. J'ai compris votre douleur. Vous avez fait une perte irréparable : j'y ai pris une vive part.

» Recevez, mon cher parent, mes meilleurs sentiments.

» Général marquis DE CAMPVALLON D'ARMINGES.

Château de Campvallon, voie de l'Ouest.

» *Post-scriptum.* — Il est possible, mon jeune cousin, que j'aie à vous entretenir d'un objet intéressant ! »

Cette phrase finale et le point d'exclamation qui la suivait ne laissèrent pas de troubler un peu le calme impassible dont M. de Camors faisait en ce moment l'apprentissage. Il ne put s'empêcher de voir miroiter sous les voiles de ce mystérieux *post-scriptum* les sept cent mille livres de revenu foncier qui formaient le superbe apanage du général. Il se souvint que son père, qui avait servi quelque temps en Afrique, avait été attaché à la personne de M. de Campvallon en qualité d'aide de camp, et qu'il lui avait même rendu un service assez sérieux dans une circonstance difficile. Il sentit, d'ailleurs, parfaitement le ridicule de ces rêveries, et, voulant toutefois en avoir le cœur net, il partit le surlendemain pour Campvallon.

Après avoir subi pendant sept ou huit heures tous les agréments et tout le confortable que la ligne de l'Ouest a la réputation de réserver aux voyageurs, M. de Camors arriva le soir à la gare de ***, où une voiture du général l'attendait. La masse seigneuriale du château de Campvallon lui apparut bientôt sur une hauteur dont les pentes étaient couvertes de bois magnifiques qui descendaient avec majesté jusqu'à la plaine et s'y étendaient largement.

C'était l'heure du dîner; le jeune homme mit un peu d'ordre dans sa toilette, et gagna presque aussitôt le salon, où sa présence parut jeter un certain froid dans le sein de la famille. Le général, en revanche, lui fit un accueil chaleureux; seulement, comme il avait l'imagination courte, il ne trouva rien de mieux que de lui répéter, en lui secouant la main à la briser, les propres expressions de sa lettre : « Le fils d'un vieil ami ! d'un compagnon d'armes ! » Il accentua, d'ailleurs, ces mots de sa voix grasse et sonore, avec une telle énergie, qu'il en fut lui-même impressionné ; car on pouvait remarquer que le général était toujours étonné et comme saisi des paroles qui sortaient de sa bouche, et qui semblaient lui révéler tout à coup à lui-même l'étendue de ses idées et la profondeur de ses sentiments. Pour achever son portrait, c'était un homme de taille médiocre, mais carré et corpulent, soufflant quand il montait les escaliers, et même en plaine ; une face large comme celle d'un mascaron, et rappelant les Chimères qui jettent du feu par les narines ; une épaisse moustache blanche en herse, et des petits yeux gris, toujours fixes comme ceux d'un enfant, mais terribles. Il marchait de loin sur vous, lentement, posément, l'œil direct et fascinateur, comme dans un duel à mort, et, en définitive, il vous demandait l'heure qu'il était.

Camors connaissait cette innocente manie de son hôte, et cependant il en fut dupe un instant dans le cours de la soirée. On sortait de dîner, et il se tenait mélancoliquement, une tasse de café à la main, dans l'embrasure d'une fenêtre, quand il vit le général s'avancer vers lui de l'extrémité opposée du salon avec une mine sévère et confidentielle qui paraissait annoncer une communication de la dernière importance. Le *post-scriptum* lui revint à la mémoire, et il crut pouvoir en attendre l'explication immédiate. Le général, arrivé à bout portant, le saisit par un de ses boutons, le fit reculer jusqu'au fin fond de l'embrasure, et, le regardant dans les yeux comme s'il eût voulu le pétrifier :

— Que prenez-vous le matin, jeune homme? lui dit-il.

— Du thé, général.

— Parfait! vous donnerez vos ordres à Pierre... comme chez vous!

Et, tournant sur ses talons avec une précision militaire, il alla rejoindre les dames, laissant Camors digérer comme il le put sa petite déception.

Huit jours s'écoulèrent. Deux fois encore le général prit son hôte pour objectif de ses marches formidables : la première fois, après l'avoir accosté et dévisagé, il se contenta de lui dire : « Eh bien, jeune homme? » et il s'en alla. La seconde fois, il ne lui dit rien, et s'en alla de même. Évidemment le général ne se souvenait pas qu'il eût jamais écrit le moindre *post-scriptum*. M. de Camors en prit son parti, mais il se demanda ce qu'il était venu faire à Campvallon, entre sa famille qu'il n'aimait guère, et la campagne qu'il exécrait. Heureusement, il y avait dans le château une bibliothèque fort riche et traités de jurisprudence, d'économie politique, de droit administratif et de droit international. Il en profita pour renouer le fil des sérieux travaux qu'il avait interrompus dans sa phase de découragement, et, plongé dans ces sévères études qui plaisaient à son intelligence active et à son ambition éveillée, il attendit assez paisiblement que la convenance lui permît de planter là le vieil ami et compagnon d'armes de son père.

Il montait à cheval le matin, donnait une leçon d'escrime à son cousin Sigismond, fils unique de madame de la Roche-Jugan, s'enfermait tout le jour dans la bibliothèque, et faisait le soir le bésigue du général, en observant d'un œil philosophique la lutte des convoitises qui s'agitaient autour de cette riche proie.

Madame de la Roche-Jugan avait imaginé une singulière façon de faire sa cour au général, c'était de lui persuader qu'il avait une maladie de cœur. Elle lui touchait le pouls à tout instant de sa main potelée, et tantôt le rassurait, tantôt lui inspirait une terreur salutaire, bien qu'il s'en défendît.

— Que diable! ma chère comtesse, disait-il, laissez-moi donc en repos! Je sais bien que je suis mortel comme tout le monde, pardieu! Eh bien, après?... Ah! mon Dieu! je vous vois venir; allez, ma chère! je vous vois venir parfaitement! vous voulez me convertir!... Ta ta ta!

Elle ne voulait pas seulement le convertir, elle voulait l'épouser et l'enterrer. Ses espérances à cet égard se fondaient principalement sur son fils Sigismond. On savait que le général regrettait vivement de n'avoir point d'héritier de son nom. Il n'avait, pour se délivrer de ce souci, qu'à épouser madame de la

Roche-Jugan et à adopter son fils. Sans jamais se permettre aucune allusion directe à cette combinaison, la comtesse s'efforçait d'y amener l'esprit du général avec toute la ruse tenace d'une femme, toute l'ardeur avide d'une mère et toute la politique onctueuse d'une dévote.

Sa sœur Tonnelier sentait amèrement son désavantage. Elle n'était point veuve, et elle n'avait pas de fils; mais elle avait deux filles, toutes deux gracieuses, plus qu'élégantes, et vives comme la poudre. L'une, madame Bacquière, était la femme d'un agent de change; l'autre, madame Van Cuyp, d'un jeune Hollandais établi à Paris. Toutes deux entendaient gaiement la vie et le mariage, affolées d'un bout de l'année à l'autre, dansant, chevauchant, chassant, canotant, coquetant et chantant lestement les chansons gaillardes des petits théâtres. Camors, dans son temps de sombre humeur, avait pris formellement en grippe ces aimables petits modèles de dissipation mondaine et de frivolité femelle. Depuis que son point de vue avait changé, il leur rendait plus de justice.

— Ce sont, disait-il tranquillement, des animaux jolis qui suivent leur instinct.

Madame Bacquière et madame Van Cuyp, conseillées par leur digne mère, s'appliquaient à faire sentir au général tout ce qu'il y a de doux et de sacré dans les joies de la famille et du foyer domestique. Elles animaient extraordinairement son intérieur, éreintaient ses chevaux, tuaient son gibier et démolissaient son piano. Il leur semblait que le général, une fois habitué à ces douceurs et à cette animation, ne pourrait plus s'en passer, et que les délices de l'intimité lui deviendraient indispensables. Elles joignaient à ces adroites manœuvres des attentions délicates et familières propres à subjuguer un vieillard. Elles sautaient sur ses genoux comme des enfants, lui tiraient doucement les moustaches, et lui accommodaient à la dernière mode le nœud militaire de sa cravate.

Madame de la Roche-Jugan déplorait confidentiellement avec le général la mauvaise éducation de ses nièces, et la baronne Tonnelier, de son côté, ne négligeait aucune occasion de mettre en plein relief la nullité impertinente et sournoise du jeune comte Sigismond.

Au milieu de ces honorables conflits, une personne qui n'y prenait aucune part attirait à un haut degré l'intérêt de M. de Camors, d'abord par sa beauté et ensuite par son attitude. C'était une orpheline d'un grand nom, mais fort pauvre, dont madame de la Roche-Jugan et madame Tonnelier, ses cousines, avaient dû accepter la charge, qu'elles se partageaient. Mademoiselle Charlotte de Luc d'Estrelles passait chaque année six mois chez la comtesse et six mois chez la baronne. Elle avait alors vingt-cinq ans. Elle était grande, blonde, avec des yeux profonds, un peu à l'ombre sous l'arc proéminent de ses sourcils presque noirs. La masse épaisse de ses cheveux encadrait un

4.

front triste et superbe. Elle était mal mise ou plutôt pauvrement, n'ayant jamais voulu se vêtir des restes de ses parentes; mais ses robes de laine, faites de sa main, la drapaient comme un marbre antique. Ses cousines Tonnelier l'appelaient *la déesse*. Elles la détestaient, et elle les méprisait. Le nom qu'elles lui donnaient ironiquement lui convenait, d'ailleurs, à merveille. Quand elle se mettait en marche, on eût dit qu'elle descendait d'un piédestal. Sa tête paraissait un peu petite, comme celles des statues grecques; ses narines délicates et mobiles semblaient fouillées par un ciseau exquis dans un ivoire transparent. Elle avait l'air étrange et un peu sauvage qu'on suppose aux nymphes chasseresses. Sa voix était magnifique, et elle s'en servait avec goût. Elle avait, d'ailleurs, autant qu'on pouvait le savoir, un vif sentiment des arts; mais c'était une personne silencieuse dont on était forcé de deviner les pensées. Bien des fois avant cette époque, Camors s'était demandé avec curiosité ce qui se passait dans cette âme concentrée. Inspiré par sa générosité naturelle et aussi par son admiration secrète, il s'était toujours piqué de rendre à cette cousine pauvre les hommages qu'il eût rendus à une reine; mais elle avait toujours paru aussi indifférente aux attentions de son jeune parent qu'aux procédés tout opposés de ses bienfaitrices involontaires.

Son attitude au château de Campvallon était bizarre. Plus taciturne que jamais, distraite, étrangère, comme si elle eût médité quelque dessein profond, elle s'éveillait tout à coup, soulevait ses longs cils, promenait çà et là son regard bleu, et le posait soudain sur Camors, qui se sentait frissonner.

Une après-midi, comme il était dans la bibliothèque, on frappa doucement à la porte, et mademoiselle de Luc d'Estrelles entra. Elle était pâle. Il se leva un peu étonné et la salua.

— J'ai à vous parler, mon cousin, dit-elle de son accent pur et grave, légèrement précipité par une émotion évidente,

Il la regarda, lui montra un divan, et s'assit sur une chaise devant elle.

— Mon cousin, reprit-elle, vous ne me connaissez guère; mais je suis franche et brave : je viens tout droit à ce qui m'amène. Est-il vrai que vous soyez ruiné?

— Pourquoi, mademoiselle?

— Vous avez toujours été bon pour moi, et vous êtes le seul. Je vous en suis reconnaissante, et même je...

Elle s'arrêta, et une teinte rosée se répandit sur ses joues; puis elle secoua la tête en souriant, comme quelqu'un qui reprend difficilement son courage.

— Enfin, poursuivit-elle, je suis prête à vous donner ma vie. Vous me jugerez bien romanesque... mais je me fais de nos deux pauvretés réunies une image très douce... Je crois... je suis sûre que je serais une excellente femme pour un mari que j'aimerais... Si vous devez quitter la France, comme on me l'a dit, je vous suivrai... Je serai partout et toujours votre compagne fidèle et vaillante... Pardon! encore un mot, monsieur de Camors... ma démarche serait honteuse, si elle cachait une arrière-pensée... elle n'en cache aucune... Je suis pauvre... j'ai quinze cents francs de rente... Si vous êtes plus riche que moi, je n'ai rien dit, et rien au monde ne me ferait vous épouser.

Elle se tut et fixa sur lui, avec une expression d'attente, d'angoisse et de candeur extraordinaires, ses grands yeux pleins de feu.

Il y eut une pause solennelle. Entre ces deux êtres, nobles et charmants tous deux, il semblait qu'en cette minute une destinée terrible était en suspens, et que tous deux le sentaient.

Enfin M. de Camors lui répondit d'un ton grave :

— Mademoiselle, il est impossible que vous conceviez à quelle épreuve vous venez de me soumettre; mais je suis descendu en moi-même, et je n'y ai rien trouvé qui soit digne de vous. Faites-moi l'honneur de croire qu'il ne s'agit ici ni de votre fortune ni de la mienne; mais j'ai résolu de ne me marier jamais.

Elle soupira longuement et se leva.

— Adieu, mon cousin, dit-elle.

— Je vous en prie, restez encore... je vous en prie! dit le jeune homme en la repoussant doucement sur le divan.

Elle se rassit. Il fit quelques pas au hasard pour

calmer son agitation; puis, s'asseyant à demi sur la table, vis-à-vis de la jeune fille :

— Mademoiselle Charlotte, vous êtes malheureuse, n'est-ce pas?

— Un peu, dit-elle.

— Je ne veux pas dire en ce moment... mais toujours?

— Toujours.

— Ma tante de la Roche-Jugan vous traite durement?

— Sans doute. Elle craint que je ne séduise son fils... Oh! grand Dieu!

— Les petites Tonnelier sont jalouses de vous?... et mon oncle Tonnelier... vous tourmente, n'est-ce pas?

— Indignement, dit-elle.

Et deux larmes jaillirent de ses yeux comme deux diamants.

— Mademoiselle Charlotte, que pensez-vous de la religion de ma tante?

— Que voulez-vous que je pense d'une religion qui ne donne aucune vertu et qui n'ôte aucun vice?

— Ainsi vous êtes peu croyante?

— On peut croire à Dieu et à l'Évangile sans croire à la religion de votre tante.

— Ma tante vous pousse au couvent... Pourquoi n'y entrez-vous pas?

— J'aime la vie.

Il la regarda un moment sans parler, et reprit :

— Oui, vous aimez la vie, — le soleil, la pensée, les arts, le luxe, tout ce qui est beau comme vous... Eh bien, mademoiselle Charlotte, tout cela est sous votre main... Pourquoi ne le prenez-vous pas?

Elle parut surprise et comme inquiète.

— Comment? dit-elle.

— Si vous avez, comme je le crois, autant de force d'âme que vous avez d'intelligence et de beauté, vous pouvez échapper pour jamais à la sujétion misérable où le sort vous a jetée. Souverainement douée comme vous l'êtes, vous pouvez être demain une grande artiste, indépendante, fêtée, opulente, adorée, maîtresse de Paris et du monde.

— Et la vôtre, n'est-ce pas? dit l'étrange fille.

— Pardon, mademoiselle Charlotte... Je ne vous ai soupçonnée d'aucune pensée équivoque quand vous m'avez offert de partager mon incertaine pauvreté... Rendez-moi, je vous prie, la même justice en ce moment. Mes principes en morale sont fort larges, c'est vrai; mais je suis aussi fier que vous, et je ne vais pas à mon but par des voies souterraines. Quoique je vous trouve infiniment belle et séduisante, j'étais dominé par un sentiment supérieur à tout intérêt personnel. J'ai été profondément touché de votre élan sympathique vers moi, et je cherchais à vous en témoigner ma reconnaissance par les conseils d'une amitié véritable... Dès que vous me supposez l'honnête dessein de vous corrompre à mon bénéfice, je me tais, mademoiselle, et je vous rends votre liberté.

— Continuez, monsieur.
— Vous m'écoutez avec confiance?
— Oui.
— Eh bien, mademoiselle Charlotte, vous avez peu vu le monde; mais vous l'avez vu assez cependant pour le juger et pour savoir le cas que vous devez faire de son estime. Le monde, c'est votre famille et la mienne; c'est M. Tonnelier, madame Tonnelier, mesdemoiselles Tonnelier, madame de la Roche-Jugan et le petit Sigismond... Eh bien, mademoiselle Charlotte, le jour où vous serez une grande artiste, riche, triomphante, idolâtrée, buvant à pleine coupe toutes les joies de la vie, ce jour-là assurément mon oncle Tonnelier invoquera la morale outragée, madame Tonnelier s'évanouira de pudeur dans les bras de ses vieux amants, et ma tante de la Roche-Jugan lèvera en gémissant ses yeux jaunes vers le ciel... mais, en vérité, mademoiselle, qu'est-ce que cela peut vous faire?
— Vous me conseillez d'être une courtisane?
— En aucune façon. Je vous conseille uniquement d'être une artiste, une comédienne, en dépit de l'opinion, parce que c'est la seule carrière où vous puissiez trouver l'indépendance et la fortune. Il n'y a pas de loi, d'ailleurs, qui empêche une artiste de se marier et d'être une femme honorable comme le monde l'entend, vous en avez plus d'un exemple.
— Sans mère, sans famille, sans appui j'aurais beau faire, un jour ou l'autre, je serais une fille perdue... Est-ce que je ne vois pas cela!

M. de Camors ne répondit pas.

— Pourquoi ne dites-vous rien?

— Mon Dieu! mademoiselle, parce que nos idées sur ce sujet délicat sont fort différentes, que je ne puis changer les miennes, et que je désire vous laisser les vôtres... Moi, je suis un païen.

— Comment!... pour vous le bien et le mal sont indifférents?

— Non, mademoiselle; mais pour moi le mal, c'est de craindre l'opinion des gens qu'on méprise, c'est de pratiquer ce qu'on ne croit pas, c'est de se courber sous des préjugés et sous des fantômes dont on connaît le néant; le mal, c'est d'être esclave ou hypocrite, comme les trois quarts et demi du monde; le mal, c'est la laideur, l'ignorance, la sottise et la lâcheté. Le bien, c'est la beauté, le talent, la science et le courage... Voilà tout!

— Et Dieu? dit-elle.

Il ne répondit pas. Elle le regarda fixement pendant une minute sans pouvoir rencontrer ses yeux, qu'il détournait. Elle laissa tomber sa tête avec une sorte d'accablement; puis, la relevant tout à coup:

— Il y a, dit-elle, des sentiments qu'un homme ne peut comprendre. Cette vie libre que vous me conseillez, j'y ai souvent songé dans mes heures d'amertume... mais j'ai toujours reculé avec horreur devant une pensée... une seule...

— Laquelle?

— Peut-être ce sentiment m'est-il particulier,...

peut-être est-ce un orgueil excessif... mais enfin j'ai un grand respect de moi, de ma personne : elle m'est comme sacrée. Quand je ne croirais à rien, comme vous, et j'en suis loin, Dieu merci !... je n'en resterais pas moins honnête et pure, et fidèle à un seul amour, simplement par fierté... J'aimerais mieux, ajouta-t-elle d'une voix basse et contenue, mais saisissante, j'aimerais mieux profaner un autel que moi-même !

Elle se leva sur ces mots, fit de la tête un signe d'adieu un peu hautain, et sortit.

M. de Camors, à la suite de cet entretien, demeura quelque temps singulièrement préoccupé : il était étonné des profondeurs qu'il avait entrevues dans ce caractère ; il était assez mécontent de lui-même, sans trop savoir pourquoi, et, par-dessus tout, il était violemment épris de sa cousine. Toutefois, comme il avait une faible idée de la franchise des femmes, il se persuada de plus en plus que mademoiselle de Luc d'Estrelles, lorsqu'elle était venue lui offrir son cœur et sa main, n'ignorait point qu'il était encore pour elle un parti très avantageux : il se dit que, quelques années auparavant, il eût pu être dupe de cette candeur perfide, il se félicita de n'être point tombé dans ce piège attrayant et d'avoir su vaincre un premier mouvement de crédulité et d'émotion sincère. — Il aurait pu s'épargner ces compliments. Mademoiselle de Luc d'Estrelles, ainsi qu'il devait le savoir bientôt, avait été dans cette circonstance, comme les femmes le sont quelquefois, parfaitement vraie, désintéressée et généreuse. Seulement, lui arriverait-il jamais de l'être encore à l'avenir? Cela était douteux, grâce à M. de Camors. Il n'est pas rare qu'en méprisant trop les hommes, on les corrompe, et qu'en se défiant trop des femmes, on les perde.

Une heure plus tard environ, on frappa de nouveau à la porte de la bibliothèque. Camors eut une légère palpitation. Il espéra secrètement voir reparaître mademoiselle Charlotte. Ce fut le général qui entra.

Il vint à lui à pas comptés en soufflant comme un monstre des mers, et, le saisissant au collet :

— Eh bien. jeune homme? lui dit-il.

— Eh bien. général?

— Que faites-vous là?

— Je travaille, général.

— Parfait!... Asseyez-vous donc!... Non, non, asseyez-vous! (Le général prononçait : Asseyez-*vô!*)

Il se jeta alors lui-même sur le divan, à la place qu'avait occupée mademoiselle d'Estrelles, ce qui changeait la perspective.

— Eh bien? reprit-il après un long silence.

— Mais quoi donc, général?

— Quoi donc!... quoi donc!... Eh bien, est-ce que vous ne remarquez pas, depuis quelques jours, que je suis extraordinairement agité?

— Mon Dieu! général, non, je n'ai pas remarqué.

— Vous n'êtes guère observateur! — Je suis

extraordinairement agité, cela crève les yeux ! et c'est
à tel point, qu'il y a des moments, ma parole d'honneur, où je suis tenté de croire que votre tante a
raison et que j'ai quelque chose au cœur!

— Bah! général, ma tante rêve... vous avez le
pouls d'un enfant.

— Vous croyez?... Au surplus, je ne crains pas la
mort... mais enfin c'est toujours ennuyeux!... Eh
bien, donc, je suis trop agité... il faut que cela
finisse, entendez-vous?

— Oui, général... mais qu'y puis-je faire, moi?

— Vous allez le savoir! — Vous êtes mon cousin,
n'est-ce pas?

— En effet, général, j'ai cet honneur-là.

— Mais fort éloigné!... J'ai trente-six cousins au
même degré que vous!... et, sacrebleu! en définitive,
je ne vous dois rien!

— Mais je ne vous demande rien, général.

— Je le sais bien! — Vous êtes donc mon cousin
fort éloigné... mais il y a autre chose... Votre père
m'a sauvé la vie dans l'Atlas... Il a dû vous conter
ça... Non?... Eh bien, ça ne m'étonne pas... Il n'était
pas bavard, votre père!... C'était un homme! — S'il
n'avait pas quitté l'épaulette, il avait un bel avenir...
On parle beaucoup de M. Pélissier, de M. Canrobert,
de M. Mac-Mahon, et *cætera*... Je n'en dis pas de mal:
ce sont des jeunes gens instruits... du moins je les
ai connus tels; mais votre père les aurait diablement
distancés, s'il avait voulu s'en donner la peine...

Enfin il ne s'agit pas de ça! — Voici l'histoire : nous traversions une gorge de l'Atlas... nous étions en retraite... je n'avais pas de commandement... je suivais en amateur, inutile de vous dire par quelle circonstance... Nous étions donc en retraite... il nous tombait de la lune une grêle de pierres et de balles... qui mettaient un peu de désordre dans la colonne... J'étais à l'arrière-garde... Paf! mon cheval est tué, et me voilà dessous!... Il y avait sur un escarpement du défilé, à quinze pieds de haut, cinq brigands sales comme des peignes... que je vois encore... Ils se laissent glisser et tombent sur mon cheval et sur moi! Le défilé faisait un coude à cet endroit-là, de sorte que personne ne voyait mon embarras... ou que personne ne voulait le voir, ce qui revenait au même... Je vous dis qu'il y avait du désordre!... Eh bien, je vous prie de croire qu'avec mon cheval et mes cinq Arabes sur le dos j'étais fort mal à mon aise, moi!... j'étouffais... j'étais tout à fait mal à mon aise enfin... Ce fut alors que votre père accourut comme un gentil garçon et me tira de là... Je l'aidai un peu quand je fus relevé... mais n'importe, ça ne s'oublie pas! — Voyons, parlons net : auriez-vous une grande répugnance à jouir de sept cent mille francs de rente, et à vous appeler après moi le marquis de Campvallon d'Arminges. Répondez!

Le jeune comte rougit légèrement.

— Je m'appelle Camors, dit-il.

— Vous ne voulez pas que je vous adopte?... Vous

refusez d'être l'héritier de mon nom et de mes biens?

— Oui, général.

— Voulez-vous que je vous donne le temps d'y réfléchir?

— Non, général. Je suis sincèrement flatté et reconnaissant de vos intentions généreuses à mon égard ; mais, dans les questions d'honneur, je ne réfléchis jamais.

Le général souffla bruyamment comme une locomotive qui lache sa vapeur. Il se leva, fit deux ou trois fois le tour de la galerie, les pieds en dehors, la poitrine effacée, et vint se rasseoir sur le divan, qui gémit.

— Quels sont vos projets? dit-il.

— Je compte d'abord, général, essayer d'accroître ma fortune, qui est un peu mince. Je ne suis pas aussi étranger aux affaires qu'on le pense. Les relations de mon père et les miennes me donnent un pied dans quelques grandes entreprises industrielles et financières, où j'espère réussir avec beaucoup de travail et de volonté. En même temps j'ai quelque idée de me préparer à la vie publique, et d'aspirer à la députation quand les circonstances me le permettront.

— Bien! très bien! il faut qu'un homme fasse quelque chose. L'oisiveté est la mère de tous les vices... J'aime le cheval comme vous ; c'est un noble animal... Je prends un vif intérêt aux luttes du sport : elles améliorent la race hippique et contribuent puissamment à une bonne remonte de notre cavalerie; mais le sport doit être une distraction et non une profession... Hem! ainsi vous prétendez être député?

— Avec le temps, général.

— Parbleu! sans doute!... Mais je puis vous servir, moi, dans cette voie-là. Quand le cœur vous en dira, je donnerai ma démission, je vous recommanderai à mes braves et fidèles électeurs, et vous prendrez ma place. Ça vous convient-il?

— A merveille, général, et je vous remercie de tout cœur; mais pourquoi donner votre démission?

— Ah! pourquoi, pourquoi! pour vous être utile et agréable d'abord, et puis ensuite parce que je commence à en avoir assez, moi, parce que je ne serai pas fâché personnellement de donner cette petite leçon-là au gouvernement. Je souhaite qu'elle lui profite!... Vous me connaissez, je ne suis pas un jacobin; j'ai d'abord cru que ça marcherait... mais quand on voit ce qui se passe!

— Qu'est-ce qui se passe, général?

— Quand on voit un Tonnelier grand dignitaire... on voudrait avoir la plume de Tacite, ma parole! Lorsque je pris ma retraite, vers 48, — sur un indigne passe-droit qu'on m'avait fait, — je n'avais pas encore l'âge de la réserve, et j'étais encore capable de bons et loyaux services... J'aurais pu m'attendre peut-être dans un état de choses régulier à quelque dédommagement... Je l'ai trouvé, au reste, dans la confiance de mes braves et fidèles électeurs... mais enfin on se lasse de tout, mon jeune ami... Les séances du Luxembourg... je veux dire du Palais Bourbon, me fatiguent un peu... Bref, quelque regret que je doive éprouver en me séparant de mes honorables collègues et de mes chers électeurs, je me démettrai de mes fonctions quand vous serez prêt et disposé... N'avez-vous pas une propriété dans le département?

— Oui, général, une propriété qui appartenait à ma mère.. Un petit manoir avec un peu de terre autour, qui s'appelle Reuilly.

— Reuilly!... à deux pas de Des Rameures!... parfait!... Eh bien, c'est le pied à l'étrier, cela!

— Oui, mais il y a un malheur : c'est que je suis forcé de vendre cette terre.

— Pourquoi diable?

— Général, c'est tout ce qui me reste. Cela rapporte une dizaine de mille francs. Pour me lancer dans les affaires, il me faut quelques capitaux, une mise de fonds, et je désire ne pas emprunter.

Le général se leva, et son pas martial et cadencé ébranla de nouveau le parquet de la galerie; après quoi, il se laissa retomber sur le divan.

— Il ne faut pas vendre votre terre! dit-il. Je ne vous dois rien... mais j'ai de l'affection pour vous... Vous ne voulez pas être mon fils adoptif; je le regrette, et je suis bien forcé de passer à d'autres projets... Je vous avertis que je passe à d'autres projets!... Il ne faut pas vendre votre terre, si vous tenez à être député. Les gens du pays, et Des Rameures en particulier, ne voudraient plus de vous. Cependant, vous avez besoin d'argent. Permettez-moi de vous prêter trois cent mille francs. Vous me les rendrez quand vous pourrez, sans intérêts, et, si vous ne me les rendez pas, vous me ferez plaisir!

— Mais, en vérité, général...

— Voyons, acceptez... comme parent, comme ami... comme fils d'un ami, au titre que vous voudrez... mais acceptez, ou vous m'offenserez sérieusement!

M. de Camors se leva, prit la main du général, la serra avec émotion et lui dit d'un ton bref :

— J'accepte, monsieur, merci!

Le général, sur ces mots, se leva comme un lion en furie, la moustache hérissée, les narines ouvertes et fumantes; il regarda le jeune comte avec un air de véritable férocité, et, l'attirant soudain sur sa poitrine, il l'embrassa cordialement. Il marcha ensuite vers la porte avec sa solennité accoutumée, enleva une larme sur sa joue d'un doigt furtif, et sortit.

C'était un brave homme que le général, et, comme beaucoup de braves gens, il n'avait pas été heureux en ce monde. On pouvait rire de ses travers, on ne pouvait lui reprocher aucun vice. Il avait l'esprit un peu étroit, le cœur immense. Il était timide au fond, surtout avec les femmes. Il était délicat, passionné et chaste. Il avait peu aimé, et n'avait pas été aimé du tout. Il prétendait avoir pris sa retraite sur un passe-droit qu'on lui avait fait. Voici quel était en réalité ce passe-droit. Il avait épousé à quarante ans la fille d'un pauvre colonel tué à l'ennemi. Après quelques années de mariage, cette orpheline l'avait trompé, de complicité avec un de ses aides de camp. La trahison lui avait été révélée par un jeune rival, qui avait joué en cette occasion le rôle infâme de Iago. M. de Campvallon avait alors déposé ses épaulettes étoilées, et, dans deux duels successifs, dont on se souvient en Afrique, il avait tué à deux jours de distance le coupable et le dénonciateur. Sa femme était morte peu de temps après, et il était resté plus seul au monde que jamais. Il n'était pas homme à se consoler dans des amours vénales; un propos grivois le faisait rougir. Le corps de ballet lui faisait peur. Il n'eût osé l'avouer; mais ce qu'il rêvait à son âge avec ses moustaches menaçantes et sa mine terrible, c'était l'amour dévoué d'une grisette, aux pieds de laquelle il eût pu répandre sans honte et surtout sans défiance toutes les tendresses de son cœur héroïque et simple.

Dans la soirée du jour qui avait été marqué pour M. de Camors par ces deux épisodes intéressants, mademoiselle de Luc d'Estrelles ne descendit pas pour dîner. Elle fit dire qu'elle avait une forte migraine, et qu'elle priait qu'on l'excusât. Ce message fut accueilli par un murmure général et par quelques paroles aigres de madame de la Roche-Jugan, qui semblaient signifier que mademoiselle de Luc d'Estrelles n'était pas dans une situation de fortune à se per-

5.

mettre d'avoir la migraine. Le dîner n'en fut pas moins gai, grâce à madame Bacquière et à madame Van Cuyp, et aussi à leurs deux maris, qui étaient arrivés de Paris ce soir-là pour passer leur dimanche avec elles. Afin de célébrer cette heureuse réunion, ils se mirent tous les quatre à boire du vin de Champagne à flots, tout en parlant argot et en imitant les acteurs ; — ce qui fit beaucoup rire les domestiques.

Quand on retourna au salon, madame Bacquière et madame Van Cuyp jugèrent délicieux de prendre les chapeaux de leurs maris, de mettre leurs pieds dedans, et de courir en cet équipage un petit *steeplechase* d'un bout du salon à l'autre. Pendant ce temps, madame de la Roche-Jugan touchait le pouls du général et le trouvait extrêmement capricant.

Le lendemain matin, à l'heure du déjeuner, tous les hôtes du général étaient réunis dans ce même salon, à l'exception de mademoiselle d'Estrelles, dont apparemment la migraine se prolongeait. On remarquait aussi l'absence du général, qui était la politesse et l'exactitude mêmes. On commençait à s'en inquiéter, quand les deux battants de la porte s'ouvrirent tout à coup : le général entra, tenant mademoiselle d'Estrelles par la main. La jeune fille avait les yeux fort rouges et le visage fort pâle. Le général était écarlate ; il s'avança de quelques pas comme un acteur qui va saluer le public, promena autour de lui des regards foudroyants, et poussa un *hem!* qui fut répété en écho par les cordes basses du piano.

— Mes chers hôtes et amis, dit-il alors d'une voix tonnante, permettez-moi de vous présenter la marquise de Campvallon d'Arminges!

Une banquise du pôle arctique n'est ni plus silencieuse ni plus froide que ne le fut le salon du général à la suite de cette déclaration. — M. de Campvallon, tenant toujours mademoiselle d'Estrelles par la main, gardait sa position centrale, et continuait de lancer des regards foudroyants sur l'assistance; mais ses yeux commençaient à s'égarer et à rouler convulsivement dans leurs orbites, tant il était étonné lui-même et embarrassé de l'effet qu'il avait produit.

M. de Camors vint à son secours, il lui prit la main et lui dit :

— Recevez tous mes compliments, général... Je suis sincèrement heureux de votre bonheur... et puis cela est digne de vous!

S'approchant ensuite de mademoiselle d'Estrelles, il s'inclina avec une grâce sérieuse et lui serra la main.

Quand il se retourna, il eut la stupeur d'apercevoir sa tante de la Roche-Jugan dans les bras du général. Elle passa de là dans ceux de mademoiselle d'Estrelles, qui craignit un instant, à la violence de ses caresses, qu'elle n'eût l'intention secrète de l'étouffer.

— Général, dit alors madame de la Roche-Jugan d'un ton plaintif, je vous la recommande, n'est-ce pas?... je vous la recommande bien, n'est-ce pas?... c'est ma fille... mon second enfant!... Sigismond, embrassez votre cousine... Vous permettez, général ? Ah! on ne connaît vraiment tout son amour pour ces êtres-là que quand on les perd... Je vous la recommande bien, n'est-ce pas, général ?

Et madame de la Roche-Jugan fondit en larmes.

Le général, qui commençait à concevoir une haute opinion du cœur de la comtesse, lui protesta que mademoiselle d'Estrelles trouverait en lui un ami et un père. Sur cette douce assurance, madame de la Roche-Jugan alla s'asseoir dans un coin solitaire, à l'ombre d'un rideau, où on l'entendit pleurer et se moucher pendant plus d'une heure ; — car elle ne put déjeuner, le bonheur lui coupant l'appétit.

La glace une fois rompue, tout le monde se montra convenable. Les Tonnelier, toutefois, ne s'épanchèrent pas avec autant d'effusion que la tendre comtesse, et il fut aisé de voir que madame Bacquière et madame Van Cuyp ne se représentaient pas sans amertume la pluie d'or et de diamants qui allait tomber sur leur cousine et consteller sa beauté. M. Bacquière et M. Van Cuyp en souffrirent naturellement les premiers, et leurs charmantes femmes leur firent entendre à diverses reprises dans la journée qu'elles les méprisaient profondément. Ce fut un triste dimanche pour ces messieurs.

La famille Tonnelier sentit, d'ailleurs, qu'elle n'avait plus rien à ménager, et elle partit le lendemain pour Paris après des adieux un peu secs.

La conduite de madame de la Roche-Jugan fut

plus noble. Elle déclara qu'elle servirait de mère à sa Charlotte bien-aimée jusqu'au pied des autels et jusqu'au seuil de la chambre nuptiale, qu'elle s'occuperait de son trousseau avec enthousiasme, et que le mariage aurait lieu chez elle.

— Le diable m'emporte! ma chère comtesse, lui dit le général au comble du ravissement, il faut que je vous avoue une chose: vous m'étonnez!... J'ai été injuste, cruellement injuste envers vous! Oui, ma foi! je m'en accuse, je vous croyais dure, intéressée, peu franche... Et bien, pas du tout : vous êtes une excellente femme, un cœur d'or, une belle âme. Ma chère amie, vous avez trouvé le vrai moyen de me convertir, puisque vous y tenez... J'ai quelquefois pensé qu'en fait de religion l'honneur suffisait à un homme, n'est-ce pas, Camors?... Mais je ne suis pas un mécréant, ma chère comtesse... et, ma parole sacrée, lorsque je vois de parfaites créatures comme vous, j'ai envie de croire tout ce qu'elles croient, quand ce ne serait que pour leur être agréable!

M. de Camors, moins naïf, se demandait avec intérêt quel pouvait être le secret de la politique nouvelle de sa tante. Il n'eut pas besoin de beaucoup d'efforts pour le pressentir. Madame de la Roche-Jugan, qui avait fini par se convaincre elle-même de l'anévrisme du général, se flattait que les soucis du mariage pourraient accélérer les destins de son vieil ami. En tout cas, M. de Campvallon avait plus de soixante ans; Charlotte était jeune, et Sigismond aussi. Sigismond attendrait donc quelques années, s'il le fallait, et il ferait tout doucement sa cour à la jeune marquise, jusqu'au jour où il l'épouserait avec toutes ses dépendances, sur le mausolée du général. — C'était ainsi que madame de la Roche-Jugan, un moment écrasée sous le coup inattendu qui ruinait toutes ses espérances, avait soudain modifié ses plans et changé ses batteries, pour ainsi dire sous le feu de l'ennemi. — Voilà à quoi elle rêvait en pleurant et en se mouchant derrière son rideau.

Les impressions personnelles de M. de Camors à la nouvelle de ce mariage n'avaient pas été des plus agréables. Premièrement, il avait été forcé de reconnaître qu'il avait fort mal jugé mademoiselle d'Estrelles, et qu'au moment où il l'accusait de spéculer sur sa petite fortune elle lui sacrifiait les sept cent mille francs de rente du général. Il sentait donc avec ennui qu'il n'avait pas eu précisément le beau rôle dans cette affaire. En second lieu, il se voyait réduit à étouffer dès ce moment la secrète passion que cette belle et singulière personne lui inspirait. Femme ou veuve du général, dans le présent et dans l'avenir, il était clair que mademoiselle d'Estrelles lui échappait absolument; séduire la femme de ce vieillard et de cet ami dont il avait accepté les bienfaits, ou bien l'épouser un jour veuve et riche après l'avoir refusée pauvre, c'était une indignité ou une bassesse que l'honneur lui interdisait au même degré et avec la même rigueur évidente, si cet honneur dont il avait fait la seule loi de sa vie n'était pas un mot et une risée. M. de Camors n'hésita pas à le comprendre et à s'y résigner.

Pendant les quatre ou cinq jours qu'il passa encore à Campvallon, sa conduite fut parfaite. Les attentions délicates et réservées dont il entoura mademoiselle d'Estrelles, mêlées d'une dose convenable de mélancolie, lui témoignèrent à la fois sa reconnaissance, son respect et ses regrets. M. de Campvallon n'eut pas moins à se louer des procédés du jeune comte, qui entra dans la faiblesse de son hôte avec une bonne grâce affectueuse, lui parla peu de la beauté de sa fiancée et beaucoup de ses qualités morales, et lui laissa voir sur l'avenir de cette union la plus flatteuse confiance.

La veille de son départ, Camors fut mandé dans le cabinet du général.

— Mon jeune ami, lui dit M. de Campvallon en lui remettant un bon de trois cent mille francs sur son banquier, je dois vous déclarer, pour le repos de votre conscience, que j'ai informé mademoiselle de Luc d'Estrelles du petit avantage que je vous fais. Mademoiselle de Luc d'Estrelles, mon jeune ami, a beaucoup d'estime et d'amitié pour vous, sachez cela. Elle a donc accueilli ma communication avec un sensible plaisir. Je l'ai encore avertie que je ne prétendais tirer aucun reçu de cette somme, et qu'aucune réclamation ne devait être en aucun temps exercée contre vous à ce sujet. Mademoiselle de Luc d'Estrelles, qui doit être mon unique héritière, je ne vous le cache pas, s'est associée cordialement à mes intentions. Maintenant, mon cher Camors, rendez-moi un petit service. Pour vous dire le fond de ma pensée, je serais bien aise de vous voir donner suite immédiatement à vos projets de légitime ambition. Ma situation nouvelle, mon âge, mes goûts, ceux que je puis supposer à la marquise réclament tous mes loisirs et toute ma liberté d'action. Je désirerais, en conséquence, vous recommander le plus tôt possible à mes braves et fidèles électeurs tant pour le Corps législatif que pour le conseil général, que vous ferez bien d'enlever au préalable. Pourquoi différer? Vous êtes très instruit, très capable... Eh bien, quoi! portons-nous en avant! Commençons nos opérations! Voulez-vous?

— Général, j'aurais préféré mûrir un peu... mais ce serait une vraie folie et une ingratitude en même temps que de ne pas me prêter à vos bonnes dispositions... Que faut-il faire d'abord? Voyons!

— Mon jeune ami, au lieu de partir pour Paris demain, il faut partir pour votre terre... Reuilly, je crois, vous avez dit?... Eh bien, il faut partir pour Reuilly et conquérir Des Rameures!

— Qu'est-ce que c'est que Des Rameures, général?

— Vous ne connaissez pas Des Rameures?... Non, au fait, vous ne pouvez pas le connaître... Diable! diable! c'est fâcheux; Des Rameures est tout-puissant dans le pays... C'est un original, Des Rameures, mais un brave garçon... très brave garçon! vous le

verrez... avec sa nièce, une femme très respectable !
Dame, jeune homme, il faut leur plaire... votre
succès est à ce prix... Je vous dis que Des Rameures
est maître du pays ! Moi, il me protégeait... sans ça,
je serais resté en chemin, ma parole d'honneur !

— Mais, général, que faut-il faire pour lui plaire ?

— A Des Rameures ?... Dame, vous le verrez...
C'est un grand original. Il n'a pas été à Paris depuis
1825 ; il a horreur de Paris et des Parisiens... Eh
bien, il faut flatter un peu ses idées là-dessus... il
faut un peu de ruse en ce monde, jeune homme !

— Mais sa nièce, général ?

— Ah diable ! il faut plaire aussi à sa nièce... il
l'adore, et elle fait de lui tout ce qu'elle veut, quoiqu'il se débatte quelquefois...

— Et quelle femme est-ce que cette nièce, général ?

— Oh ! une femme très respectable, parfaitement
respectable... une veuve... un peu dévote... mais très
instruite... beaucoup de mérite !

— Et comment m'y prendre pour plaire à cette
dame ?

— Ah ! ma foi ! vous m'en demandez trop !... Je
n'ai jamais su plaire à une femme, moi, ainsi ! Je
suis bête comme une oie avec elles... C'est plus fort
que moi !... Mais vous, mon jeune camarade, vous
n'avez pas besoin d'être renseigné là-dessus... vous
lui plairez, pardieu ! vous n'avez qu'à être convenable et gentil... voilà tout !... Enfin vous verrez

tout ça, et vous vous en tirerez comme un ange, j'en suis sûr... Plaire à Des Rameures et à sa nièce, voilà le mot d'ordre!

Le lendemain dans la matinée, M. de Camors quitta le château de Campvallon, muni de ces renseignements incomplets, et, en outre, d'une lettre du général pour Des Rameures. Il se rendit en voiture de louage à son domaine de Reuilly, qui était situé dix lieues plus loin. Chemin faisant, il se disait que tout n'est pas rose dans la carrière de l'ambition, et qu'il était dur d'y rencontrer dès le début deux physionomies aussi inquiétantes que celles de Des Rameures et de sa respectable nièce.

IV

Le domaine de Reuilly se composait de deux fermes perdues au milieu des champs et d'une maison de quelque apparence qui avait été habitée autrefois par la famille maternelle de M. de Camors. Il n'avait, quant à lui, jamais vu cette propriété. Il y arriva à la fin d'une belle journée d'été, vers huit heures. Une longue et sombre avenue de vieux ormes qui entre-croisaient leurs cimes épaisses conduisait à la maison d'habitation, qui ne répondait pas à cette préface imposante. C'était une maigre construction du siècle dernier, simplement ornée d'un attique et d'un œil-de-bœuf, mais flanquée toutefois du colombier seigneurial. Elle empruntait, d'ailleurs, un certain air de dignité aux deux petites terrasses superposées qui la précédaient, et dont les doubles escaliers s'appuyaient sur des balustrades de granit. Deux animaux en pierre, qui avaient peut-être ressemblé autrefois à des lions, se faisaient pendant de chaque côté de la balustrade, à l'entrée de la terrasse supérieure, et se dévoraient de l'œil depuis cent cinquante ans.

Derrière la maison était le jardin, au milieu duquel on remarquait, sur un socle en maçonnerie, un cadran solaire mélancolique, entre quelques plates-bandes figurant des as de cœur et aussi des as de trèfle; plus loin, des buis taillés en forme de confessionnaux et d'autres en forme de pions d'échecs; dans le fond, faisant face à la maison, un mur en hémicycle propre aux espaliers; à droite, une haie de charmilles pareillement sculptées dans le goût de l'époque : des niches, des tonnelles et un labyrinthe de charmilles s'enfonçant par mille détours dans un vallon mystérieux où l'on entendait perpétuellement un petit bruit triste. C'était une nymphe en terre cuite dont l'urne, par un procédé hydraulique inconnu, répandait nuit et jour un mince filet d'eau dans le bassin d'un petit étang bordé de vieux sapins, à l'ombre desquels il paraissait aussi noir que l'Achéron.

La première impression de M. de Camors à la vue de cet ensemble fut souverainement pénible, et la seconde le fut encore davantage. En d'autres temps sans doute, il eût trouvé quelque intérêt à rechercher au milieu de ces souvenirs du passé les traces d'une enfant qui était née là, qui avait grandi là, qui avait été sa mère, et qui peut-être avait aimé tendrement toutes ces vieilles choses ; mais son système n'admettait point les enfantillages : il repoussa donc ces idées, si elles lui vinrent, et, après un rapide coup d'œil, il demanda son dîner.

Le garde et sa femme, qui, depuis une trentaine d'années, étaient les seuls habitants de Reuilly, avaient été prévenus la veille par un exprès. Ils avaient passé la journée à nettoyer la maison et à l'aérer, opération qui avait eu pour effet d'aviver tous les inconvénients qu'elle voulait prévenir et d'irriter les vieux pénates du logis dérangés dans leur sommeil, dans leur poussière et dans leurs toiles d'araignée. Un vague parfum de cave, de sépulcre et de vieux fiacre saisit Camors à la gorge quand il pénétra dans le salon principal où son couvert était dressé. Il y avait deux chandelles sur la table, ce qui étonna beaucoup le jeune comte, qui n'en avait jamais vu. Ces deux chandelles scintillaient faiblement dans les ténèbres comme deux étoiles de quinzième grandeur. M. de Camors en prit une avec précaution par son flambeau de fer, et la considéra d'abord quelque temps avec curiosité ; puis il s'en servit pour examiner de près quelques-uns de ses ancêtres qui décoraient la muraille et qui paraissaient le regarder eux-mêmes avec une extrême surprise. Leur peinture fanée et craquelée laissait voir la toile en plus d'une place. Les uns avaient perdu le nez, les autres n'avaient plus qu'un œil, quelques-uns avaient des mains sans bras et d'autres des bras sans mains, mais tous néanmoins souriaient avec la plus grande bienveillance. Un chevalier de Saint-Louis avait reçu pendant la Révolution un coup de baïonnette dans sa croix, et le trou était resté béant; mais lui-même souriait comme les autres et respirait une fleur.

M. de Camors, cette inspection terminée, se dit qu'il n'y avait pas un seul de ces portraits qui valût quinze francs, et s'assit en soupirant devant les deux chandelles. La femme du garde avait employé une partie de la nuit précédente à égorger la moitié de sa basse-cour, et les divers produits de ce massacre comparurent successivement sur la table noyés dans des flots de beurre. Heureusement le général avait eu l'attention paternelle d'envoyer la veille à Reuilly un panier de provisions pour parer aux premières difficultés d'une installation imprévue. Quelques tranches de pâté et quelques verres de vin de château-Yquem aidèrent le jeune comte à combattre la mortelle tristesse que le dépaysement, la solitude, la nuit, la fumée des chandelles et la compagnie funéraire de ses aïeux commençaient à lui inspirer. Il reprit son moral, qui véritablement lui avait échappé un instant, et fit jaser le vieux garde qui le servait. Il essaya d'en tirer quelques éclaircissements sur l'intéressante personnalité de M. Des Rameures; mais le garde, comme tous les paysans normands, était convaincu qu'un homme qui répond clairement à une question est un homme déshonoré. Avec toute la déférence possible, il laissa entendre à Camors qu'il n'était point dupe de l'ignorance qu'il affectait, que M. le comte savait beaucoup mieux que lui ce qu'était M. Des Rameures, ce qu'il faisait et où il demeurait, que M. le comte était son maître, et qu'à ce titre il avait droit à tout son respect, mais qu'en même temps M. le comte était Parisien, et que, comme le disait précisément M. Des Rameures, tous les Parisiens étaient des farceurs.

M. de Camors, qui s'était juré de ne se fâcher jamais, ne se fâcha point. Il demanda un peu de patience à la vieille eau-de-vie du général, alluma un cigare et sortit. Il demeura quelque temps accoudé sur la petite balustrade de la terrasse qui s'étendait devant la maison, regardant devant lui. La nuit, quoique belle et pure, enveloppait d'un voile épais les vastes campagnes. Un imposant silence, étrange pour des oreilles parisiennes, régnait au loin dans les plaines et sur les collines comme dans les vides espaces du ciel. Par intervalles seulement, un aboiement lointain s'élevait tout à coup, puis s'éteignait, et tout retombait dans la paix.

M. de Camors, dont les yeux s'étaient peu à peu habitués à l'obscurité, descendit l'escalier de la terrasse, et s'engagea dans la vieille avenue, qui était aussi sombre et aussi solennelle qu'une cathédrale à minuit. La barrière franchie, il se trouva dans un chemin vicinal qu'il suivit à l'aventure.

A proprement parler, Camors, jusqu'à cette époque de sa vie, n'avait jamais quitté Paris. Toutes les fois qu'il en était sorti, il en avait emporté avec lui le bruit, le mouvement, le train mondain et l'existence artificielle; les courses, les chasses, les séjours au bord de la mer ou dans les villes d'eaux ne lui avaient jamais fait connaître en réalité ni la province ni la campagne. Il en eut alors la vraie sensation pour la première fois, et cette sensation lui fut odieuse. A mesure qu'il s'avançait sur cette route silencieuse, sans lumières, sans maisons, il lui semblait qu'il voyageait dans les sites désolés et morts d'un paysage lunaire. Cette région de la Normandie rappelle les parties les plus cultivées de la vieille Bretagne. Elle en a le caractère agreste et un peu sauvage, les pommiers et les bruyères, les couverts épais, les vertes vallées, les chemins creux, les haies touffues. Il y a des rêveurs qui aiment cette nature douce et sévère, même dans son repos nocturne. Ils aiment tout ce qui frappait alors les sens indifférents de M. de Camors, — ce silence même et cette paix des campagnes endormies, l'odeur des prairies fauchées le matin, les petites lueurs vivantes qui brillent çà et là dans l'herbe des fossés, le ruisseau invisible qui murmure dans le pré voisin, le vague mugissement d'une vache qui rêve, — et au-dessus de tout cela le calme profond des cieux.

M. de Camors marchait toujours devant lui avec une sorte de désespoir, se flattant sans doute de rencontrer à la fin le boulevard de la Madeleine. Il ne trouva que quelques chaumières de paysans éparses au bord du chemin, et dont les toitures basses et moussues semblaient sortir de cette terre féconde comme une énorme végétation. Deux ou trois des habitants de ces taudis respiraient l'air du soir sur le seuil de leur porte, et Camors put distinguer dans l'ombre leurs formes lourdes et leurs membres déjetés par le rude travail des champs. Ils étaient là muets, immobiles, et ruminant dans les ténèbres, pareils à des animaux fatigués. M. de Camors, comme tous ceux que possède une idée maîtresse, avait coutume, depuis qu'il avait adopté pour règle de sa vie la religion de son père, d'y rapporter toutes ses impressions et toutes ses pensées. Il se dit en ce moment qu'il y avait sans aucun doute entre ces paysans et un civilisé comme lui une distance plus grande qu'entre ces paysans et les brutes des forêts, et cette réflexion le confirma dans le sentiment d'aristocratie farouche qui est un des termes logiques de sa doctrine.

Il venait de gravir une côte assez raide, du haut de laquelle il entrevoyait d'un œil découragé un nouvel horizon de pommiers, de meules de foin et de confuse verdure, et il s'apprêtait à retourner sur ses pas, quand un incident inattendu l'arrêta sur place : un bruit étrange avait soudain empli ses oreilles. C'était un agréable concert de voix et d'instruments, qui, dans cette solitude perdue, tenait du rêve et du miracle. La musique était bonne et même excellente; il reconnut le prélude de Bach arrangé par Gounod. Robinson, lorsqu'il aperçut la trace d'un pied humain sur le sable de son île, ne fut pas plus étonné que M. de Camors en découvrant au milieu de ce désert un si vif symptôme de civilisation. S'orientant sur les sons mélodieux qu'il entendait, il descendit la colline avec précaution et curiosité, comme un fils de roi à la recherche d'un palais enchanté. Le palais lui apparut à mi-côte, sous la forme d'une haute muraille, qui était la partie postérieure d'une habitation adossée à la route. Une des fenêtres du premier étage était ouverte sur une des faces latérales de la maison, et c'était de là, à n'en point douter, que sortaient les flots d'harmonie, mêlés à des flots de lumière. — Sur le fond d'un accompagnement où quelques instruments à cordes se mariaient aux accords du piano, une voix de femme pure et grave s'élevait et disait la phrase mystique du jeune maître avec une expression et un goût qui lui auraient fait plaisir à lui-même. Camors était musicien et fort capable d'apprécier la savante exécution de ce morceau. Il en fut tellement frappé, qu'il éprouva le désir irrésistible de voir les exécutants, et particulièrement la chanteuse. Dans cette innocente intention, il escalada le revers du fossé qui bordait la route, et se dressa sur le haut du talus; se trouvant encore d'un bon nombre de mètres au-dessous de la fenêtre éclairée, il n'hésita pas à user de ses talents gymnastiques pour se hisser dans les branches supérieures d'un des vieux chênes qui croissaient sur la haie. Pendant qu'il opérait cette ascension, il ne se dissimulait pas tout ce qu'un pareil trait avait de léger pour un futur député de l'arrondissement, et il ne pouvait s'empêcher de sourire à la pensée d'être surpris dans cette position équivoque par le terrible Des Rameures ou par sa nièce.

Il parvint à s'établir assez commodément sur une maîtresse branche, dans le plus épais du feuillage, à peu près en face de la fenêtre intéressante, et, quoiqu'il en fût à une distance respectable, son regard put pénétrer dans l'intérieur du salon où le concert avait lieu. Une dizaine de personnes y étaient réunies, autant qu'il le put voir. Quelques femmes, d'âges divers, travaillaient autour d'une table. Près d'elles, un jeune homme paraissait dessiner. Deux ou trois assistants étaient plongés çà et là dans des meubles confortables avec un air de recueillement. Autour du piano se présentait un groupe qui attira principalement l'attention du jeune comte. Une jolie fillette d'une douzaine d'années tenait gravement le piano; derrière elle, un vieillard, remarquable par sa haute taille, son front chauve, sa couronne de cheveux blancs et ses épais sourcils noirs, jouait du violon avec une dignité sacerdotale; un homme d'une cinquantaine d'années, en costume ecclésiastique, et portant une énorme paire de lunettes à branches d'argent, était assis près de lui, et maniait avec une mine de profonde contention l'archet d'un violoncelle. Entre eux était la chanteuse. C'était une personne brune, pâle, mince, élégante, qui ne paraissait pas avoir dépassé vingt-cinq ans ; l'ovale un peu sévère de son visage était animé par deux grands yeux noirs, qui semblaient grandir encore quand elle chantait. Elle tenait une de ses mains posée sur l'épaule de l'enfant qui était assise au piano, et, de cette main, elle semblait battre doucement la mesure, pressant et modérant tour à tour le zèle de l'enfant, et cette main était charmante. — Une hymne de Palestrina avait succédé au prélude de Bach ; c'était un quatuor auquel deux exécutants nouveaux prêtaient leur concours. Le vieux prêtre, en cette circonstance, avait quitté son violoncelle ; il s'était mis debout, avait ôté ses lunettes, et sa voix de basse profonde complétait un ensemble des plus satisfaisants.

Après le quatuor, il y eut un moment de conversation générale, pendant laquelle la chanteuse embrassa la petite pianiste, qui sortit aussitôt du salon. On forma alors une sorte de cercle autour du prêtre, qui toussa, se moucha, remit ses lunettes à branches d'argent, et tira de sa soutane ce qui paraissait être un manuscrit. — La chanteuse cependant s'était approchée de la fenêtre comme pour prendre l'air ; elle roulait tranquillement un éventail dans ses doigts, et sa silhouette se dessinait dans la baie lumineuse. Elle regardait au dehors comme au hasard, tantôt vers le ciel, tantôt vers la campagne sombre. M. de Camors croyait entendre son souffle pur et léger à travers les légères palpitations de l'éventail. Il se pencha un peu pour mieux voir, et ce mouvement agita le feuillage autour de lui ; la jeune femme, à ce léger bruit, resta tout à coup immobile, et la pose raide et directe de sa tête indiqua clairement qu'elle avait les yeux attachés sur le chêne où M. de Camors était blotti. Il sentit que sa situation devenait grave, et, ne pouvant juger en aucune façon jusqu'à quel point il était ou n'était pas invisible, il passa sous la menace de ce regard obstinément fixe une des plus cruelles minutes de sa vie. La jeune femme se retourna enfin vers l'intérieur du salon, et dit d'une voix calme quelques mots qui attirèrent aussitôt près de la fenêtre deux ou trois assistants, parmi lesquels M. de Camors reconnut le vieux monsieur au violon. En ce moment de crise, il ne trouva rien de plus convenable que de garder dans sa niche de verdure le silence et l'immobilité des tombeaux. L'attitude des gens de la fenêtre ne laissa pas cependant de le rassurer ; ils promenaient leurs yeux dans l'espace avec une incertitude évidente, et il en conclut qu'il était plutôt soupçonné que découvert. Ils échangeaient entre eux des observations animées auxquelles le jeune comte prêtait sans succès une oreille attentive. Enfin une voix forte, qu'il crut être celle du vieux monsieur au violon, fit entendre nettement ces trois mots : « Lâchez les chiens ! » Ce renseignement parut suffisant à M. de Camors : il n'était pas poltron, il n'eût pas reculé d'un pas devant une meute de tigres ; mais il eût fait cent lieues à pied pour échapper à l'ombre du ridicule. Il

6.

profita d'une heureuse éclaircie où la surveillance dont il était l'objet parut moins active, se laissa glisser à bas de son arbre, sauta dans le champ de l'autre côté de la haie, et rentra dans le chemin un peu plus loin en escaladant la barrière. Il reprit alors la démarche paisible d'un promeneur qui se sent dans son droit. Ce fut à peine s'il hâta le pas lorsqu'un instant plus tard, il entendit au loin quelques aboiements tumultueux, qui lui prouvaient d'ailleurs que sa retraite avait été vraiment opportune.

Il retrouva posté sur le seuil d'une chaumière un des paysans qu'il avait vus à son premier passage, et, s'arrêtant devant lui :

— Mon ami, lui dit-il, à qui est donc cette grande maison qui tourne le dos à la route, là-bas, et où l'on fait de la musique?

— Vous le savez peut-être bien! dit l'homme.

— Si je le savais, mon ami, reprit Camors, je ne vous le demanderais pas.

Le paysan ne répondit rien. — Il avait sa femme près de lui. M. de Camors, ayant remarqué que les femmes avaient généralement, dans toutes les classes de la société, plus d'esprit et de bonté que leurs maris, essaya de s'adresser à elle :

— Ma bonne dame, je suis étranger, comme vous voyez... A qui donc est cette maison?... Est-ce à M. Des Rameures, par hasard?

— Non, non, dit la femme, vraiment non... M. Des Rameures, c'est plus loin...

— Ah! et qui donc demeure là?

— Là, c'est M. de Tècle... le comte de Tècle... bien sûr.

— Ah!... Et, dites-moi, il n'est pas seul... il y a une dame chez lui... celle qui chante!... sa sœur... sa femme... quoi?

— Sa belle fille, madame de Tècle, donc!... madame Élise, quoi?

— Ah! je vous remercie, ma chère femme... Avez-vous des enfants?... Voilà pour leur acheter des sabots.

Il laissa tomber une petite pièce d'or sur la jupe de l'obligeante paysanne et s'éloigna.

La route, au retour, lui parut moins longue qu'en venant et moins triste aussi. Il chantonnait chemin faisant le prélude de Bach. La lune s'était levée, et le paysage y avait gagné. Bref, quand M. de Camors aperçut au bout de l'avenue, toujours sombre, son petit château s'élevant au-dessus de ses deux terrasses et baigné dans une lumière blanche, il lui trouva un aspect aimable et réjouissant. — Toutefois, lorsqu'il vint à s'enfoncer dans la vieille alcôve de ses parents maternels et à respirer l'âcre odeur de papier moisi et de boiseries vermoulues qui en formait l'atmosphère, il eut grand besoin de se souvenir qu'il existait dans les environs une jeune dame qui avait un joli visage, une jolie voix et un joli nom.

Le lendemain matin, le comte de Camors, après s'être plongé tout vif dans une cuve d'eau froide, au profond étonnement du vieux garde et de sa femme, se fit conduire à ses deux fermes. Il en trouva les bâtiments fort semblables à des habitations de castors, quoique moins confortables; mais il fut surpris d'entendre ses fermiers raisonner dans leur patois sur tous les procédés de culture et d'élevage comme des gens qui n'étaient étrangers à aucun des perfectionnements modernes de leur industrie. Le nom de M. Des Rameures intervenait fréquemment dans leurs discours à l'appui de leurs théories et de leur expérience personnelle. Telle charrue était employée de préférence par M. Des Rameures, telle machine à vanner était de son invention, telle race d'animaux avait été introduite dans le pays par ses soins. M. Des Rameures faisait ceci, M. Des Rameures faisait cela; ils faisaient comme lui et s'en trouvaient bien. M. de Camors comprit que le général n'avait pas exagéré l'importance locale de ce personnage, et que décidément il fallait compter avec lui. Il résolut d'aller lui faire visite dans la journée.

En attendant, il alla déjeuner. Ce devoir accompli envers lui-même, le jeune comte s'accouda comme la veille sur la balustrade de sa ferme en face de son avenue, et se mit à fumer. — Il était alors midi, et c'était à peine si le silence et la solitude lui semblaient moins complets, moins sinistres que la veille en pleine nuit. Quelques caquetages de poules, quelques bourdonnements d'abeilles, le faible tintement d'une cloche dans le lointain, et c'était tout. M. de Camors songeait à la terrasse de son cercle, au bruit de la foule, au roulement des omnibus, aux affiches de spectacle, aux petits kiosques où l'on vend des journaux, à l'odeur de l'asphalte échauffé, et le moindre de ces enchantements prenait dans sa pensée une douceur infinie. Les habitants de Paris ont un avantage dont ils ne se rendent pas compte, si ce n'est, bien entendu, quand il leur manque : c'est qu'une bonne moitié de leur existence se trouve remplie sans qu'ils s'en mêlent. La puissante vitalité qui les enveloppe sans cesse les dispense, à un degré dont ils ne doutent pas, du soin de subvenir personnellement à leur entretien intellectuel. Le simple bruit matériel qui forme autour d'eux une sorte de basse continue comble au besoin les lacunes de leur pensée, et n'y laisse jamais le sentiment désagréable du vide. Il n'est pas un Parisien qui n'ait la bonté de croire qu'il fait tout le bruit qu'il entend, qu'il a écrit tous les livres qu'il lit, rédigé tous les journaux dont il déjeune, composé toutes les pièces dont il soupe, et inventé tous les bons mots qu'il répète. Cette flatteuse illusion s'évanouit aussitôt qu'un hasard le transporte à quelques kilomètres de la rue Vivienne. Il lui arrive en cette épreuve une chose qui le confond : il s'ennuie effroyablement. Peut-être soupçonne-t-il alors dans le secret de son âme détendue et affaissée qu'il est une faible créature mortelle; mais non, il rentre à Paris, il se frotte de nouveau à l'électricité collective, il se retrouve, il a du ressort, il est actif, affairé, spirituel, et il reconnaît à sa pleine satisfaction qu'il n'a pas cessé d'être une créature d'élite, — momentanément dégradée, il est vrai, par le contact des êtres inférieurs qui peuplent les départements.

M. de Camors avait en lui-même, autant que personne au monde, de quoi vaincre l'ennui; mais en ces premières heures de vie provinciale, privé de ses relations, de ses chevaux, de ses livres, éloigné de toutes ses habitudes et de tous ses goûts, il devait sentir et il sentait le poids du temps avec une intensité inconnue. Ce fut donc pour lui une délicieuse émotion que d'entendre tout à coup retentir sur le sol certains piétinements relevés, qui annonçaient clairement à son oreille exercée l'approche de quelques chevaux de prix. L'instant d'après, il aperçut sous l'arcade sombre de son avenue deux dames à cheval qui s'avançaient directement vers son humble château, et qui étaient suivies à une distance convenable par un domestique avec une cocarde noire. A ce charmant spectacle, M. de Camors, quoique fort surpris, rassembla ses plus belles façons de gentilhomme, et s'apprêta même à descendre l'escalier de sa terrasse; mais les deux dames, à sa vue, parurent éprouver une surprise au moins égale à la sienne : elles firent un brusque temps d'arrêt, et semblèrent conférer entre elles; puis, prenant leur parti, elles continuèrent leur route, traversèrent la cour qui était au bas des terrasses, et disparurent dans la direction du petit étang qui ressemblait à l'Achéron. Comme elles passaient au pied de la balustrade, M. de Camors les salua, et elles lui rendirent son salut par un léger signe de tête. Malgré le voile qui flottait à leur chapeau, le comte se crut assuré de reconnaître la chanteuse aux yeux noirs et la petite pianiste.

Après quelques minutes, il appela le vieux garde.

— Monsieur Léonard, lui dit-il, est-ce que c'est public, ma cour?

— La cour de monsieur le comte n'est pas publique, bien certainement, dit M. Léonard.

— Eh bien, mais alors que signifient ces deux dames qui viennent de passer là?

— Mon Dieu! monsieur le comte, il y a si longtemps que les maîtres n'étaient venus à Reuilly!... Ces dames ne croyaient pas faire de mal en se promenant dans les bois de monsieur le comte... Elles s'arrêtaient même quelquefois au château... et ma femme leur donnait du lait... Mais je leur dirai que cela gêne monsieur le comte...

— Mais pas le moins du monde... monsieur Léonard... Pourquoi voulez-vous que cela me gêne?... Je m'informe simplement... Et qui sont ces dames?

— Oh! des dames très bien, monsieur le comte... Madame de Tècle et sa fille, mademoiselle Marie...

— Et le mari de cette dame, M. de Tècle... il ne se promène donc pas, lui?

— Ah! vrai Dieu! non! il ne se promène pas, dit le vieux garde avec un fin sourire... Il y a longtemps qu'il est chez les morts, le pauvre homme!... comme monsieur le comte le sait bien!

— Admettons que je le sache, monsieur Léonard; mais qu'il soit bien entendu que je ne veux pas déranger les habitudes de ces dames, n'est-ce pas?

M. Léonard parut satisfait d'être soulagé d'une mission désagréable, et M. de Camors, ayant réfléchi tout à coup que son séjour à Reuilly se prolongerait quelque temps suivant toute vraisemblance, rentra dans le château, en examina les différentes pièces, et s'occupa, de concert avec le garde, à arrêter le plan des réparations les plus urgentes.

La petite ville de L... n'était qu'à deux lieues; elle offrait des ressources suffisantes, et M. Léonard dut s'y rendre le jour même et y prendre langue avec un architecte.

En même, temps, M. de Camors se dirigeait de sa personne vers l'habitation de M. Des Rameures, sur laquelle il avait fini par obtenir des indications assez exactes. Il suivit le même chemin que la veille, passa devant le bâtiment d'aspect monastique où respirait madame de Tècle, donna un coup d'œil au vieux chêne qui lui avait servi d'observatoire à lui-même et découvrit, environ un kilomètre plus loin, le petit édifice à tourelles qu'il cherchait. — On pouvait le comparer à ces résidences idéales qui ont fait rêver tous nos lecteurs dans leur heureuse enfance, quand ils lisaient au-dessous d'une gravure en taille-douce cette phrase attrayante : *Le château de M. de Valmont était agréablement situé sur le sommet d'une riante colline...* C'était une aimable perspective de prairies en pente, vertes comme l'émeraude, et même davantage, et semées çà et là de gros bouquets d'arbres; puis des parterres ornés de grands vases, des petits ponts blancs jetés sur des ruisseaux, des vaches et des moutons retirés à l'ombre, et qui auraient pu figurer dans un opéra-comique, tant le poil des vaches était lustré, et tant la laine des moutons était blanche et mousseuse.

M. de Camors franchit une grille, prit le premier chemin qui se présenta, et gagna le haut du coteau entre deux massifs d'arbustes et de fleurs. Un vieux domestique dormait sur un banc devant la porte, et souriait en rêve à toutes ces jolies choses. M. de Camors l'éveilla et demanda le maître du logis. On l'introduisit aussitôt à travers un vestibule garni de bois de cerf dans un salon fort propre, où une jeune dame en jupe courte et en petit chapeau rond était occupée à piquer des rameaux de verdure dans des vases de Chine. — Elle se retourna au bruit de la porte. C'était encore madame de Tècle.

Pendant que M. de Camors la saluait avec un air d'étonnement et d'incertitude, elle le regardait fixement et très tranquillement avec ses grands yeux.

— Pardon, madame, dit-il en hésitant; j'avais demandé M. Des Rameures...

— Il est à la ferme, monsieur; mais il ne tardera pas à rentrer. Si vous voulez prendre la peine de l'attendre?...

Elle lui montra un siège, et s'assit elle-même en

repoussant de son très petit pied les branchages qui jonchaient le parquet.

— Mais, madame, reprit M. de Camors, ne pourrais-je, en l'absence de M. Des Rameures, avoir l'honneur de parler à madame sa nièce?

Une ombre de sourire passa sur le visage brun, sévère et charmant de madame de Tècle.

— Sa nièce? Mais c'est moi, dit-elle.

— Ah! madame, pardon!... mais on m'avait dit... je croyais... je m'attendais à trouver une personne âgée et...

Il allait dire *respectable;* mais il s'arrêta et ajouta simplement :

— Et... je vois que j'étais dans l'erreur.

Madame de Tècle parut être complètement insensible à cette politesse.

— Puis-je savoir, monsieur, dit-elle, qui j'ai l'honneur de recevoir?

— M. de Camors.

— Ah! mon Dieu!... mais, alors, monsieur, j'ai des excuses à vous présenter... C'est vous probablement que nous avons vu ce matin... Nous avons été bien indiscrètes, ma fille et moi... mais nous ignorions votre arrivée... et Reuilly était abandonné depuis si longtemps.

— Vous voudrez bien, j'espère, madame, vous et mademoiselle votre fille, ne rien changer à vos habitudes de promenade.

Madame de Tècle fit un petit geste de la main,

comme pour dire que certainement elle était reconnaissante de cette invitation, mais que certainement aussi elle n'en abuserait pas; puis il y eut un silence qui se prolongea au point d'embarrasser M. de Camors. Ses yeux errants vinrent à rencontrer le piano, et il eut sur les lèvres cette phrase originale : « Vous êtes musicienne, madame? » mais i. se rappela son arbre, craignit de se trahir par cette allusion, et se tut.

— Vous venez de Paris, monsieur? reprit madame de Tècle.

— Non, madame... je viens de passer quelques semaines chez le général de Campvallon, qui a l'honneur d'être de vos amis, je crois, et qui m'a encouragé à me présenter chez vous.

— Nous serons très heureux, monsieur!... Quel excellent homme, n'est-ce pas?

— Excellent, oui, madame.

Il y eut un nouveau silence.

— Mon Dieu! monsieur, dit madame de Tècle, si une promenade au soleil ne vous faisait pas peur, nous irions au-devant de mon oncle... nous le rencontrerons certainement.

M. de Camors s'inclina.

Madame de Tècle s'était levée et avait sonné.

— Mademoiselle Marie est là? dit-elle au domestique. Priez-la de mettre son chapeau et de venir.

Mademoiselle Marie arriva l'instant d'après : elle jeta sur l'étranger le franc regard d'un enfant curieux, le salua légèrement, et tous trois sortirent du salon par une porte qui ouvrait de plain-pied sur le parc. De ce côté du château, comme devant la façade, c'était une succession de coteaux et de vallons gazonnés, de bosquets et de clairières, de petits ponts blancs, de vaches luisantes et de moutons frisés, s'étendant à perte de vue. Madame de Tècle, tout en répondant poliment aux exclamations courtoises de M. de Camors, s'acheminait d'un pas rapide et léger, et ses petites bottes de fée laissaient leurs deux empreintes délicates comme esquissées sur le sable fin des sentiers. Elle marchait avec une grâce inconcevable, sans le vouloir et sans le savoir. Elle avait une allure relevée, souple, élastique, et d'une élégance ondoyante qui eût semblé coquette, si on ne l'eût sentie parfaitement naturelle.

Arrivée devant le mur qui fermait la partie droite du parc, elle ouvrit une porte, et l'on se trouva à l'entrée d'un chemin très étroit qui traversait un immense champ plein de blé mûr. Madame de Tècle continua sa marche, suivie par mademoiselle Marie, que suivait M. de Camors. Mademoiselle Marie s'était montrée jusque-là fort sage ; mais, en voyant tous ces beaux épis d'or entremêlés de marguerites blanches, de coquelicots rouges et de bluets, et en entendant le concert délicieux que des myriades de mouches bleues, vertes, jaunes et mordorées faisaient au milieu de ces merveilles, mademoiselle Marie s'exalta, et perdit quelque chose de son excellente tenue. Elle s'arrêtait de minute en minute pour cueillir une marguerite ou un coquelicot; à chaque station, il est vrai, elle se retournait vers Camors et lui disait : « Pardon, monsieur! » Mais n'importe, sa mère en souffrait.

— Voyons, Marie, disait-elle, voyons donc.

Enfin, comme on passait tout près d'un des pommiers qui étaient clairsemés au milieu du blé, l'enfant aperçut une branche verte, surmontée d'une pomme encore plus verte et grosse comme le bout de son doigt. Cette tentation fut irrésistible.

— Pardon, monsieur, dit-elle.

Et elle s'enfonça dans le blé pour atteindre le pommier et, si Dieu le permettait, la petite pomme ; mais ce fut madame de Tècle qui ne le permit pas.

— Marie! dit-elle vivement, dans les blés, mon enfant! êtes-vous folle?

Marie rentra à la hâte dans le sentier; mais elle ne put renoncer à sa terrible envie, et, regardant M. de Camors d'un œil suppliant :

— Monsieur, lui dit-elle en lui montrant la branche, je vous prie!... Cela ferait si bien dans mon bouquet, cette pomme!

M. de Camors n'eut qu'à se pencher un peu et à allonger le bras pour détacher de l'arbre la branche et la pomme.

— Merci bien! dit tranquillement l'enfant

Puis elle joignit la tige du pommier à son bouquet, planta le tout dans le ruban de son chapeau, et se remit fièrement en marche après un gros soupir de satisfaction.

Comme ils approchaient d'une barrière qui s'ouvrait à l'extrémité du champ, madame de Tècle se retourna tout à coup :

— Mon oncle, monsieur! dit-elle.

M. de Camors leva la tête, et aperçut un vieillard de haute taille, qui s'était arrêté de l'autre côté de la barrière, et qui les regardait, la main posée au-dessus de ses yeux en forme d'abat-jour. Ses jambes robustes étaient sanglées dans des guêtres de cuir fauve à boucles d'acier. Il portait un large vêtement de velours marron et un chapeau de feutre mou. A ses cheveux blancs et à ses gros sourcils noirs, Camors reconnut aussitôt le vieux monsieur joueur de violon.

— Mon oncle, dit madame de Tècle en montrant le jeune comte du geste, — monsieur de Camors!

— Monsieur de Camors! répéta le vieillard d'une voix remarquablement forte et pleine ; monsieur, soyez le bienvenu.

Il ouvrit la barrière, et, tendant au jeune homme sa main brune et velue :

— Monsieur, poursuivit-il, j'ai beaucoup connu madame votre mère, et je suis ravi de voir son fils chez moi! C'était une aimable personne que votre mère, monsieur, et qui certainement méritait...

Le vieillard hésita, et termina sa phrase par un *hem!* sonore, qui retentit dans sa large poitrine comme sous une voûte d'église.

Il prit la lettre de M. de Campvallon que Camors lui présentait, et, la tenant développée à longue distance de ses yeux, il se mit à la lire sous l'ombre de la haie voisine. Le général avait prévenu le jeune comte qu'il ne croyait pas politique de révéler dès l'abord à M. Des Rameures les projets concertés entre eux. M. Des Rameures ne trouva donc dans la lettre qu'une chaude recommandation en faveur de M. de Camors, et plus bas, en post-scriptum, la nouvelle du mariage du général.

— Comment diable! s'écria M. Des Rameures. Savez-vous cela, ma nièce? Campvallon se marie!

Les histoires de mariage ont le privilège d'éveiller l'intérêt particulier des dames. Madame de Tècle se rapprocha avec curiosité, et mademoiselle Marie elle-même prêta l'oreille.

— Comment, mon oncle, le général! Êtes-vous sûr?

— Pardieu! sans doute, j'en suis sûr, puisqu'il me le dit. Connaissez-vous sa fiancée, monsieur de Camors?

— Mademoiselle de Luc d'Estrelles est ma cousine, monsieur.

— Ah! fort bien, monsieur. Et c'est une personne d'un certain âge, je suppose?

— Elle a vingt-cinq ans, monsieur.

M. Des Rameures fit entendre de nouveau un de ces *hem!* puissants qui lui étaient familiers.

— Et peut-on vous demander, monsieur, sans indiscrétion, reprit-il, si elle est douée de quelques agréments physiques?

— Elle est d'une rare beauté.

— Hem! Fort bien, monsieur!... Je trouverais le général un peu âgé pour elle; mais quoi! chacun se connaît, monsieur, chacun se connaît! Hem!... ma chère Élise, quand vous voudrez, nous vous suivons... Pardon! monsieur le comte, si je vous reçois dans cet appareil rustique... mais je suis un laboureur, *agricola!* et un pasteur... un simple gardien de troupeaux, *custos gregis!* comme dit le poète... Marchez donc devant moi, monsieur, je vous en prie... Marie, respectez mes blés, mon enfant!... Et pouvons-nous espérer, monsieur de Camors, que vous avez l'heureuse pensée de quitter la grande Babylone et de vous installer dans votre propriété rurale? Ce serait d'un bon exemple, monsieur, d'un excellent exemple; car, aujourd'hui plus que jamais malheureusement, on peut dire avec le poète :

Non ullus aratro
Dignus honos; squalent abductis arva colonis,
Et... et...

et, ma foi, j'oublie le reste!... Pauvre mémoire!... Ah! monsieur, ne vieillissez pas!

— *Et curvæ rigidum falces conflantur in ensem!* dit M. de Camors achevant la citation interrompue.

— Quoi! monsieur, vous citez Virgile! vous lisez les anciens! j'en suis charmé, sincèrement charmé! Ce n'est point le défaut de la génération nouvelle! Les ignorants font courir le bruit qu'il est de mauvais goût de citer les classiques... Ce n'est pas mon avis, monsieur... pas le moins du monde... Nos pères citaient volontiers, parce qu'ils savaient. Quant à Virgile, monsieur, c'est mon poète... non pas que j'approuve tous ses procédés de culture... Avec tout le respect que je lui dois, il y a beaucoup à dire à son œuvre de ce côté-là... et ses méthodes d'élevage en particulier sont tout à fait insuffisantes; mais d'ailleurs il est divin... Eh bien, monsieur de Camors, vous voyez mon petit domaine... *mea paupera regna!*... la retraite du sage! C'est là que je vis, et que je vis heureux comme un patriarche, comme un vieux berger de l'âge d'or, aimé de mes voisins, ce qui n'est pas facile... et vénérant les dieux, ce qui l'est davantage... Oui, monsieur, et, puisque vous aimez Virgile, vous m'excuserez encore une fois... c'est pour moi qu'il a dit :

> *Fortunate senex, hic inter flumina nota,*
> *Et fontes sacros frigus captabis opacum!*

Et aussi, monsieur de Camors :

> *Fortunatus et ille Deos qui novit agrestes.*
> *Panaque, Silvanumque senem!...*

— *Nymphasque sorores!* dit Camors en souriant, et en désignant d'un léger signe de tête madame de Tècle et sa fille, qui le précédaient.

— Fort bien! fort à propos! c'est la vérité pure! dit gaiement M. Des Rameures. Avez-vous entendu, ma nièce?

— Oui, mon oncle.

7.

— Et avez-vous compris, ma nièce?

— Non, mon oncle.

Le vieillard se mit à rire de tout son cœur.

— Je ne vous crois pas, ma chère, je ne vous crois pas!... N'en croyez rien, monsieur de Camors! Les femmes ont le don de comprendre les compliments dans toutes les langues!

Cet entretien les avait conduits jusqu'au château. On s'assit sur un banc, devant la porte du salon, pour jouir du point de vue. M. de Camors loua avec goût le dessin et la bonne tenue du parc. Il accepta une invitation à dîner pour la semaine suivante, et se retira discrètement, se flattant d'avoir fait, dès son début, quelques progrès dans l'estime de M. Des Rameures, mais regrettant de n'en avoir fait aucun, suivant toute apparence, dans la sympathie de sa nièce aux pieds légers.

C'était tout le contraire.

— Ce jeune homme, dit M. des Rameures dès qu'il se trouva seul avec madame de Tècle, ce jeune homme a quelque teinture des anciens, et c'est quelque chose, mais il ressemble terriblement à son père, qui était vicieux comme le péché. Il a bien dans le sourire et dans les yeux quelques traits de son adorable mère... mais, en définitive, ma chère Élise, c'est tout le portrait de son détestable père, dont il a, d'ailleurs, dit-on, les principes et les mœurs.

— Qui dit cela, mon oncle?

— Mais le bruit public, ma nièce!

— Le bruit public, mon oncle, se trompe quelquefois, et il exagère toujours. Moi, je le trouve bien, ce jeune homme. Il est très poli et très distingué.

— Voilà! voilà! parce qu'il vous a comparée aux nymphes de la Fable, ma nièce!

— S'il m'a comparée aux nymphes de la Fable, il a eu tort; mais il ne m'a pas adressé en français une seule parole qui ne fût du meilleur ton. Attendons, avant de le condamner, que nous ayons pu le juger nous-mêmes, mon oncle, voulez-vous? C'est une habitude que vous m'avez toujours recommandée, vous savez.

— Vous ne pouvez pas disconvenir, ma nièce, reprit le vieillard avec un peu d'humeur, que ce jeune homme n'exhale un parfum parisien des plus marqués et des plus désagréables! Trop poli, trop contenu! pas l'ombre d'enthousiasme! pas de jeunesse enfin! il ne rit pas! J'aime que chacun soit de son âge... J'aime qu'un jeune homme rie à faire craquer son gilet!

— Comment voulez-vous qu'il rie à faire craquer son gilet, mon oncle, quand son père est mort si récemment d'une manière tragique, et quand lui-même est à demi ruiné, dit-on?

— Eh bien! eh bien, soit!... la vérité est que vous avez raison, et j'abjure mes préventions contre ce jeune homme. S'il est à demi ruiné, je lui offrirai mes conseils et... et... ma bourse au besoin, en souvenir de sa mère, qui vous ressemblait, Élise, par parenthèse, et c'est ainsi que finissent toujours nos querelles, méchante enfant... Je crie, je me passionne, je m'emporte comme un Tartare... vous faites parler votre douceur et votre bon sens, ma chère petite, et le tigre est un agneau... Et tous les malheureux qui vous approchent subissent de même votre charme perfide... Et c'est pourquoi mon vieux La Fontaine a dit de vous :

> Sur différentes fleurs l'abeille se repose,
> Et fait du miel de toute chose!

V

Élise de Tècle avait alors près de trente ans ; mais elle paraissait plus jeune qu'elle n'était. Elle avait épousé à seize ans son cousin Roland de Tècle dans des circonstances singulières. — Mademoiselle de Tècle, orpheline de bonne heure, avait été élevée par le frère de sa mère. M. Des Rameures. Roland vivait à deux pas d'elle chez son père. Tout les rapprochait, les vœux de leur famille, les convenances de fortune, les relations de voisinage et l'harmonie sympathique de leurs personnes. Ils étaient tous deux charmants. Ils avaient été destinés l'un à l'autre dès leur enfance. L'époque fixée pour le mariage approchait avec la seizième année d'Élise, et le comte de Tècle, en prévision de cet événement, faisait restaurer et presque entièrement reconstruire une aile de son château, réservée au jeune ménage. Roland surveillait et pressait lui-même ces travaux avec le zèle d'un amoureux. — Un matin, un bruit confus et sinistre s'éleva dans la cour de l'habitation. Le comte de Tècle accourut et vit son fils évanoui et sanglant entre les bras des ouvriers. Il était tombé du haut d'un échafaudage sur le pavé. Le malheureux enfant demeura deux mois entre la vie et la mort. Au milieu des transports de sa fièvre, il ne cessait d'appeler sa cousine et sa fiancée, et on fut forcé d'admettre la jeune fille à son chevet. Il se rétablit peu à peu; mais il resta défiguré et horriblement boiteux.

La première fois qu'on lui permit de se voir dans une glace, il eut une syncope que l'on put croire mortelle. C'était, d'ailleurs, un garçon de cœur et de foi. En revenant à lui, il versa des flots de larmes, — qui ne purent effacer les cruelles cicatrices de son visage, — pria longtemps et s'enferma avec son père. Tous deux se mirent ensuite à écrire, l'un à M. Des Rameures, l'autre à mademoiselle de Tècle. M. Des Rameures et sa nièce étaient alors en Allemagne. Les émotions et les fatigues avaient épuisé la santé d'Élise, et son oncle, sur les conseils des médecins, l'avait conduite aux eaux d'Ems. Ce fut là qu'elle reçut les lettres qui la dégageaient franchement de sa parole et lui rendaient son absolue liberté. Roland et son père la suppliaient seulement de ne pas hâter son retour, leur intention à tous deux étant de quitter le pays dans quelques semaines et d'aller s'établir à

Paris. Ils ajoutaient qu'ils ne voulaient point de réponse, et que leur résolution, impérieusement commandée par la plus simple délicatesse, était irrévocable.

Ils furent obéis. Aucune réponse ne vint. — Roland, son sacrifice accompli, avait paru calme et résigné; mais il tomba dans une sorte de langueur qui fit en peu de temps d'effrayants progrès, et qui laissa bientôt pressentir un dénoûment fatal et prochain, qu'il semblait au reste désirer.

On l'avait transporté un soir à l'extrémité du jardin de son père, sur une terrasse plantée de quelques tilleuls. Il regardait d'un œil fixe la pourpre du couchant à travers les éclaircies des bois, et son père se promenait à grands pas sur la terrasse, lui souriant quand il passait devant lui, et essuyant une larme un peu plus loin. Ce fut alors qu'Élise de Tècle arriva comme un ange des cieux. Elle s'agenouilla devant le jeune homme infirme, lui baisa les mains et lui dit, en l'enveloppant du rayonnement de ses beaux yeux, qu'elle ne l'avait jamais tant aimé. Il sentit qu'elle disait vrai et accepta son dévouement. Leur union fut consacrée peu de temps après.

Madame de Tècle fut heureuse; mais elle le fut seule. Son mari, malgré la tendresse dont elle l'entourait, malgré le bonheur vrai qu'il pouvait lire dans son regard tranquille, malgré la naissance de sa fille, parut ne se consoler jamais. Il était même avec elle d'une contrainte et d'une froideur étranges. Une douleur inconnue le consumait. On en eut le secret le jour où il mourut.

— Ma chérie, dit-il à sa jeune femme, soyez bénie pour tout le bien que vous m'avez fait... Pardonnez-moi, si je ne vous ai jamais dit combien je vous aimais... Avec un visage comme le mien, il ne faut pas parler d'amour!... Et cependant mon pauvre cœur en était plein... J'ai souffert de cela beaucoup, et surtout en me rappelant ce que j'étais auparavant, et comme j'aurais été plus digne de vous... Mais nous nous reverrons, n'est-ce pas, ma chérie?... Et alors, je serai beau comme vous, et je pourrai vous dire que je vous adore... Adieu!... Je t'en prie, Élise, ne pleure pas!... je t'assure que je suis heureux... Pour la première fois, je t'ai ouvert mon cœur, parce qu'un mourant ne craint pas le ridicule... Adieu! je t'aime!...

Et cette douce parole fut la dernière.

Madame de Tècle, après la mort de son mari, avait continué d'habiter chez son beau-père; mais elle passait une partie de ses journées chez son oncle, et, tout en s'occupant de l'éducation de sa fille avec une sollicitude infinie, elle tenait le ménage des deux vieillards, dont elle était également idolâtrée.

M. de Camors recueillit une partie de ces détails de la bouche du curé de Reuilly, qu'il alla visiter le lendemain, et qu'il trouva étudiant son violoncelle avec ses lunettes d'argent. Malgré son système résolu de mépris universel, le jeune comte ne put s'empêcher de concevoir pour madame de Tècle un vague respect, qui ne nuisit d'ailleurs en rien aux sentiments moins purs qu'il était disposé à lui consacrer. Très décidé, sinon à la séduire, du moins à lui plaire et à s'en faire une alliée, il comprit que l'entreprise n'était pas ordinaire ; mais il était brave et il ne craignait pas les difficultés, surtout quand elles se présentaient sous cette forme.

Ses méditations sur ce texte l'occupèrent agréablement le reste de la semaine, pendant qu'il surveillait ses ouvriers et qu'il conférait avec l'architecte. En même temps, ses chevaux, ses livres, ses journaux, ses domestiques, lui arrivaient successivement et achevaient d'écarter l'ennui.

Il avait donc fort bonne mine quand il sauta à bas de son *dog-cart* le lundi suivant devant la porte de M. Des Rameures et sous les propres yeux de madame de Tècle, qui daigna frapper doucement de sa blanche main l'épaule noire et fumante de Fitz-Aymon (par Black-Prince et Anna-Bell). Camors vit alors pour la première fois le comte de Tècle, qui était un vieillard doux, triste et taciturne. Le curé, le sous-préfet de l'arrondissement et sa femme, le médecin de la famille, le percepteur et l'instituteur complétaient, comme on dit, la liste des convives.

Pendant le dîner, M. de Camors, secrètement excité par le voisinage immédiat de madame de Tècle, s'appliqua à triompher de cette hostilité sourde que la présence d'un étranger ne manque jamais de susciter dans les intimités qu'il dérange. Sa supériorité calme s'établit tout doucement, et se fit même pardonner à force de grâce. Sans montrer une gaieté messéante à son deuil, il eut, à propos de ses premiers embarras de ménage à Reuilly, des pointes de vivacité et des lueurs plaisantes qui déridèrent la gravité de sa voisine. Il interrogea avec bienveillance chacun des convives, parut s'intéresser prodigieusement à leurs affaires, et eut la bonté de les mettre à leur aise. Il eut l'art de fournir à M. Des Rameures l'occasion de quelques citations heureuses. Il lui parla sans affectation des prairies artificielles et des prairies naturelles, des vaches amouillantes et des vaches non amouillantes, des moutons Dishley, et de mille choses enfin qu'il avait apprises le matin dans *la Maison rustique du* xix° *siècle*. Directement il parla peu à madame de Tècle; mais il ne dit pas un seul mot dans tout le cours du repas qui ne lui fût dédié, et, de plus, il avait une manière caressante et chevaleresque de laisser entendre aux femmes, même en leur versant à boire, qu'il était prêt à mourir pour elles.

On le trouva simple et bon enfant, quoiqu'il ne fût ni l'un ni l'autre. Au sortir de table, comme on prenait le frais devant les fenêtres du salon, à la clarté des étoiles :

— Mon cher monsieur, lui dit M. Des Rameures, dont la cordialité naturelle était un peu rehaussée par les fumées de son excellente cave, mon cher monsieur, vous mangez bien, vous parlez mieux, vous buvez sec; je vous proteste, monsieur, que je suis prêt et disposé à vous regarder comme un parfait compagnon et comme un voisin accompli, si vous joignez à tous vos mérites celui d'aimer la musique! Voyons, aimez-vous la musique?

— Passionnément, monsieur.

— Passionnément! bravo! C'est ainsi qu'il faut aimer tout ce qu'on aime, monsieur! Eh bien, j'en suis ravi, car nous formons ici une troupe de mélomanes fanatiques, comme vous vous en apercevrez tout à l'heure... Moi-même, monsieur, je m'escrime volontiers sur le violon... en simple amateur de campagne, monsieur... *Orpheus in silvis!*... N'allez pas imaginer toutefois, monsieur de Camors, que notre culte pour ce bel art absorbe toutes nos facultés et tous nos instants. Non, monsieur, assurément! Ainsi que vous le verrez encore, si vous voulez bien prendre part quelquefois, comme je l'espère, à nos petites réunions, nous ne dédaignons aucun des objets qui méritent d'occuper des êtres pensants. Nous passons de la musique à la littérature, à la science, à la philosophie même au besoin... mais tout cela, monsieur, je vous prie de le croire, sans pédanterie, sans sortir du ton d'une conversation enjouée et familière... Nous lisons quelquefois des vers, mais nous n'en faisons pas... Nous aimons les temps passés, mais nous rendons justice au nôtre... Nous aimons les anciens, et nous ne craignons pas les modernes; nous ne craignons que ce qui rapetisse l'esprit et ce qui abaisse le cœur, et nous nous exaltons à perte de vue sur tout ce qui nous paraît beau, utile et vrai!... Voilà ce que nous sommes, monsieur. Nous nous appelons nous-mêmes la colonie des enthousiastes, et les malveillants du pays nous appellent l'hôtel de Rambouillet. L'envie, comme vous le savez, monsieur, est une plante qui ne fleurit pas en province; mais ici, par exception, nous avons quelques jaloux; c'est un malheur pour eux, et voilà tout!... Chacun apporte donc ici, mon cher monsieur, le tribut de ses lectures ou de ses réflexions, — son vieux livre de chevet ou son journal du matin; — on cause là-dessus, on commente, on discute, et l'on ne se fâche jamais! La politique même, cette mère de la discorde, n'a pu l'engendrer parmi nous. La chose est étrange monsieur, car les opinions les plus contraires sont représentées dans notre petit cénacle. Moi, je suis légitimiste; voici Durocher, mon médecin et ami, qui est un franc républicain; Hédouin, le percepteur, est parlementaire; M. le sous-préfet est dévoué au gouvernement, comme c'est son devoir; le curé est un peu romain, et moi, je suis gallican, *et sic de cœteris!* Eh bien, monsieur, nous nous entendons à merveille, et je vais vous dire pourquoi, c'est que nous sommes tous de bonne foi, ce qui est fort rare, monsieur; c'est que toutes les opinions contiennent au fond une portion de vérité, et qu'avec quelques concessions mutuelles tous les honnêtes gens sont bien près d'avoir une seule et même opinion... Enfin, monsieur, que vous dirai-je? c'est l'âge d'or qui règne dans mon salon, ou plutôt dans le salon de ma nièce; car, si vous voulez connaître la divinité qui nous fait ces loisirs, il faut regarder ma nièce ! C'est pour lui plaire, monsieur, c'est pour satisfaire à son bon goût, à son bon sens et à sa mesure parfaite en toutes choses que chacun de nous abjure l'excès et la passion qui gâtent les meilleures causes. En un mot, monsieur, c'est l'amour, à proprement parler, qui est notre lien commun et notre commune vertu, car nous sommes tous amoureux de ma nièce... moi d'abord !... Durocher ensuite depuis trente ans... puis M. le sous-préfet, puis tous ces messieurs... et vous aussi, curé !... Allons ! allons ! vous aussi vous êtes amoureux d'Élise, en tout bien, tout honneur, bien entendu, — comme je le suis moi-même, comme nous le sommes tous, et comme M. de Camors le sera bientôt si ce n'est déjà fait, n'est-ce pas, monsieur de Camors?

M. de Camors déclara avec un sourire de jeune tigre qu'il se sentait beaucoup de propension à ratifier la prophétie de M. Des Rameures; après quoi, on rentra dans le salon. La société s'y était augmentée de quelques habitués des deux sexes, qui étaient venus, les uns en voiture, les autres à pied, de la petite ville voisine ou des campagnes environnantes. M. Des Rameures ne tarda pas à saisir son violon; pendant qu'il l'accordait, mademoiselle Marie, qui était une musicienne consommée, s'assit devant le piano, et sa mère se posta derrière elle, prête à battre la mesure sur son épaule.

— Ceci, monsieur de Camors, dit M. Des Rameures, ne va pas être nouveau pour vous : c'est simplement la sérénade de Schubert, tout bonnement, monsieur ; mais nous l'avons un peu arrangée, ou dérangée, à notre façon ; vous en jugerez. Ma nièce chante, et nous lui répondons alternativement, le curé et moi !... *Arcades ambo!...* lui sur sa basse, et moi sur mon stradivarius. Voyons, mon cher curé, commencez... *Incipe, Mopse, prior!*

Malgré l'exécution magistrale du vieux gentilhomme et malgré l'application savante du curé, ce fut madame de Tècle qui parut à M. de Camors la plus remarquable des trois virtuoses. Le calme de ses beaux traits et la dignité de son attitude formaient avec l'accent passionné de sa voix un contraste qu'il trouva fort piquant. Le tour de l'entretien l'amena bientôt lui-même au piano, et il se tira d'un accompagnement difficile avec un talent réel. Il avait même une voix de ténor assez jolie, et il s'en servait bien. Tout cela mis dehors à propos et sans apprêt fit le meilleur effet du monde.

Il se tint ensuite à l'écart pendant le reste de la soirée, se contentant d'observer et de s'étonner. Le ton de ce petit cercle était à la vérité surprenant. Il était aussi éloigné du commérage vulgaire que de l'affectation précieuse. Rien qui ressemblât à une loge de concierge, comme quelques salons de province ;

rien qui ressemblât à un foyer de petit théâtre grivois, comme bien des salons de Paris ; rien non plus, comme Camors l'appréhendait fortement, d'une séance académique en chambre. Il faut avouer pourtant que la conversation, tout en s'animant souvent jusqu'à la franche gaieté gauloise, ne descendait jamais aux sujets bas, et qu'elle se portait même de préférence sur les questions élevées, sur les lettres, les arts ou la politique; mais ces honnêtes gens savaient toucher légèrement aux choses sérieuses, et simplement aux choses les plus hautes. Il y avait là cinq ou six femmes, quelques-unes jolies, toutes distinguées, qui avaient pris l'habitude de penser, sans perdre le goût de rire, ni celui de plaire. Toutes les intelligences paraissaient dans ce groupe étrange au même niveau et d'une même élite, parce qu'elles vivaient toutes dans la même région, et que cette région était supérieure. Il faut ajouter qu'elles étaient aussi sous le même charme, et que ce charme était souverain. Madame de Tècle, indifférente en apparence, ensevelie dans son fauteuil et piquant sa tapisserie, animait tout d'un regard, et modérait tout d'un mot. Le regard était ravissant, et le mot toujours juste : ces esprits purs n'ont pas de nuages, et il n'y avait pas de goût plus sûr que le sien. On attendait en toutes choses son arrêt comme celui d'un juge qu'on redoute et d'une femme qu'on aime.

On ne lut pas de vers ce soir-là, et M. de Camors n'en fut pas fâché. On parla successivement à travers la musique d'une comédie nouvelle d'Augier, d'un roman de madame Sand, d'un poème récent de Tennyson et des affaires d'Amérique... Puis M. Des Rameures, s'adressant au curé :

— Mon cher Mopsus, lui dit-il, vous alliez nous lire votre sermon sur la superstition, jeudi dernier, quand nous avons été interrompus par ce farceur qui était monté dans un arbre pour mieux vous entendre... Voici l'heure de nous dédommager. Mettez-vous là, mon cher pasteur, et nous vous écoutons.

Le digne curé prit séance, déroula son manuscrit, et se mit à lire son sermon, que nous ne rapporterons pas ici, malgré l'exemple de notre ami Sterne, pour ne pas trop mêler le sacré au profane. Il nous suffira de dire qu'il avait pour objet d'enseigner aux habitants de la paroisse de Reuilly à distinguer les actes de foi qui élèvent l'âme et qui plaisent à Dieu des actes de superstition qui dégradent la créature et offensent le Créateur. Le sermon, quoique rédigé avec goût, paraissait destiné à faire valoir la morale évangélique plutôt que le talent de l'orateur. Il fut généralement approuvé. Quelques personnes cependant, et M. Des Rameures entre autres, blâmèrent certains passages comme dépassant la mesure des intelligences simples auxquelles on s'adressait; mais madame de Tècle, appuyée par le républicain Durocher, soutint qu'on se défiait trop de l'intelligence populaire, que souvent on l'abaissait sous prétexte de se mettre à son niveau, et les passages incriminés furent maintenus.

Comment on passa du sermon sur la superstition au mariage du général de Campvallon, je l'ignore; mais on y vint, et on devait y venir, car c'était le bruit du pays à vingt lieues à la ronde. Ce texte d'entretien réveilla l'attention chancelante de M. de Camors, et son intérêt fut même piqué au vif quand le sous-préfet insinua, sous toutes réserves, que le général, occupé d'autres soins, pourrait bien abdiquer son mandat de député.

— Mais cela serait fort embarrassant! s'écria M. Des Rameures : qui diable le remplacerait? Je vous préviens formellement, mon cher sous-préfet, que, si vous prétendez nous infliger ici quelque farceur parisien avec une fleur à la boutonnière, je le renvoie à son cercle, lui, sa fleur et sa boutonnière! Voilà une chose que vous pouvez considérer comme positive, monsieur!

— Mon oncle! dit à demi-voix madame de Tècle en désignant de l'œil M. de Camors.

— Je vous entends, ma nièce, reprit en riant M. Des Rameures; mais je supplierai M. de Camors, qui ne peut me supposer en aucun cas l'intention de l'offenser, je le supplierai de tolérer la manie d'un vieillard, et de me laisser toute la liberté de mon langage sur le seul sujet qui me fasse perdre mon sang-froid.

— Et quel est ce sujet, monsieur? dit Camors avec sa grâce souriante.

— Ce sujet, monsieur, c'est l'insolente suprématie de Paris à l'égard du reste de la France! Je n'ai pas mis les pieds à Paris depuis 1825, monsieur, afin de lui témoigner l'horreur qu'il m'inspire!... Vous êtes un jeune homme instruit et sensé, monsieur, et, je l'espère, un bon Français... Eh bien, vous paraît-il juste et convenable, je vous le demande, que Paris nous envoie chaque matin nos idées toutes faites, nos bons mots tout faits, nos députés tout faits, nos révolutions toutes faites... et que toute la France ne soit plus que l'humble et servile faubourg de sa capitale?... Faites-moi la grâce de me répondre à cela, monsieur, je vous prie!

— Mon Dieu! monsieur, il y a peut-être quelque excès dans cette extrême centralisation de la France; mais enfin tout pays civilisé a sa capitale, et il faut une tête aux nations comme aux individus.

— Je m'empare à l'instant même de votre image, monsieur, et je la retourne contre vous... Oui, sans doute, il faut une tête aux nations comme aux individus; cependant, si la tête est difforme et monstrueuse, le signe de l'intelligence devient le signe de l'idiotisme, et, au lieu d'un homme de génie, vous avez un hydrocéphale! — Faites bien attention, monsieur, à ce que va me répondre M. le sous-préfet tout à l'heure!... Mon cher sous-préfet, soyez franc. — Si demain la députation de cet arrondissement devenait vacante, trouveriez-vous dans cet arrondissement, ou même dans le département tout entier, un homme apte à remplir les fonctions de député tant bien que mal?

— Ma foi, dit le sous-préfet, je ne vois personne dans le pays... et, si vous persistiez, pour votre compte, à refuser la députation...

— J'y persisterai toute ma vie, monsieur! Je n'irai certes pas, à mon âge, m'exposer aux gouailleries de vos farceurs parisiens!

— Eh bien, dans ce cas-là, vous seriez bien forcé de prendre un étranger et probablement même un farceur parisien.

— Vous avez entendu, monsieur de Camors! reprit M. Des Rameures avec éclat. Ce département, monsieur, compte six cent mille âmes, et, sur ces six cent mille âmes, il n'y a pas l'étoffe d'un député!... Je mets en fait, monsieur, qu'aucun pays civilisé au monde ne vous donnerait, à l'heure qu'il est, un second exemple d'un scandale pareil! Cette honte nous est réservée, et c'est votre Paris qui en est la cause! C'est lui qui absorbe tout le sang, toute la vie, toute la pensée, toute l'action du pays, et qui ne laisse plus qu'un squelette géographique à la place d'une nation!... Voilà, monsieur, les bienfaits de votre centralisation, — puisque vous avez prononcé ce mot aussi barbare que la chose!

— Pardon, mon oncle, dit madame de Tècle en poussant tranquillement son aiguille, je ne connais rien à cela, moi... mais il me semble vous avoir entendu dire que cette centralisation qui vous déplaît tant était l'œuvre de la Révolution et du premier consul... Pourquoi donc vous en prendre à M. de Camors?... Je trouve cela injuste.

— Et moi aussi, madame, dit Camors en saluant madame de Têcle.

— Et moi également, monsieur, dit en riant M. Des Rameures.

— Cependant, madame, reprit le jeune comte, je mérite un peu que monsieur votre oncle me prenne à partie à ce sujet ; car, si je n'ai pas fait la centralisation, comme vous l'avez suggéré très justement, j'avoue que j'approuve fort ceux qui l'ont faite.

— Bravo ! tant mieux, monsieur ! dit le vieillard, j'aime qu'on ait une opinion à soi et qu'on la défende !

— Monsieur, dit Camors, c'est une exception que je fais en votre honneur ; car, lorsque je dîne en ville et surtout lorsque j'ai bien dîné, je suis toujours de l'avis de mon hôte ; mais je vous respecte trop pour ne pas oser vous contredire. Eh bien, je pense donc que les assemblées révolutionnaires, et le premier consul après elles, ont été bien inspirés en imposant à la France une vigoureuse centralisation administrative et politique ; je pense que cette centralisation était indispensable pour fondre et pétrir notre corps social sous sa forme nouvelle, pour l'assujettir dans son cadre et le fixer dans ses lois, pour fonder enfin et pour maintenir cette puissante unité française, qui est notre originalité nationale, notre génie et notre force.

— Monsieur dit vrai ! s'écria le docteur Durocher.

— Parbleu! sans doute, monsieur dit vrai! reprit vivement M. Des Rameures. — Oui, monsieur, cela est vrai, l'excessive centralisation dont je me plains a eu son heure d'utilité, de nécessité même, je le veux bien; mais dans quelle institution humaine prétendez-vous mettre l'absolu et l'éternel? Eh! mon Dieu, monsieur, la féodalité aussi a été à son heure un bienfait et un progrès... mais ce qui était bienfait hier ne sera-t-il pas demain un mal et un danger? Ce qui est progrès aujourd'hui ne sera-t-il pas dans cent ans une routine et une entrave? N'est-ce pas là l'histoire même du monde?... Et si vous voulez savoir, monsieur, à quel signe on reconnaît qu'un système social ou politique a fait son temps, je vais vous le dire : c'est quand il ne se révèle plus que par ses inconvénients et ses abus! Alors, la machine a fini son œuvre, et il faut la changer. Eh bien, je dis que la centralisation française en est arrivée à ce terme critique, à ce point fatal... qu'après avoir protégé, elle opprime : qu'après avoir vivifié, elle paralyse; qu'après avoir sauvé la France, elle la tue!

— Mon oncle, vous vous emportez, dit madame de Tècle.

— Oui, ma nièce, je m'emporte; mais j'ai raison! Tout me donne raison, — le passé et le présent, j'en suis sûr... l'avenir, j'en ai peur! Le passé, disais-je... Tenez, monsieur de Camors, je ne suis pas, croyez-le bien, un admirateur étroit du passé : je suis légitimiste par mes affections, mais franchement libéral

par mes principes... tu le sais, toi, Durocher?...
Mais enfin autrefois il y avait, entre le Rhin, les Alpes
et les Pyrénées, un grand pays qui vivait, qui pensait,
qui agissait, non seulement par sa capitale, mais par
lui-même... Il avait une tête sans doute, mais il avait
aussi un cœur, des muscles, des nerfs, des veines, —
et du sang dans ces veines, et la tête n'y perdait rien!
Il y avait une France, monsieur! La province avait une
existence, subordonnée sans doute, mais réelle, active,
indépendante. Chaque gouvernement, chaque inten-
dance, chaque centre parlementaire était un vif foyer
intellectuel!... Les grandes institutions provinciales,
les libertés locales exerçaient partout les esprits, trem-
paient les caractères et formaient les hommes... Et
écoute bien cela, Durocher! Si la France d'autrefois eût
été centralisée comme celle d'aujourd'hui, jamais la
chère révolution ne se serait faite, entends-tu, jamais
car il n'y aurait pas eu d'hommes pour la faire...
D'où sortait, je te le demande, cette prodigieuse élite
d'intelligences tout armées et de cœurs héroïques que
le grand mouvement social de 89 mit tout à coup en
lumière. Rappelle à ta pensée les noms les plus illustres
de ce temps-là, jurisconsultes, orateurs, soldats. Combien de Paris? Ils sortaient tous de la province.... du
sein fécond de la France!... Aujourd'hui, nous avons
besoin d'un simple député pour des temps paisibles,
et, sur six cent mille âmes, nous ne le trouvons pas!...
Pourquoi, messieurs? Parce que, sur le sol de la France
non centralisée, il poussait des hommes, et que, sur

le sol de la France centralisée, il ne pousse que des fonctionnaires!

— Dieu vous bénisse, monsieur! dit le sous-préfet.

— Pardon, mon cher sous-préfet; mais vous comprenez bien que je plaide votre cause comme la mienne quand je revendique pour la province et pour toutes les fonctions de la vie provinciale plus d'indépendance, de dignité et de grandeur. Au point où ces fonctions sont réduites aujourd'hui, dans l'ordre administratif et judiciaire, également dépourvues de puissance, de prestige et d'appointements... vous souriez, monsieur le sous-préfet!... elles ne sont plus comme autrefois des centres de vie, d'émulation, de lumière, des écoles civiques, des gymnases virils... elles ne sont plus que des rouages inertes!... et ainsi du reste, monsieur de Camors!... Nos institutions municipales sont un jeu, nos assemblées provinciales un mot, nos libertés locales rien!... Aussi pas un homme... Mais pourquoi nous plaindre, monsieur? Est-ce que Paris ne se charge pas de vivre et de penser pour nous? Est-ce qu'il ne daigne pas nous jeter chaque matin, comme jadis le sénat romain à la plèbe suburbaine, notre pâture de la journée, du pain et des vaudevilles, *panem et circenses!*... Oui, monsieur, après le passé, voilà le présent, voilà la France d'aujourd'hui!... Une nation de quarante millions d'habitants qui attend chaque matin le mot d'ordre de Paris pour savoir s'il fait jour ou s'il fait nuit, si elle doit rire ou pleurer! Un grand peuple, jadis le plus noble et le plus spirituel du monde, répétant tout entier le même jour, à la même heure, dans tous les salons et dans tous les carrefours de l'Empire, la même gaudriole inepte, éclose la veille dans la fange du boulevard! Eh bien, monsieur, je dis que cela est dégradant, que cela fait hausser les épaules à l'Europe, autrefois jalouse, que cela est mauvais et funeste, même pour votre Paris, que sa prospérité grise, que son trop-plein congestionne, et qui devient, permettez-moi de vous le dire, dans son isolement orgueilleux et dans son fétichisme de lui-même, quelque chose de semblable à l'empire chinois, à l'empire du Milieu... un foyer de civilisation échauffée, corrompue et puérile !... Quant à l'avenir, monsieur, Dieu me garde d'en désespérer, puisqu'il s'agit de mon pays. Ce siècle a déjà vu de grandes choses, de grandes merveilles, — car je vous prie de remarquer encore une fois, monsieur, que je ne suis nullement l'ennemi de mon temps... J'admets la Révolution, la liberté, l'égalité, la presse, les chemins de fer, le télégraphe... Et, comme je le dis souvent à M. le curé, toute cause qui veut vivre doit s'accommoder des progrès de son époque et apprendre à s'en servir. Toute cause qui hait son temps se suicide... Eh bien, monsieur, j'espère que ce siècle verra une grande chose de plus, ce sera la fin de la dictature parisienne et la renaissance de la vie provinciale; car, je le répète, monsieur, votre centralisation, qui était un excellent remède, est un détestable régime... C'est un horrible instrument de compression et de tyrannie, prêt pour toutes les mains, commode à tous les despotismes, et sous lequel la France étouffe et dépérit. Tu en conviens toi-même, Durocher; dans ce sens, la Révolution a dépassé son but et même compromis ses résultats; car, toi qui aimes la liberté, et qui la veux non pas seulement pour toi, comme quelques-uns de tes amis, mais pour tout le monde, tu ne peux aimer la centralisation : elle exclut la liberté aussi clairement que la nuit exclut le jour! — Quant à moi, messieurs, j'aime également deux choses en ce monde, la liberté et la France... Eh bien, aussi vrai que je crois en Dieu, je crois qu'elles périront toutes deux dans quelque convulsion de décadence, si toute la vie de la nation continue de se concentrer au cerveau, si la grande réforme que j'appelle ne se fait pas, si un vaste système de franchises locales, d'institutions provinciales largement indépendantes et conformes à l'esprit moderne ne vient pas rendre un sang nouveau à nos veines épuisées et féconder notre sol appauvri. Oh! certes, l'œuvre est difficile et compliquée : elle demanderait une main ferme et résolue; mais la main qui l'accomplira aura accompli l'œuvre la plus patriotique du siècle! Dites cela au souverain, monsieur le sous-préfet; dites-lui que, s'il fait cela, il y a ici un vieux cœur français qui le bénira... Dites-lui qu'il subira bien des colères, bien des risées, bien des dangers peut-être, mais qu'il aura sa récompense quand il verra la France, délivrée comme Lazare de ses bandelettes et de son suaire, se lever tout entière et le saluer!...

Le vieux gentilhomme avait prononcé ces derniers mots avec un feu, une émotion et une dignité extraordinaires. Le silence de respect avec lequel on l'avait écouté se prolongea quand il eut cessé de parler. Il en parut embarrassé, et, prenant le bras de Camors, il lui dit en riant :

— *Semel insanivimus omnes*, mon cher monsieur, chacun a sa folie... j'espère que la mienne ne vous a pas offensé? Eh bien, prouvez-le-moi, monsieur, en m'accompagnant au piano cette chaconne du XVIe siècle.

Camors s'exécuta avec sa bonne grâce habituelle, et la chaconne du XVIe siècle termina la soirée; mais le jeune comte, avant de se retirer, trouva moyen de plonger madame de Tècle dans un profond étonnement : il lui demanda à demi-voix avec beaucoup de gravité de vouloir bien lui accorder, à son loisir, un moment d'entretien particulier. Madame de Tècle ouvrit démesurément les yeux, rougit un peu et lui dit qu'elle serait chez elle le lendemain, **à quatre heures.**

VI

En principe, il était parfaitement indifférent à M. de Camors que la France fût centralisée ou décentralisée ; mais, en fait, il préférait de beaucoup la centralisation par instinct de Parisien et d'ambitieux. Malgré cette préférence, il ne se fût fait aucun scrupule de se ranger sur cette question à l'avis de M. Des Rameures, s'il n'eût pressenti tout d'abord, avec la supériorité de son tact, que le fier vieillard n'était pas de ces hommes que l'on gagne par la souplesse. Il se réservait au surplus de lui donner l'honneur d'une conversion graduelle, si les circonstances l'exigeaient.

Quoi qu'il en soit, ce n'était ni de la centralisation ni de la décentralisation que le jeune comte se proposait d'entretenir madame de Tècle quand il se présenta chez elle le lendemain à l'heure qu'elle avait fixée. Il la trouva dans son jardin, qui était, comme la maison, d'un style vieilli, sévère et claustral. Une terrasse plantée de tilleuls s'étendait sur un des côtés de ce jardin et le dominait de la hauteur de quelques marches. C'était là que madame de Tècle était assise sous un groupe de tilleuls formant une sorte de berceau. Cette place lui était chère : elle lui rappelait cette soirée où son apparition imprévue avait inondé soudain d'une joie céleste le visage pâle et meurtri de son pauvre fiancé.

Elle avait devant elle une petite table rustique chargée de laines et de soies; elle était plongée dans un fauteuil bas, les pieds un peu élevés sur un tabouret de canne, et elle faisait de la tapisserie avec une grande apparence de tranquillité. M. de Camors, déjà fort versé à cette époque dans la connaissance et même dans la divination de toutes les finesses et de toutes les ruses exquises de l'esprit féminin, sourit secrètement à cette audience en plein air. Il crut en comprendre la combinaison. Madame de Tècle avait voulu enlever à leur rendez-vous le caractère d'intimité que donne le huis clos. C'était la vérité pure. Cette jeune femme, qui était une des plus nobles créatures de son sexe, n'était nullement naïve. Elle n'avait pas traversé dix ans de jeunesse, de beauté et de veuvage sans recevoir, sous une forme plus ou moins directe, quelques douzaines de déclarations qui lui avaient laissé des impressions justes et généralement peu flatteuses sur la délicatesse et la discrétion du sexe adverse.

Comme toutes les femmes de son âge, elle connaissait le danger, et, comme un très petit nombre, elle ne l'aimait pas. Elle avait invariablement fait rentrer dans le grand chemin de l'amitié tous ceux qu'elle avait surpris rôdant autour d'elle dans les sentiers défendus ; mais cette tâche l'ennuyait. Depuis la veille, elle était sérieusement préoccupée de l'entretien particulier que M. de Camors lui avait fait la surprise de lui demander. Quel pouvait être l'objet de cet entretien mystérieux ? Elle eut beau se creuser l'esprit, elle ne put l'imaginer. Il était sans doute invraisemblable au plus haut point que M. de Camors, dès le début d'une connaissance à peine ébauchée, se crût autorisé à lui déclarer ses feux ; toutefois, la renommée galante du jeune comte lui revint en mémoire, elle se dit qu'un séducteur de cette taille pouvait avoir des façons extraordinaires, et qu'il pouvait se croire, en outre, dispensé de beaucoup de cérémonie en face d'une humble provinciale. Bref, ces réflexions faites, elle résolut de le recevoir dans son jardin, ayant remarqué dans sa petite expérience que le plein air et les grands espaces vides n'étaient pas favorables aux téméraires

M. de Camors salua madame de Tècle comme les Anglais saluent leur reine ; puis, s'étant assis, il approcha sa chaise, avec un peu de secrète malice peut-être, et, baissant la voix sur le ton de la confidence :

— Madame, dit-il, voulez-vous me permettre de vous confier un secret, et de vous demander un conseil ?

Madame de Tècle souleva un peu sa tête fine, attacha sur les yeux du comte la lumière veloutée de son regard, sourit vaguement, et termina cette mimique interrogative par un léger mouvement de la main, qui signifiait : « Vous m'étonnez infiniment, mais enfin je vous écoute. »

— Voici d'abord, madame, mon secret : je désire être député de cet arrondissement.

A cette déclaration inattendue, madame de Tècle le regarda encore, laissa échapper un faible soupir de soulagement et s'inclina avec gravité.

— Le général de Campvallon, madame, poursuivit le jeune homme, me montre une bonté paternelle. Il a l'intention de se démettre de son mandat en ma faveur; il ne m'a pas caché que l'appui de monsieur votre oncle était indispensable au succès de ma candidature. Je suis donc venu dans ce pays sur l'inspiration du général, avec l'espérance de conquérir cet appui; mais les idées et les sentiments que monsieur votre oncle exprimait hier me paraissaient si directement contraires à mes prétentions, que je me sens véritablement découragé. Bref, madame, dans ma perplexité, j'ai eu la pensée, fort indiscrète sans doute, de m'adresser à votre bonté, et de vous demander un conseil que je suis déterminé à suivre, quel qu'il soit.

— Mais, monsieur... vous m'embarrassez beaucoup, dit la jeune femme, dont le joli visage sombre s'éclaira d'un franc sourire.

— Je n'ai, madame, aucun titre particulier à votre

bienveillance... au contraire peut-être... mais enfin je suis un être humain et vous êtes charitable... Eh bien, madame, sincèrement, il s'agit de ma fortune, de mon avenir, de ma destinée tout entière. L'occasion qui se présente ici pour moi d'entrer jeune dans la vie publique est unique; je serais au désespoir de la perdre... Voulez-vous être assez bonne, madame, pour m'obliger?

— Mais comment? dit madame de Tècle. Je ne me mêle pas de politique, moi, monsieur... Qu'est-ce que vous me demandez au juste?

— D'abord, madame, je vous demande, je vous supplie de ne pas me desservir.

— Pourquoi vous desservirais-je?

— Mon Dieu! madame, vous avez plus que personne le droit d'être sévère... Ma jeunesse a été un peu dissipée; ma réputation, à quelques égards, n'est pas très bonne, je le sais; je ne doute pas qu'elle ne soit arrivée jusqu'à vous, et je pourrais craindre qu'elle ne vous eût inspiré quelques préventions.

— Monsieur, nous vivons ici fort retirés... nous ne savons guère ce qui se passe à Paris... Au surplus, cela ne m'empêcherait pas de vous obliger, si j'en connaissais les moyens, car je pense que des travaux sérieux et élevés ne pourraient que modifier heureusement vos occupations ordinaires.

— C'est véritablement une chose délicieuse, se dit à part lui le jeune comte, que de se jouer avec une personne si spirituelle. — Madame, reprit-il avec sa grâce tranquille, je m'associe à vos espérances... mais, puisque vous daignez encourager mon ambition, croyez-vous que je parvienne un jour à triompher des dispositions de monsieur votre oncle?... Vous le connaissez bien... que pourrais-je faire pour me le concilier? Quelle marche dois-je suivre? car je ne puis certainement me passer de son concours, et, si j'y dois renoncer, il faut que je renonce à mes projets.

— Mon Dieu! dit madame de Tècle en prenant un air réfléchi, c'est bien difficile!

— N'est-ce pas, madame?

Il y avait dans la voix de M. de Camors tant de soumission, de confiance et de candeur. que madame de Tècle en fut touchée, et que le diable en fut charmé au fond des enfers.

— Laissez-moi y penser un peu, dit-elle.

Elle posa son coude sur la table, et sa tête sur sa main. Ses doigts un peu écartés en éventail cachaient à demi un de ses yeux, tandis que les feux de ses bagues jouaient au soleil, et que ses ongles nacrés tourmentaient doucement la surface brune et lisse de son front. — M. de Camors la regardait toujours avec le même air de soumission et de candeur.

— Eh bien, monsieur, dit-elle tout à coup en riant, moi, je crois que vous n'avez rien de mieux à faire que de continuer.

— Pardon, madame... continuer... quoi?

— Mais... le système que vous avez suivi jusqu'ici avec mon oncle : ne rien lui dire quant à présent, prier le général de se taire de son côté, et attendre tranquillement que le voisinage, les relations, le temps — et vos qualités, monsieur, aient préparé suffisamment mon oncle à votre candidature. Quant à moi, mon rôle est bien simple ; je ne pourrais en ce moment vous aider sans vous trahir... par conséquent, mon assistance doit se borner, jusqu'à nouvel ordre, à faire valoir vos mérites aux yeux de mon oncle... C'est à vous de les montrer.

— Vous me comblez, madame, dit M. de Camors. En vous prenant pour confidente de mes projets ambitieux, j'ai commis un trait de désespoir et de mauvais goût... qu'une nuance d'ironie punit bien légèrement ; mais, pour parler très sérieusement, madame, je vous remercie de grand cœur. Je craignais de trouver en vous une puissance ennemie, et je trouve une puissance neutre, presque alliée.

— Oh! tout à fait alliée, quoique secrètement, dit en riant madame de Tècle. D'abord, je suis bien aise de vous être agréable, et puis j'aime beaucoup M. de Campvallon, et je suis heureuse d'entrer dans ses vues... — *Come here, Mary!*

Ces derniers mots, qui signifient : « Venez ici! » s'adressaient à mademoiselle Marie, qui venait d'apparaître sur un des escaliers de la terrasse, les joues écarlates, les cheveux en broussaille, et tenant une corde à la main. — Elle s'approcha aussitôt de sa mère en faisant à M. de Camors un de ces gauches saluts particuliers aux jeunes filles qui grandissent.

— Vous permettez, monsieur de Camors? reprit madame de Tècle.

Et elle donna en anglais à sa fille quelques ordres que nous traduisons :

— Vous avez trop chaud, Mary, ne courez plus... Dites à Rosa de préparer mon corsage à petits bouillons... Pendant que je m'habillerai, vous me direz votre page de catéchisme...

— Oui, mère.

— Vous avez fait votre thème?

— Oui, mère... Comment dit-on en anglais *joli*... pour un homme?

— Pourquoi?

— C'est dans mon thème... pour un homme beau, joli, distingué?

— *Handsome, nice, charming*, dit la mère.

— Eh bien, mère, ce *gentleman* notre voisin est tout à fait *handsome, nice and charming!*

— *Mad... foolish creature!* s'écria madame de Tècle pendant que l'enfant se sauvait en courant et descendait l'escalier comme une cascade.

M. de Camors, qui avait écouté ce dialogue avec un calme impassible, se leva.

— Merci encore, madame, dit-il, et pardon... Ainsi vous me permettrez de vous confier de temps en temps mes peines ou mes espérances politiques?

— Certainement, monsieur.

Il la salua et se retira. — Comme il traversait la cour de la maison, il se trouva en face de mademoiselle Mary, et, lui adressant une inclinalion respectueuse :

— *Another time, miss Mary*, lui dit-il, *take care... I understand english perfectly well*. (Une autre fois, miss Mary, prenez garde : j'entends l'anglais parfaitement bien.)

Miss Mary demeura tout à coup droite sur ses hanches, rougit jusqu'aux cheveux, et jeta à M. de Camors un regard farouche, mêlé de honte et de fureur.

— *You are not satisfied, miss Mary?* reprit Camors. (Vous n'êtes pas contente, miss Mary?)

— *Not at all* (pas du tout)! dit vivement l'enfant de sa grosse voix un peu enrouée.

M. de Camors se mit à rire, s'inclina de nouveau, et partit, laissant au milieu de la cour miss Mary immobile et indignée.

Peu de minutes après, mademoiselle Marie se jetait tout en larmes dans les bras de sa mère, et lui contait à travers ses sanglots sa cruelle mésaventure. Madame de Tècle, tout en saisissant l'occasion de donner à sa fille une leçon de réserve et de convenance, se garda de prendre les choses au tragique, et parut même en rire de si bon cœur, quoiqu'elle n'en eût pas trop envie, que l'enfant finit par en rire avec elle.

M. de Camors cependant regagnait ses foyers en se félicitant cordialement de sa campagne, qui lui semblait être, non sans raison, un chef-d'œuvre de stratégie. Par un mélange savant de franchise et d'astuce, il avait engagé tout doucement madame de Tècle dans ses intérêts, et dès ce moment la réalisation de ses rêves ambitieux lui paraissait assurée, car il n'ignorait pas la valeur incomparable de la complicité des femmes, et il connaissait toute la puissance de ce travail latent et continu, de ces petits efforts accumulés, de ces poussées souterraines qui assimilent les forces féminines aux forces patientes et irrésistibles de la nature. D'autre part, il avait mis un secret entre cette jolie femme et lui, il s'était établi auprès d'elle sur un pied confidentiel; il avait acquis le droit des regards mystérieux, des demi-mots clandestins, des entretiens dérobés, et une telle situation, habilement gouvernée, pouvait l'aider à passer agréablement le temps de son stage politique.

A peine rentré chez lui, M. de Camors écrivit au général pour lui rendre compte du début de ses opérations et pour lui demander un peu de patience; puis, à dater de ce jour, il mit tous ses soins à poursuivre le succès des deux candidatures qu'il avait posées à la fois, et qui lui tenaient déjà presque également au cœur. Sa politique à l'égard de M. Des Rameures fut aussi simple qu'adroite; elle était, d'ailleurs, si clairement indiquée, que le détail en offrirait peu d'intérêt. Profitant sans empressement affecté, mais avec une familiarité croissante, des relations de voisinage, il se mit pour ainsi dire à l'école dans la ferme modèle du vieux gentilhomme-pasteur; il lui abandonna, en outre, la direction théorique de son propre domaine. Par cette facile complaisance, ornée de sa courtoisie captivante, il s'avança sensiblement dans les bonnes grâces du vieillard. Toutefois, à mesure qu'il le connaissait mieux et qu'il éprouvait de plus près la fermeté granitique de ce caractère, il commença à craindre que sur certains points essentiels il ne fût radicalement inflexible. Après quelques semaines de relations presque quotidiennes. M. Des Rameures vantait volontiers son jeune voisin comme un gentil garçon, un excellent musicien, un aimable convive; mais de là à la pensée d'en faire un député, il y avait une nuance qui pouvait être un abîme. Madame de Tècle elle-même l'appréhendait beaucoup, et ne le cachait pas à M. de Camors.

Le jeune comte cependant ne se préoccupait pas autant qu'on pourrait le croire des déceptions qui semblaient le menacer de ce côté, car il était arrivé sur ces entrefaites que son ambition secondaire avait dominé peu à peu son ambition principale, en d'autres termes que son goût pour madame de Tècle était devenu plus vif et plus pressant que son amour pour la députation. Nous devons avouer, non à sa gloire, qu'il s'était d'abord proposé la séduction de sa voisine comme un simple passe-temps, comme une entreprise intéressante, et surtout comme une œuvre d'art extrêmement difficile, qui lui ferait, à ses propres yeux, le plus grand honneur. Quoiqu'il eût rencontré peu de femmes de ce mérite, il la jugeait assez bien. Madame de Tècle, il le comprenait, n'était pas simplement une honnête femme, c'est-à-dire qu'elle n'avait pas seulement l'habitude du devoir, elle en avait la passion ; elle n'était pas prude, elle était chaste ; elle n'était pas dévote, elle était pieuse. Il entrevoyait chez elle un esprit à la fois très droit et très délié, des sentiments très hauts et très dignes, des principes réfléchis et enracinés, une vertu sans raideur, pure et souple comme une flamme. Toutefois, M. de Camors ne désespéra pas. Il avait pour principe qu'il n'y a de vertus infaillibles que celles à qui l'occasion suffisante a manqué, et il se flatta d'être pour madame de Tècle cette occasion efficace. Il sentit parfaitement, d'ailleurs, qu'avec elle les formes ordinaires de la galanterie seraient hors de saison. Par un raffinement suprême, il mit bas les armes devant celle dont il voulait faire la conquête : tout son art fut de l'entourer d'un respect absolu, laissant le soin du reste au temps, à l'intimité de chaque jour et au charme redoutable qu'il savait en lui.

Il y eut quelque chose de touchant pour madame de Tècle dans l'attitude réservée et presque timide de ce mauvais sujet en sa présence. C'était l'hommage d'un esprit déchu, et comme honteux de l'être, en face d'un esprit de lumière. Jamais, ni en public, ni dans le tête-à-tête, un geste, un mot, un regard, dont la vertu la plus ombrageuse pût s'alarmer. Il y avait plus : ce hautain jeune homme, volontiers ironique avec tout le monde, était toujours sérieux avec elle. Dès qu'il se tournait vers elle, son visage, son accent, sa parole devenaient graves tout à coup comme s'il fût entré dans une église. Il avait beaucoup d'esprit; il en usait et abusait à outrance dans les conversations qui se tenaient devant madame de Tècle, comme s'il eût tiré des feux d'artifice en son honneur; puis, revenant à elle, il s'éteignait soudain, et n'avait plus que de la soumission et du respect.

Toute femme qui reçoit d'un homme supérieur des flatteries de si haut goût ne l'aime pas nécessairement, mais nécessairement elle le trouve aimable. A l'ombre de la pleine sécurité que M. de Camors lui laissait, madame de Tècle ne pouvait donc que se plaire dans la compagnie d'un homme qui était sans doute le plus distingué qu'elle eût jamais rencontré, et qui avait comme elle le goût des arts, de la vie sociale et des choses de l'esprit. Enfin ces douces et innocentes relations avec un jeune homme d'une réputation un peu scandaleuse ne pouvaient manquer d'éveiller dans le cœur de madame de Tècle un sentiment ou plutôt une illusion dont les plus excellentes se défendent mal. Les libertins offrent aux femmes vulgaires un genre d'attrait qu'on ne sait trop comment qualifier, mais qui doit être celui d'une curiosité peu louable. Aux femmes d'élite, ils en offrent un autre, infiniment plus noble, mais à peine moins dangereux : c'est l'attrait de la conversion. Il est rare que les femmes vertueuses ne tombent pas dans cette erreur capitale de croire qu'on aime la vertu parce qu'on les aime. — Telles étaient en résumé les secrètes sympathies dont les rameaux légers s'entre-croisaient, germaient et fleurissaient peu à peu dans cette âme aussi tendre qu'elle était pure.

M. de Camors avait prévu confusément tout cela. — Ce qu'il n'avait point prévu, c'est qu il se prendrait lui-même à ses pièges, et qu'il serait bientôt sincère dans le rôle qu'il avait si judicieusement adopté. Dès l'abord, madame de Tècle lui avait extrêmement plu. Ce qu'il y avait en elle d'un peu puritain, s'unissant à sa grâce naturelle et à son élégance mondaine, composait une sorte de charme original, qui piquait au vif l'imagination blasée de ce jeune homme. Si c'est une tentation puissante pour les anges que de sauver les réprouvés, les réprouvés ne caressent pas avec moins de délices la pensée de perdre les anges. Ils rêvent, comme les farouches épicuriens bibliques, de mêler dans des ivresses inconnues la terre avec le ciel. A ces instincts de sombre dépravation se joignit bientôt, dans les dispositions de M. de Camors à l'égard de madame de Tècle, un sentiment plus digne d'elle. En la voyant presque chaque jour dans cette intimité périlleuse que favorise la vie de campagne, en assistant à toutes les gracieuses évolutions de cette personne accomplie, toujours égale, toujours prête à tout, au devoir comme au plaisir, animée comme la passion et sereine comme la vertu, il se prit pour elle d'un culte véritable. Ce n'était point du respect : pour respecter, il faut croire à l'effort, au mérite, et il n'y voulait pas croire. Il croyait que madame de Tècle était née comme cela ; mais il l'admirait comme une plante rare, comme un objet charmant, comme une œuvre exquise en laquelle la nature avait combiné les grâces physiques et morales avec une proportion et une harmonie parfaites. — Bref, il l'aimait, et sa contenance d'esclave auprès d'elle ne fut pas longtemps un jeu.

Nos lectrices auront sans doute remarqué un fait bizarre : c'est que, lorsque les sentiments réciproques de deux faibles créatures mortelles en sont venus à un certain point de maturité, le hasard ne manque jamais de fournir une circonstance fatale qui fait jaillir le secret de ces deux cœurs, et qui dégage soudain la foudre des nuages lentement amoncelés. C'est la crise de tous les amours. Cette circonstance se présenta pour madame de Tècle et pour M. de Camors sous la forme d'un incident des moins poétiques.

On était arrivé à la fin d'octobre. Camors était sorti à cheval après son dîner pour faire une promenade dans les environs. La nuit, déjà tombée, était froide, obscure et peu engageante ; mais le comte ne devait pas voir madame de Tècle ce soir-là : il commençait à ne pas savoir se passer d'elle, et, affecté du désœuvrement propre aux amoureux, il tuait le temps comme il pouvait. Il espérait, en outre, qu'un exercice violent rendrait un peu de calme à son esprit, qui n'avait jamais été peut-être plus profondément agité. Encore jeune et neuf dans son système impitoyable, il se troublait à la pensée d'une victime aussi pure que madame de Tècle. Passer sur la vie, sur le repos, sur le cœur d'une telle femme, comme son cheval passait sur l'herbe du chemin, sans plus de souci ni de pitié, c'était dur pour un début. Si étrange que cela puisse paraître, l'idée lui vint de l'épouser; puis il se dit que cette faiblesse serait en contradiction directe avec ses principes, qu'elle lui ferait perdre à jamais toute maîtrise de lui-même, et le rejetterait dans le néant de sa vie passée. — Il fallait donc la séduire, car il l'aimait, il la désirait, il la voulait. Il ne doutait pas qu'elle ne succombât un jour ou l'autre : avec le flair terrible des grands corrupteurs, il pressentait dans cette âme ébranlée des défaillances prochaines. Il voyait l'heure où il toucherait la main de madame de Tècle avec des lèvres d'amant, et une langueur mortelle se répandait dans ses veines. — Comme il s'abandonnait à ces images passionnées, le souvenir de la jeune madame Lescande se présenta tout à coup à sa pensée, et il pâlit dans la nuit.

A ce moment même, il passait sur la lisière d'un petit bois qui appartenait au comte de Tècle, et dont une partie avait été récemment défrichée. Ce n'était pas le hasard seul qui avait dirigé de ce côté la promenade de Camors. Madame de Tècle aimait beaucoup ce lieu, et l'y avait conduit plusieurs fois, et encore la veille, en compagnie de sa fille et de son beau-père. Le site était singulier. Quoique peu éloigné des habitations, ce bois était sauvage et perdu comme à mille lieues du monde. On eût dit un coin de forêt vierge entamé par la hache des pionniers. D'énormes souches déracinées, des troncs d'arbres gigantesques couvraient pêle-mêle les pentes du coteau, et barraient çà et là d'une manière pittoresque le cours d'un ruisseau qui coulait dans le vallon. Un peu plus loin, la futaie haute et touffue continuait de répandre un demi-jour religieux sur les mousses, les roches, les broussailles, la terre grasse et les flaques d'eau limoneuses, qui sont le charme et l'horreur des vieux bois négligés.

Dans cette solitude, et sur la limite du défrichement, s'élevait une sorte de hutte grossière que s'était construite lui-même un pauvre diable, sabotier de son état, à qui le comte de Tècle avait permis de s'établir là pour y exploiter les hêtres sur place au profit de son humble industrie. Cette espèce de bohème intéressait madame de Tècle, peut-être parce qu'il avait, comme M. de Camors, une assez mauvaise réputation. Il vivait dans sa cabane avec une femme encore agréable sous ses haillons et deux petits garçons à cheveux dorés et frisés. Il était étranger au pays, et passait pour n'être pas le mari de sa femme. C'était un homme taciturne, dont les traits semblaient beaux, énergiques et durs sous son épaisse barbe noire. Madame de Tècle s'amusait à le voir travailler à ses sabots; elle aimait les enfants, qui étaient jolis comme des anges barbouillés, et plaignait la femme. Au fond, elle méditait de la marier à son mari, au cas que la chose fût à faire, comme cela paraissait trop vraisemblable.

M. de Camors suivait au pas de son cheval un sentier rocailleux qui serpentait sur le flanc du coteau boisé. C'était l'instant où l'ombre de madame Lescande s'était comme levée devant lui, et où il croyait presque en entendre la plainte. Tout à coup l'illusion fit place à une étrange réalité. Une voix de femme l'appela clairement par son nom avec un accent de détresse :

— Monsieur de Camors !

Il arrêta son cheval sur place d'une main involontaire, et se sentit traversé par un frisson glacial. — La même voix s'éleva de nouveau et l'appela encore. Il reconnut la voix de madame de Tècle. — Promenant autour de lui dans les ténèbres un regard rapide, il vit briller une lueur à travers le feuillage dans la direction de la chaumière du sabotier, et, se guidant sur cet indice, il jeta son cheval à travers le défrichement, gravit le coteau et se trouva bientôt en face de madame de Tècle. Elle était debout devant le seuil de la hutte, la tête nue et ses beaux cheveux en désordre sous une longue dentelle noire ; elle donnait à un domestique des instructions précipitées.

Dès qu'elle vit approcher Camors, elle vint à lui.

— Pardon, monsieur, dit-elle ; mais j'ai cru vous reconnaître, et je vous ai appelé... Je suis si malheureuse !

— Si malheureuse ?

— Les deux enfants de cet homme vont mourir !... Que faire, monsieur ? Entrez... entrez, je vous en prie.

Il sauta à terre, mit les rênes de son cheval entre

les mains du domestique, et suivit madame de Tècle dans l'intérieur de la cabane.

Les deux enfants aux cheveux d'or étaient couchés côte à côte sur le même grabat, immobiles, rigides, les yeux ouverts, les pupilles étrangement dilatées, la face ardente et agitée par de légères convulsions. Ils semblaient être à l'agonie. — Le vieux docteur Durocher était penché sur eux, les regardant d'un œil fixe, anxieux et comme désespéré. La mère, à genoux, comprimait sa tête dans ses deux mains et sanglotait. — Au pied du lit, le père à la mine sauvage se tenait debout, les bras croisés, les yeux secs; il grelottait par intervalle, et murmurait sourdement d'une voix stupide :

— Tous deux! tous deux!

Puis il retombait dans sa morne attitude.

M. Durocher s'approcha vivement de Camors.

— Monsieur, lui dit-il, qu'est-ce que c'est donc que cela?... Je croirais à un empoisonnement, mais je ne vois aucun symptôme décisif; d'ailleurs, les parents le sauraient, et ils ne savent rien... Une insolation peut-être !... Mais comment tous deux frappés en même temps?... et puis en cette saison! Ah! notre métier est bien dur quelquefois, monsieur!

Camors s'informa à la hâte. — On était venu, une heure auparavant chercher, M. Durocher, qui dînait chez madame de Tècle. Il était accouru, et il avait trouvé les enfants déjà sans parole et dans cet état d'effrayante congestion. Il paraissait qu'ils y étaient tombés brusquement après quelques instants de malaise et de délire subit.

Camors eut une inspiration. Il demanda à voir les vêtements que les enfants avaient portés dans la journée. La mère les lui donna. Il les examina avec soin, et fit remarquer au vieux médecin des tâches rougeâtres dont ces pauvres loques étaient imprégnées. M. Durocher se frappa le front, retourna d'une main fiévreuse les petits sarreaux de toile et les vestes grossières, fouilla dans les poches, et en retira une douzaine de fruits pareils à des cerises et à demi écrasés.

— La belladone! s'écria-t-il. L'idée m'en est venue dix fois, mais comment m'y arrêter? On n'en trouverait pas une plante à vingt lieues à la ronde... Il n'y a que dans ce bois maudit... et je l'ignorais!

— Croyez-vous qu'il soit encore temps? lui demanda le jeune comte à demi-voix. Ces enfants me paraissent bien mal!

— Perdus, j'en ai peur... mais tout dépend encore du temps qui s'est écoulé... de la quantité qu'ils ont prise... des remèdes que je pourrai me procurer.

Le vieillard se consulta rapidement avec madame de Tècle, qui se trouva n'avoir dans sa pharmacie de campagne ni tartre stibié, ni esprit de Mindérérus, ni aucun des excitants violents que l'urgence du cas réclamait. Il fallait donc se contenter d'essence de café, que le domestique fut chargé d'aller préparer en toute hâte, et, pour le reste, envoyer à la ville.

— A la ville? dit madame de Tècle. Mais, mon

Dieu! quatre lieues, la nuit! en voilà pour trois heures, pour quatre heures peut-être!

M. de Camors l'entendit.

— Écrivez-moi votre ordonnance, docteur, dit-il : Trilby est à la porte, et, avec lui, je puis faire quatre lieues en une heure. Dans une heure, je vous promets d'être ici.

— Oh! merci, monsieur! dit madame de Tècle.

Il prit l'ordonnance que M. Durocher avait vivement tracée sur une page de son portefeuille, monta à cheval et partit. Le grand chemin était heureusement à peu de distance. Quand il l'eut gagné, il se mit à courir vers la ville du train d'un fantôme de ballade.

Il était neuf heures quand madame de Tècle l'avait vu s'éloigner; peu de minutes après dix heures. elle entendit le piétinement de son cheval au bas du coteau, et elle accourut sur le seuil de la hutte. L'état des deux enfants semblait s'être encore aggravé dans l'intervalle; mais le vieux docteur espérait beaucoup des médicaments énergiques que M. de Camors était allé chercher. Elle l'attendait avec une impatience ardente, et elle l'accueillit comme on accueille un dernier espoir. Elle se contenta pourtant de lui serrer la main, lorsque, tout haletant, il descendit de cheval; mais cette adorable créature, se jetant sur Trilby, qui était couvert d'écume et qui fumait comme une étuve :

— Pauvre Trilby! dit-elle en l'enveloppant de ses

deux bras, bon Trilby! cher Trilby! tu es mort, n'est-ce pas? Mais je t'aime bien, va!... Allez, monsieur de Camors, allez vite, je me charge de Trilby!

Et, pendant que le jeune homme entrait dans la cabane, elle confiait Trilby à la garde de son domestique, avec mission de le mener à son écurie, et mille indications minutieuses sur les soins, les précautions, les égards dont il convenait de l'entourer après sa noble conduite.

M. Durocher dut recourir à l'aide de Camors pour faire passer les médicaments nouveaux à travers les dents serrées des malheureux enfants. Tandis qu'ils s'occupaient tous deux de ce travail, madame de Tècle était assise sur un escabeau, la tête appuyée contre le mur de la hutte. M. Durocher, levant les yeux sur elle tout à coup:

— Mais, ma chère dame, lui dit-il, vous vous trouvez mal!... Vous avez eu trop d'émotions, et puis l'odeur est affreuse ici... Il faut vous en aller, voyons.

— Je ne me sens vraiment pas très bien, murmura-t-elle.

— Il faut vous en aller vite. On vous enverra des nouvelles. Un de vos gens va vous reconduire.

Elle se leva un peu chancelante; mais un regard suppliant de la jeune femme du sabotier l'arrêta. Pour cette femme, la Providence s'en allait avec madame de Tècle.

— Eh bien, non, je ne m'en irai pas, lui dit-elle

avec sa douceur divine. Je vais seulement prendre l'air. Je resterai là dehors jusqu'à ce qu'ils soient sauvés, je vous le promets.

Et elle sortit en lui souriant.

Après quelques minutes, M. Durocher dit à Camors :

— Mon cher monsieur, je vous remercie. Je n'ai réellement plus besoin de vous ; vous aussi, allez vous reposer... Sérieusement, il en est temps : vous verdissez !

Camors, épuisé par sa course et suffoqué par l'atmosphère de la hutte, céda aux instances du vieillard, tout en l'avertissant qu'il ne s'éloignerait pas. Comme il mettait le pied hors de la chaumière, madame de Tècle, qui était assise devant la porte, se leva brusquement, et lui jeta sur les épaules un des manteaux qu'on avait apportés pour elle ; puis elle se rassit sans parler.

— Mais vous ne pouvez rester là toute la nuit, lui dit-il.

— Je serais trop inquiète chez moi.

— C'est que la nuit est très froide... Voulez-vous que je vous fasse du feu ?

— Si vous voulez, dit-elle.

— Voyons... où pourrions-nous faire ce petit feu ? Au milieu de ces copeaux, c'est impossible ; nous aurions un incendie pour nous achever de peindre... Pouvez-vous marcher ?... voulez-vous prendre mon bras ?... et nous allons chercher un bon endroit pour notre campement.

Elle s'appuya légèrement sur son bras, et fit quelques pas avec lui en remontant vers la futaie.

— Croyez-vous qu'on les sauve? dit-elle.

— Je l'espère, le visage de M. Durocher est meilleur.

— Que je serais contente!

Ils se heurtèrent tous deux contre une racine, et se mirent à rire comme deux enfants. Après quelques pas encore :

— Mais nous voilà dans le bois tout à l'heure, reprit madame de Tècle; je vous avoue que je n'en puis plus... Bon ou mauvais, je choisis cet endroit-ci.

Ils étaient encore tout près de la chaumière; mais déjà les premières branches des vieux arbres respectés par la hache étendaient un dôme sombre au-dessus de leurs têtes. Il y avait là, près d'une grosse roche qui affleurait le sol, un entassement de troncs abattus sur lesquels madame de Tècle s'assit.

— Rien de mieux, dit gaiement Camors. Je vais faire mes provisions.

L'instant d'après, il reparut portant une brassée de copeaux blancs et de branches menues et en outre une couverture de voyage qu'un des domestiques lui avait remise. Il s'installa sur ses deux genoux au pied de la roche, devant madame de Tècle, prépara son attisée, et y mit le feu à l'aide de quelques feuilles sèches et de ses ustensiles de fumeur. Quand la flamme s'élança en pétillant du sein de ce foyer sauvage, madame de Tècle tressaillit joyeusement, et, allongeant ses deux mains vers le brasier :

— Dieu! que cela est bon! dit-elle; et puis c'est amusant; on dirait que nous avons fait naufrage. Maintenant, monsieur, voulez-vous être parfait? Allez demander des nouvelles à Durocher.

Il y courut. Quand il revint, il ne put s'empêcher de s'arrêter à mi-chemin pour admirer la silhouette élégante et souple de la jeune femme se dessinant sur le clair-obscur du bois, et son fin visage arabe pleinement éclairé par la lueur du foyer.

Dès qu'elle l'aperçut :

— Eh bien? cria-t-elle.

— Beaucoup d'espoir.

— Ah! quel bonheur, monsieur!

Elle lui serra la main.

— Asseyez-vous là.

Il s'assit sur le rocher tapissé d'une mousse blanchâtre, et, répondant à ses questions pressées, il lui répéta tous les détails qu'il tenait du médecin, et lui fit la théorie complète de l'empoisonnement par la belladone. Elle l'écouta d'abord avec intérêt; puis peu à peu, assujettissant son voile sur ses cheveux et appuyant sa tête sur les arbres entre-croisés derrière elle, elle parut résister péniblement à la fatigue.

— Vous êtes capable de vous endormir là, lui dit-il en riant.

— Tout à fait capable, murmura-t-elle.

Elle sourit, et s'endormit.

Son sommeil ressemblait à la mort, tant il était pur, tant les battements de son cœur étaient calmes, tant le souffle de sa poitrine était léger. Camors s'était agenouillé de nouveau près du foyer pour l'entretenir sans bruit, et il la regardait. De temps à autre, il paraissait se recueillir et écouter, quoique le silence de la nuit et de la solitude ne fût troublé que par le crépitement des copeaux embrasés; ses yeux suivaient les reflets tremblants de la flamme tantôt sur la surface blanche de la roche, tantôt sous les arches profondes de la futaie, comme s'il eût voulu fixer dans son souvenir tous les détails de cette douce scène. Puis son regard s'attachait de nouveau sur la jeune femme ensevelie dans sa grâce décente et dans son repos confiant.

Quelles pensées du ciel descendirent en ce moment dans cette âme sombre? Quelles hésitations, quels doutes l'assaillirent? Quelles images de paix, de vérité, de vertu, de bonheur, passèrent dans ce cerveau plein d'orages et y firent reculer peut-être les fantômes des noirs sophismes? Lui seul le sut et ne le dit jamais.

Un craquement brusque du foyer la réveilla. Elle ouvrit des yeux étonnés, et aussitôt, s'adressant au jeune homme agenouillé devant elle:

— Comment vont-ils, monsieur?

Il ne savait comment lui dire que, depuis une heure, il n'avait eu de pensée que pour elle. M. Durocher, apparaissant tout à coup dans le cercle lumineux du petit bûcher, le tira de peine.

— Ils sont sauvés, ma chère dame, dit brusquement le vieillard. Venez vite les embrasser et retournez chez vous, ou ce sera vous qu'il faudra sauver demain. Vous êtes réellement folle de vous endormir la nuit dans l'humidité d'un bois, et monsieur est absurde de vous laisser faire.

Elle prit en riant le bras du vieux docteur, et entra bientôt avec lui dans la hutte. Les deux enfants, qui étaient alors éveillés de leur torpeur sinistre, mais qui semblaient encore tout effarés de la mort entrevue, essayèrent de soulever leurs petites têtes rondes; elle leur fit signe de la main de se tenir tranquilles, se pencha sur l'oreiller, leur sourit dans les yeux, et posa deux baisers dans leurs boucles d'or.

— A demain, mes anges, dit-elle.

Cependant, la mère, agitée, fiévreuse, riant et pleurant, suivait madame de Tècle pas à pas, lui parlait, s'attachait à elle et baisait ses vêtements.

— Laissez-la donc en paix, voyons! s'écria le vieux Durocher avec fureur. — Madame, allez-vous-en!...

— Monsieur de Camors, reconduisez-la!

Elle allait sortir, quand le sabotier, qui n'avait rien dit jusque-là et qui était assis comme écrasé dans un coin de sa hutte, se leva tout à coup et saisit le bras de madame de Tècle, qui se retourna un peu effrayée, car le geste de cet homme était d'une violence presque menaçante. Ses yeux creux et secs étaient ardemment fixés sur elle, et il continuait de lui serrer le bras de sa main crispée.

— Mon ami... dit-elle, toute incertaine.

— Oui, votre ami, balbutia cet homme d'une voix sourde; oui, madame... oui, votre ami... oui, madame...

Il ne put continuer, sa bouche s'agita comme dans une convulsion ; un sanglot effrayant déchira sa rude poitrine : il s'abattit sur ses genoux aux pieds de la jeune femme, et on vit une pluie de larmes tomber à travers ses deux mains jointes sur son visage.

Madame de Tècle pleurait.

— Emmenez-la donc, monsieur, cria le vieux médecin.

Camors la poussa doucement hors de la hutte et la suivit.

Elle lui prit le bras, et ils descendirent dans le creux du vallon pour joindre le sentier qui conduisait à l'habitation du comte de Tècle. Elle était séparée du bois par vingt minutes de route. Ils avaient fait environ la moitié de ce chemin sans qu'une seule parole eût été échangée entre eux. Une ou deux fois, quand quelques rayons de lune perçaient les nuages, Camors crut la voir essuyer une larme du bout de son gant. Il la guidait avec précaution dans les ténèbres, quoique la démarche légère de la jeune femme fût à peine ralentie par l'obscurité. Son pas souple et relevé foulait sans bruit les feuilles tombées, évitant sans secousses les ornières et les mares, comme si elle eût été douée d'une clairvoyance magique. Quand deux sentiers se croisaient et que M. de Camors semblait indécis, elle lui indiquait la route par une faible pression du bras.

Tous deux sans doute étaient embarrassés de leur silence. Ce fut madame de Tècle qui le rompit :

— Vous avez été bien bon, ce soir, monsieur, dit-elle d'une voix basse et un peu tremblante.

— Je vous aime tant! dit le jeune homme.

Il avait prononcé ces simples paroles d'un accent si profond et si passionné, que madame de Tècle tressaillit et s'arrêta sur place.

— Monsieur de Camors!

— Quoi, madame? demanda-t-il d'un ton étrange.

— Mon Dieu!... au fait... rien ! reprit-elle ; car ceci est une déclaration d'amitié, je suppose, et votre amitié me fait plaisir.

Il quitta son bras tout à coup, et, d'une voix rauque et violente :

— Je ne suis pas votre ami, dit-il.

— Qu'êtes-vous donc, monsieur?

Sa voix était calme; mais elle recula lentement de quelques pas, et s'adossa, un peu repliée, contre un des arbres qui bordaient le chemin.

L'explosion si longtemps contenue éclata, et un flot de paroles sortit des lèvres du jeune homme avec une fougue inexprimable.

— Ce que je suis?... Je ne sais pas... je ne sais plus! Je ne sais plus si je suis moi... si je suis bon ou mauvais... si je rêve ou si je veille... si je suis mort ou vivant!... Ah! madame, ce que je sais... c'est que je voudrais que le jour ne se levât plus... que cette nuit ne finît jamais! C'est que je voudrais sentir toujours... toujours... dans ma tête, dans mon cœur, dans mon être tout entier... ce que je sens près de vous, grâce à vous, pour vous!... Je voudrais être frappé d'un mal soudain et sans espoir, pour être veillé par vous comme ces enfants, pleuré par vos yeux, enseveli sous vos larmes!... Et vous voir là, courbée dans l'épouvante devant moi! Mais c'est horrible! Mais, au nom de votre Dieu... que vous me feriez chérir!... rassurez-vous donc! Je vous jure que vous m'êtes sacrée! je vous jure que l'enfant dans les bras de sa mère n'est pas plus en sûreté que vous ne l'êtes près de moi!

— Je n'ai pas peur, murmura-t-elle.

— Oh! non... n'ayez pas peur, reprit-il avec des inflexions de voix d'une douceur et d'une tendresse infinies. C'est moi qui ai peur, c'est moi qui tremble... vous le voyez, car, puisque j'ai parlé, tout est fini! Je n'attends plus rien, je n'espère rien... Cette nuit n'a pas de lendemain possible, je le sais... Votre mari... je n'oserais pas! Votre amant, je ne le voudrais pas! Je ne vous demande rien, entendez-vous?... Je veux brûler mon cœur à vos pieds, comme sur un autel... voilà tout! Me croyez-vous, dites? Êtes-vous tranquille? Êtes-vous confiante? Voulez-vous m'entendre? Me permettez-vous de vous dire quelle image j'emporte de vous dans le secret éternel de mon souvenir... chère créature que vous êtes? Ah! vous ignorez ce que vous valez... et je crains de vous le dire... tant j'ai peur de vous ôter une de vos grâces... une de vos vertus... Si vous étiez fière de vous-même, comme vous avez le droit de l'être, vous seriez déjà moins parfaite... et je vous aimerais moins; mais je veux vous dire pourtant combien vous êtes aimable... combien vous êtes charmante! Quand vous marchez, quand vous parlez, quand vous souriez, vous êtes charmante! Vous seule ne le savez pas... Vous seule ne voyez pas la douce flamme de vos grands yeux, le reflet de votre âme héroïque sur votre jeune front sévère!... Votre charme... il est dans tout ce que vous faites... vos moindres gestes en sont empreints... Dans les devoirs les plus vulgaires de chaque jour, vous apportez une grâce sacrée... comme une jeune prêtresse qui accomplit les rites délicats de son culte! Vos mains, votre contact, votre souffle, purifient tout... les choses les plus humbles... et les êtres les plus indignes... et moi le premier... moi qui suis étonné des paroles que je prononce... et des sentiments qui m'inondent... moi à qui vous faites comprendre ce que je n'avais jamais compris... Oui, toutes les saintes folies des poètes, des amants, des martyrs, je les comprends devant vous! C'est la vérité même! Je comprends ceux qui sont morts pour leur foi dans les tortures, parce que j'aimerais à souffrir et à mourir pour vous!... parce que je crois en vous... parce que je vous respecte... je vous chéris... je vous adore!

Il se tut tout frémissant; puis, à demi prosterné devant elle, il prit le bas de son voile et le baisa.

— Maintenant, reprit-il avec une sorte de tristesse grave, allez, madame. J'ai trop oublié que vous aviez besoin de repos... pardon! Allez... je vous suivrai de loin jusque chez vous, pour vous protéger; mais ne craignez rien de moi.

Madame de Tècle avait écouté sans les interrompre, même par un souffle, les paroles enflammées du jeune homme. Peut-être entendait-elle pour la première fois de sa vie un de ces chants d'amour, un de ces hymnes brûlants de la passion que toutes les femmes désirent secrètement entendre avant de mourir, dussent-elles mourir pour l'avoir entendu.

Elle demeura un instant encore sans parler; puis, comme sortant d'un songe, elle laissa échapper ce mot, doux et faible comme un soupir :

— Mon Dieu!

Après une pause encore, elle s'avança sur le chemin.

— Donnez-moi votre bras jusque chez moi, monsieur, dit-elle.

Il lui obéit et ils reprirent leur marche vers l'habitation dont ils aperçurent bientôt les feux. Ils ne se dirent pas une parole. Seulement, près de franchir la grille, madame de Tècle se retourna et lui fit de la tête un léger signe d'adieu.

M. de Camors la salua et s'éloigna.

Il avait été sincère. La passion vraie a de ces surprises qui rompent tous les desseins, brisent toute logique, écrasent tout calcul. C'est sa grandeur et aussi son danger. Elle vous saisit soudain comme le dieu antique envahissait les prophétesses sur leur trépied, et elle parle par votre bouche. Elle prononce des mots que vous comprenez à peine ; elle dément vos pensées, elle confond votre raison ; elle livre vos secrets. Cette folle sublime vous possède, vous enlève, vous transfigure ; elle fait tout à coup d'un être vulgaire un poète, d'un lâche un héros, d'un égoïste un martyr, et de don Juan lui-même un ange de pureté.

Chez les femmes, et c'est leur honneur, ces élans et ces métamorphoses de la passion peuvent être durables ; — chez les hommes, rarement. — Une fois transportées sur ces nuées orageuses, les femmes y établissent naïvement leur vie, et le voisinage de la foudre les inquiète peu. La passion est leur élément ; elles sont chez elles. Il y a peu de femmes dignes de ce nom qui ne soient sincèrement prêtes à réduire en actes toutes les paroles que la passion fait jaillir de leurs lèvres. Si elles parlent de fuir, elles sont prêtes pour l'exil ; si elles parlent de mourir, elles sont prêtes pour la mort. — Les hommes ont moins de suite dans les idées.

Ce ne fut toutefois que le lendemain que M. de Camors regretta son accès de sincérité ; car, pendant le reste de la nuit, encore plein de son ivresse, agité et épuisé par le passage du dieu, obsédé d'une rêverie confuse et fiévreuse, il repoussa toute réflexion ; mais, à son réveil, quand il envisagea de sang-froid et sous la lumière positive du jour les événements de la soirée précédente, il ne put s'empêcher de reconnaître qu'il avait été cruellement dupe de son système nerveux. Aimer madame de Tècle, rien de plus légitime, et il l'aimait toujours, car elle était parfaitement aimable et désirable; mais ériger cet amour ou tout autre en maître de sa vie au lieu d'en faire son jouet, c'était une de ces faiblesses que ses principes lui interdisaient entre toutes. En réalité, il avait parlé, il s'était conduit comme un lycéen en vacances : il avait fait des phrases, des serments, pris des engagements qu'on ne lui demandait même pas. Rien de plus ridicule.

Heureusement, rien n'était perdu, et il était encore temps de rendre à son amour la place subalterne que ces sortes de fantaisies doivent occuper dans la vie d'un homme. Il avait été imprudent; mais son imprudence même en définitive pouvait le servir. Ce qui restait de tout cela, c'était une déclaration bien faite, improvisée, naturelle, qui avait mis madame de Tècle sous le double charme de l'idolâtrie mystique, qui plaît à son sexe, et de la violence virile, qui ne lui déplaît pas. Il n'y avait donc au fond rien à regretter, bien qu'il eût assurément mieux valu, au point de vue des principes, procéder avec moins d'enfantillage.

Cependant quelle conduite tenir? Elle était simple. Aller chez madame de Tècle, implorer son pardon, lui jurer de nouveau un éternel respect et l'achever.
— En conséquence, M. de Camors, vers dix heures, rédigea le billet suivant:

« Madame,

» Je ne voudrais point partir sans vous dire adieu et sans vous demander encore pardon. Me le permettez-vous?

» CAMORS. »

Cette lettre écrite, il allait l'envoyer, quand on lui en remit une qui contenait ces mots :

« Je serais heureuse, monsieur, de vous voir aujourd'hui vers quatre heures.

» ÉLISE DE TÈCLE. »

Sur quoi, M. de Camors jeta au feu sa propre missive, désormais superflue.

De quelque façon qu'il interprétât ce billet, il était le témoignage évident d'un amour triomphant et d'une vertu défaite; car, après ce qui s'était passé la veille entre madame de Tècle et lui, il n'y avait pour une vertu ferme qu'un parti à prendre, c'était de ne point le revoir : le revoir, c'était lui pardonner, et lui pardonner, c'était se donner avec plus ou moins de circonlocutions. M. de Camors ne laissa pas de déplorer que son aventure tournât si promptement au banal. Il eut un monologue sur la fragilité des femmes. Il sut mauvais gré à madame de Tècle de ne s'être maintenue plus longtemps à la hauteur idéale où il avait eu l'innocence de la placer. Anticipant en quelque sorte sur les désenchantements de la possession, il la voyait déjà dépouillée de tout prestige et couchée avec un numéro au front dans l'ossuaire de ses souvenirs galants.

Cependant, quand il approcha de sa demeure, quand il pressentit le charme de sa présence prochaine, il se troubla : quelques doutes, quelques anxiétés lui vinrent. Lorsqu'il aperçut, à travers les arbres, les fenêtres de l'appartement qu'elle habitait, son cœur eut de si violents sursauts, que le jeune homme s'arrêta et s'assit un moment sur le revers du fossé.

— Je l'aime comme un fou ! murmura-t-il.

Puis, se relevant brusquement :

— Bah ! dit-il, c'est une femme, et voilà tout ! Allons !

Pour la première fois, madame de Tècle le reçut dans sa chambre. Elle était fort lasse et un peu souffrante, lui dit le domestique. — Cette chambre, que Camors n'avait jamais vue, était très grande et très haute ; elle était drapée et enclose de tentures sombres, au milieu desquelles les cadres dorés, les bronzes, les coupes, les vieilles orfèvreries de famille étagées sur les meubles, prenaient l'aspect d'ornement d'église. Dans cet intérieur sévère et presque religieux, quoique très opulent, régnait une vague senteur de fleurs, de boîtes à dentelles, de tiroirs odorants et de lingerie parfumée qui forme l'atmosphère générale des femmes élégantes, mais où chacun apporte on ne sait quoi de personnel qui forme son atmosphère propre, et qui enivre les amants.

— Madame de Tècle, se trouvant sans doute un peu

perdue dans cette vaste pièce, s'y était ménagé près de la cheminée, par la disposition de quelques meubles préférés, une petite résidence intime que sa fille appelait : la chapelle de ma mère.

Ce fut là que M. de Camors l'aperçut, à la lueur d'une lampe, assise sur une causeuse, et n'ayant, contre sa coutume. aucun ouvrage dans les mains.

— Elle paraissait calme ; mais deux cercles bleuâtres, pareils à des meurtrissures, étaient creusés sous ses yeux. Elle avait dû beaucoup souffrir et beaucoup pleurer. En voyant ce cher visage sillonné et macéré par la douleur, M. de Camors oublia quelques phrases qu'il avait préparées pour son entrée, il oublia tout, si ce n'est qu'il l'adorait. Il s'avança avec une sorte de hâte, saisit dans ses deux mains la main de la jeune femme, et, sans parler, il interrogea ses yeux avec une tendresse et une piété profondes.

— Ce n'est rien, dit-elle en retirant sa main et en secouant doucement sa tête pâle ; je vais mieux... Je puis même être heureuse, très heureuse, si vous le voulez.

Il y avait dans le sourire, dans le regard, dans l'accent de madame de Tècle quelque chose d'indéfinissable qui glaça le sang de Camors : il sentit confusément qu'elle l'aimait, et que cependant elle était perdue pour lui ; qu'il avait là devant lui une espèce d'être qu'il ne connaissait pas, et que cette femme vaincue, brisée, éperdue d'amour, aimait pourtant quelque chose au monde plus que son amour.

Elle lui fit un léger signe auquel il obéit comme un enfant, et il s'assit devant elle.

— Monsieur, lui dit-elle alors d'une voix très émue mais qui s'affermit peu à peu, je vous ai écouté hier, avec un peu trop de patience peut-être... Je vous demande à votre tour la même bonté... Vous m'avez dit que vous m'aimiez, monsieur, et je vous avoue franchement que j'éprouve moi-même pour vous une vive affection. Dans ces termes-là, nous ne pouvons que nous séparer à jamais, ou nous unir par quelque lien digne de nous deux... Nous séparer, cela me coûterait beaucoup, et je pense aussi que ce serait une douleur pour vous... Nous unir... Monsieur, quant à moi, je serais prête à vous donner ma vie... mais je ne le puis pas : je ne pourrais vous épouser sans une folie évidente... vous êtes plus jeune que moi... et, si bon, si généreux que je vous suppose, la simple raison me dit que je me préparerais d'amers repentirs... Mais il y a plus, je ne m'appartiens pas, je me dois à ma fille, à ma famille, à mes souvenirs : en quittant mon nom pour le vôtre, je blesserais, j'affligerais cruellement tous les êtres qui vivent autour de moi, et, je le crois, ceux même qui ne vivent plus. Eh bien, monsieur... — elle eut alors un sourire d'une résignation et d'une grâce célestes, — j'ai trouvé cependant un moyen de ne pas rompre des relations qui nous sont chères à tous deux... de les rendre même plus douces et plus étroites... Vous allez être d'abord un peu surpris... mais ayez la bonté d'y penser et de ne pas me dire non tout de suite...

Elle le regarda et fut effrayée de sa pâleur ; elle lui prit doucement la main.

— Voyons, monsieur, dit-elle, voyons.

— Parlez, murmura-t-il d'une voix sourde.

— Monsieur, reprit-elle avec son sourire de charité angélique, Dieu merci, vous êtes encore très jeune... Dans votre situation et dans notre monde, les hommes ne se marient pas de bonne heure, et je crois qu'ils ont raison... Eh bien, voici ce que je veux faire, si vous le permettez... Je veux confondre désormais en une seule affection les deux plus vifs sentiments de mon cœur... Je veux mettre tous mes soins, toute ma tendresse, toute ma joie à former une femme digne de vous, une jeune âme qui vous donnera le bonheur, une intelligence élevée et délicate dont vous serez fier... Je vous promets, monsieur, je vous jure de consacrer à cette tâche chère et sacrée tout ce que j'ai de meilleur en moi... Je m'y donnerai chaque jour, à chaque instant de ma vie, comme une sainte à l'œuvre de son salut... et je vous jure que je serai bien heureuse... Dites-moi seulement que vous le voulez bien?

Il laissa entendre une vague exclamation d'ironie et de colère.

— Vous me pardonnerez, madame, dit-il, si une telle transformation de mes sentiments ne peut être aussi prompte que votre pensée.

Elle rougit faiblement.

— Mon Dieu! reprit-elle en souriant encore, je comprends que je puisse vous sembler en ce moment une belle-mère un peu étrange... mais, dans quelques années, dans très peu d'années même, je serai une vieille femme, et cela vous paraîtra tout simple.

Pour achever son douloureux sacrifice, la pauvre femme n'hésitait pas à se couvrir, devant celui qu'elle aimait, du cilice de la vieillesse. Camors, qui était une âme pervertie, mais non une âme basse, sentit subitement ce qu'il y avait de touchant dans ce simple héroïsme, et lui rendit ce qui de sa part était le plus grand des hommages : ses yeux devinrent humides. Elle s'en aperçut, car elle épiait d'un œil avide ses moindres impressions, et elle reprit alors presque gaiement :

— Et voyez, monsieur, comme cela arrange tout... De cette façon, nous pouvons continuer à nous voir sans danger, puisque votre petite fiancée sera toujours entre nous... Nos sentiments seront bientôt en harmonie avec nos pensées nouvelles... même vos projets d'avenir, qui maintenant seront les miens, rencontreront moins d'obstacles... car je les servirai beaucoup plus bravement... Sans révéler à mon oncle ce qui doit rester un secret entre vous et moi, je pourrais lui laisser entrevoir mes espérances... et cela le déterminerait sans doute en votre faveur... Et puis, avant tout, je vous le répète, vous me rendrez bien heureuse... Eh bien, dites... voulez-vous de mon affection maternelle?

M. de Camors, par un terrible effort de volonté, avait repris possession de son calme.

— Pardon, madame, dit-il en souriant à son tour, mais je voudrais au moins sauver l'honneur... Que me demandez-vous? Le savez-vous bien? Y avez-vous bien réfléchi? Pouvons-nous l'un et l'autre, sans grave imprudence, contracter à si long terme un engagement d'une nature aussi délicate?

— Je ne vous demande aucun engagement, reprit-elle ; je sens que cela serait déraisonnable. Je m'engage seule, autant que je le puis faire sans compromettre la destinée de ma fille. Je l'élèverai pour vous, je vous la destinerai dans le secret de mon cœur; c'est avec ce sentiment que je penserai à vous dans l'avenir. Permettez-le-moi, acceptez-le en honnête homme, et restez libre... C'est une folie peut-être; mais je n'y hasarde que mon repos, et j'en subirai volontiers toutes les chances, parce que j'en aurai toutes les joies... J'ai, d'ailleurs, là-dessus mille pensées que je ne puis trop vous dire... que j'ai dites à Dieu cette nuit... Je crois, je suis convaincue que ma fille, quand j'en aurai fait tout ce que je sais que j'en puis faire, sera une excellente femme pour vous, qu'elle vous fera beaucoup de bien... et beaucoup d'honneur... et elle-même, je l'espère, me remerciera un jour de tout son cœur... car je prévois déjà ce qu'elle vaudra... et ce qu'elle aimera...

Vous ne pouvez la connaître... vous ne pouvez pas même la soupçonner encore... mais, moi, je la connais bien... il y a déjà une femme dans cette enfant... et une femme charmante... plus charmante que sa mère, monsieur, je vous assure...

Madame de Tècle s'interrompit tout à coup.

Une porte venait de s'ouvrir, et mademoiselle Marie était entrée brusquement dans la chambre, tenant sur chacun de ses bras une poupée gigantesque. M. de Camors se leva et la salua gravement, en se mordant les lèvres pour réprimer un sourire, qui n'échappa pas toutefois à madame de Tècle.

— Marie! s'écria-t-elle, vraiment, je t'assure que tu es désolante avec tes poupées!

— Mes poupées? Je les adore! dit mademoiselle Marie.

— Tu es ridicule; va-t'en! dit la mère.

— Pas sans vous embrasser, toujours! dit la jeune fille.

Elle déposa ses deux poupées sur le tapis, se précipita sur sa mère et l'embrassa fortement sur chaque joue; après quoi, elle ramassa ses deux poupées, en leur disant :

— Venez, mes chères!

Et elle disparut aussitôt.

— Mon Dieu! monsieur, reprit en riant madame de Tècle, voilà un incident désastreux... mais je persiste... et je vous supplie de me croire sur parole : elle aura beaucoup de raison, de bonté et de courage. Maintenant, ajouta-t-elle d'un ton sérieux, prenez le temps d'y penser et venez m'apporter votre décision, si elle est bonne... Si elle ne l'est pas, il faut nous dire adieu.

— Madame, dit Camors debout devant elle, je m'engage à ne jamais vous adresser une parole qu'un fils ne puisse adresser à sa mère... Est-ce bien là ce que vous désirez?

Madame de Tècle attacha ses beaux yeux sur lui pendant un moment avec une expression de joie et de reconnaissance profondes; puis, voilant soudain son visage de ses deux mains :

— Merci, murmura-t-elle, je suis bien contente!

Elle lui tendit une de ses mains toute mouillée de ses pleurs; il y posa ses lèvres, s'inclina gravement et sortit.

S'il y eut un moment dans sa fatale carrière où il fut permis d'admirer ce jeune homme, ce fut ce moment-là. Son amour pour madame de Tècle, si mêlé qu'il fût, était grand. C'était la seule passion vraie qu'il eût ressentie. A l'instant où il vit cet amour, dont il croyait le triomphe assuré, lui échapper pour jamais, il ne fut pas seulement foudroyé dans son orgueil, il fut brisé et déchiré jusqu'au fond du cœur; mais il reçut ce coup en gentilhomme. Son agonie fut belle. A peine une parole d'amertume, aussitôt réprimée, trahit-elle sa première angoisse. Il fut impitoyable pour sa douleur, comme il voulait l'être pour celle des autres. Il n'eut aucune des injustices vulgaires des amants congédiés. Il sut reconnaître ce qu'il y avait de vrai, de décisif, d'éternel dans la résolution de madame de Tècle, et ne fut pas tenté une minute d'y voir une de ces transactions ambiguës, que les femmes proposent quelquefois, et dont les hommes disposent toujours. Il comprit que le saint refuge où elle s'était jetée était inviolable. Il ne discuta ni ne protesta : il s'inclina, et baisa noblement la noble main qui le frappait.

Quant au miracle de courage, de chasteté et de foi par lequel madame de Tècle avait transformé et purifié son amour, il évita d'y arrêter trop longtemps sa pensée. Ce trait, qui laissait voir, pour ainsi dire, une âme divine à nu, gênait ses théories. Un mot qui lui échappa pendant qu'il regagnait son logis peut faire connaître, au reste, le jugement qu'il en portait à son point de vue :

— C'est un enfantillage, murmura-t-il, mais sublime.

En rentrant chez lui, Camors y trouva une lettre du général : M. de Campvallon l'informait que son mariage avec mademoiselle d'Estrelles aurait lieu quelques jours plus tard à Paris, et il l'invitait à y assister. Les choses devaient, d'ailleurs, se passer dans la stricte intimité de la famille. Camors ne fut pas fâché de cette circonstance qui lui fournissait l'occasion naturelle d'une diversion dont il sentait le besoin : il fut même violemment tenté de partir le jour même pour étourdir ses souffrances, mais il surmonta cette faiblesse. Il alla le lendemain passer la soirée chez M. Des Rameures, et, quoiqu'il eût le cœur saignant, il se piqua de montrer à madame de Tècle un front calme et un sourire impassible. Il annonça la courte absence qu'il projetait, et en dit le motif.

— Vous présenterez mes vœux au général, monsieur, lui dit M. Des Rameures : j'espère qu'il sera heureux, mais j'avoue que j'en doute diablement.

— Je lui ferai part, monsieur, de vos bonnes paroles.

— Diantre!... *Exceptis excipiendis!* reprit le vieillard en riant.

Quant à madame de Tècle, tout ce qu'elle dépensa pendant cette soirée d'attentions invisibles, de grâces secrètes, de délicatesses exquises et de tendre génie féminin pour panser la blessure qu'elle avait faite et se glisser tout doucement dans son rôle maternel, — il faudrait, pour le bien exprimer, une plume taillée par ses mains.

Deux jours après, M. de Camors partit pour Paris. Le lendemain de son arrivée, il se rendit de bonne heure chez le général, qui occupait un magnifique hôtel de la rue Vaneau. Le contrat devait être signé dans la soirée, et le mariage civil et religieux aurait lieu dans la matinée du jour suivant. — Le général était extraordinairement agité : Camors le trouva se promenant dans les trois salons de plain-pied qui formaient le rez-de-chaussée de son hôtel. — Dès qu'il aperçut le jeune homme :

— Ah! ah! vous voilà, vous! lui cria-t-il en dardant sur lui un regard farouche; ce n'est, ma foi! pas malheureux!

— Mais, général...

— Eh bien, quoi? « mais, général!... » Vous n m'embrassez pas?

— Si, général.

— Eh bien, c'est pour demain, vous savez?

— Oui, général.

— « Oui, général... » Sacrebleu! vous êtes bien tranquille, vous!... L'avez-vous vue?

— Pas encore, général, j'arrive.

— Il faut aller la voir ce matin. Vous lui devez cette marque d'intérêt... et puis, si vous découvrez quelque chose, vous me le direz?

— Mais que pourrais-je découvrir, général?

— Dame, je ne sais pas, moi!... Vous connaissez mieux les femmes que moi!... M'aime-t-elle? ne m'aime-t-elle pas?... Vous pensez bien que je n'ai pas la prétention de lui faire perdre la tête... mais encore ne voudrais-je pas être l'objet d'un sentiment de répulsion!... Ce n'est pas que rien m'ait donné lieu de le supposesr... Mais la jeune personne est si réservée... si impénétrable!

— Mademoiselle d'Estrelles est d'un naturel froid, dit Camors.

— Oui, reprit le général, oui, sans doute... et, à quelques égards, je... mais enfin, si vous découvrez quelque chose, je compte sur vous pour m'en avertir... Et, tenez, quand vous l'aurez vue, faites-moi le plaisir de revenir ici deux minutes, n'est-ce pas? Vous m'obligerez.

— Très bien, général.

— Moi, je l'aime comme une bête!

— Excellent, cela, général.

— Hom! goguenard!... Et Des Rameures, à propos?

— Je crois que nous le tenons, général.

— Bravo! nous reparlerons de cela... Voyons, allez, mon cher enfant.

Camors se transporta rue Saint-Dominique, chez madame de la Roche-Jugan.

— Ma tante y est-elle, Joseph? dit-il au domestique, qu'il trouva dans l'antichambre fort occupé des préparatifs exigés par la circonstance.

— Oui, monsieur le comte... Madame la comtesse est chez elle... elle est visible.

— C'est bien, dit Camors.

Et, prenant un couloir qui régnait dans toute la longueur de l'appartement, il se dirigea vers la chambre de madame de la Roche-Jugan.

Mais cette chambre n'était plus celle de madame de la Roche-Jugan. Cette digne femme avait absolument voulu la céder à mademoiselle Charlotte, à laquelle elle témoignait la plus plate déférence depuis qu'elle la voyait fiancée aux sept cent mille francs de rente du général. Mademoiselle d'Estrelles avait accepté cette combinaison avec une indifférence dédaigneuse. Camors, qui l'ignorait, frappa donc innocemment à la porte de mademoiselle d'Estrelles.

N'obtenant point de réponse, il entra avec hésitation, souleva la portière et s'arrêta soudain devant un spectacle étrange. A l'autre extrémité de la pièce et en face de lui était une grande glace de toilette devant laquelle se tenait debout mademoiselle d'Estrelles, qui se trouvait ainsi lui tourner le dos : elle était vêtue ou plutôt drapée d'une sorte de peignoir en cachemire blanc sans manches, qui laissait à nu ses épaules et ses bras; ses cheveux, d'une nuance cendrée, étaient dénoués, flottants, et tombaient comme une nappe soyeuse jusque sur le tapis. Elle était légèrement appuyée d'une main sur la table de toilette, retenant de l'autre sur sa poitrine les plis de son peignoir; elle se regardait dans la glace et pleurait. Ses larmes tombaient goutte à goutte de ses yeux profonds sur son sein blanc et pur, et y glissaient comme les gouttes de rosée qu'on voit ruisseler le matin dans les jardins sur les épaules des nymphes de marbre. — M. de Camors laissa doucement retomber la portière, et se retira aussitôt, emportant toutefois de cette visite fugitive un souvenir éternel.

Il s'informa, et put enfin recevoir les embrassements de sa tante, qui s'était réfugiée dans la chambre de son fils, lequel avait été relégué dans la chambrette occupée en d'autres temps par mademoielle d'Estrelles. — Madame de la Roche-Jugan, après les premiers épanchements, introduisit son neveu dans le salon où étaient étalées toutes les pompes de la corbeille. Les cachemires, les dentelles, les velours, les soieries précieuses, couvraient les meubles ; sur la cheminée, sur les tables, sur les consoles, étincelaient les écrins ouverts.

Pendant que madame de la Roche-Jugan démontrait ces magnificences à Camors en ayant soin d'évaluer le prix de chacune, mademoiselle Charlotte, qu'on avait avertie de la présence du jeune comte, entra dans le salon. Elle avait le front non seulement serein, mais rayonnant.

— Bonjour, mon cousin, dit-elle gaiement en tendant sa main à Camors. Comme c'est gentil à vous d'être venu!... Eh bien, vous voyez comme le général me gâte!

— C'est une corbeille de princesse, mademoiselle.

— Et si vous saviez, Louis, dit madame de la Roche-Jugan, comme tout cela lui sied, chère enfant... On dirait qu'elle est née sur un trône véritablement... Au reste, vous savez qu'elle descend des rois d'Aragon?

— Bonne tante! dit mademoiselle Charlotte en baisant madame de la Roche-Jugan sur le front.

— Vous savez, Louis, que je veux qu'elle m'appelle sa tante maintenant, reprit la comtesse en affectant ce ton plaintif qui lui paraissait être la plus haute expression de la tendresse humaine.

— Ah! dit Camors.

— Voyons, chère petite, essayez seulement votre couronne devant votre cousin, je vous en prie?

— Vous me ferez plaisir, ma cousine.

— Mon cousin, dit mademoiselle Charlotte, dont la voix harmonieuse et grave se nuança d'une teinte ironique, vos moindres désirs sont des ordres.

Il y avait parmi les parures qui encombraient le salon une pleine couronne de marquise enchâssée de pierreries et fleuronnée de perles. La jeune fille l'ajusta sur sa tête devant la glace, et, allant se planter debout à deux pas de Camors avec sa majesté tranquille :

— Voilà, dit-elle.

Et, comme il la regardait avec une sorte d'éblouissement, car elle était merveilleusement belle et fière sous cette couronne, elle plongea tout à coup ses yeux dans ceux du jeune homme, et, baissant la voix avec un accent d'une amertume indicible :

— Au moins, je me vends très cher, n'est-ce pas?

Puis elle lui tourna le dos, se mit à rire et ôta sa couronne.

Après quelques paroles indifférentes, Camors sortit en se disant que cette admirable personne prenait bien la tournure de devenir une personne terrible, mais ne se disant pas qu'il pouvait bien y être pour quelque chose.

Il retourna aussitôt, suivant sa promesse, chez le général, qui continuait à se promener dans ses trois salons, et qui lui cria du plus loin qu'il l'aperçut :

— Eh bien?

— Eh bien, général... parfait!... tout va bien!

— Bah!... vous l'avez vue?

— Oui, certainement.

— Et elle vous a dit?...

— Pas grand'chose; mais elle paraît être enchantée.

— Sérieusement, vous n'avez rien remarqué?

— J'ai remarqué qu'elle était fort jolie.

— Parbleu!... Et vous croyez qu'elle m'aime un peu?

— Assurément... à sa manière... autant qu'elle peut aimer, car c'est un naturel froid.

— Oh! quant à cela, je m'en console, vous savez... Tout ce que je demande, c'est de ne pas lui être désagréable... Non, n'est-ce pas?... Eh bien, bravo! vous me faites un plaisir immense... Maintenant, disposez de vous, mon cher enfant, et à ce soir.

— A ce soir, général.

La cérémonie du contrat n'offrit aucun incident saisissant. Seulement, quand le notaire lut d'une voix modeste la clause par laquelle le général instituait mademoiselle d'Estrelles héritière de tous ses biens, Camors se plut à remarquer la superbe impassibilité de mademoiselle Charlotte, l'exaspération souriante de mesdames Bacquière et Van Cuyp, et le regard amoureux dont madame de la Roche-Jugan embrassa en même temps son fils Sigismond, mademoiselle d'Estrelles et le notaire. — Puis l'œil de la comtesse se porta sur le général avec un air de vif intérêt, et elle parut constater avec plaisir qu'il avait fort mauvaise mine.

Le lendemain, en sortant de l'église Saint-Thomas

d'Aquin, la jeune marquise ne fit que changer sa toilette de mariée contre un costume de voyage, et elle partit aussitôt avec son mari pour Campvallon, baignée des larmes de madame de la Roche-Jugan, qui avait les glandes lacrymales excessivement tendres et dociles.

Huit jours plus tard, M. de Camors retourna lui-même à Reuilly. Paris l'avait retrempé, ses nerfs s'étaient raffermis. Il jugeait désormais plus sainement, en homme pratique, son aventure avec madame de Tècle, et il commençait à se féliciter du dénouement qu'elle avait eu. Si elle eût pris un tour différent, sa destinée tout entière eût pu s'y trouver engagée et compromise. Son avenir politique en particulier eût été vraisemblablement perdu ou indéfiniment ajourné, car sa liaison avec madame de Tècle n'eût pas manqué d'éclater un jour ou l'autre et de lui aliéner à jamais les dispositions de M. Des Rameures. Sur ce point, il ne s'abusait pas. Madame de Tècle, en effet, dans le premier entretien qu'il eut avec elle, lui confia que son oncle avait paru soulagé d'un pesant souci quand elle lui avait laissé entrevoir en riant l'idée de marier un jour sa fille à M. de Camors. Camors saisit cette occasion pour rappeler à madame de Tècle que, tout en respectant les projets d'avenir qu'elle lui faisait l'honneur de former, il ne s'engageait nullement à les réaliser, et que la raison et la loyauté lui commandaient de garder à cet égard une indépendance absolue. Elle en convint de nouveau avec sa douceur habituelle, et, dès ce moment, sans cesser de lui marquer la même prédilection affectueuse, elle ne se permit jamais l'ombre d'une allusion au rêve chéri qu'elle caressait. Seulement, sa tendresse pour sa fille parut augmenter encore, et elle se donna aux soins de son éducation avec un redoublement de ferveur qui eût touché le cœur de M. de Camors, si le cœur de M. de Camors n'eût semblé perdre dans son dernier effort de vertu tout ce qui lui restait d'humain.

Son honneur mis à l'abri par ses franches explications avec madame de Tècle, il n'hésita plus à profiter pleinement des bénéfices de la situation. Il se laissa donc servir par madame de Tècle tant qu'elle le voulut, et elle le voulut passionnément. Elle sut persuader peu à peu à son oncle Des Rameures que M. de Camors était destiné par son caractère et ses talents à un grand avenir, qu'il serait un jour un excellent parti pour mademoiselle Marie, qu'il prenait de plus en plus le goût de la province et de l'agriculture, qu'il tournait même à la décentralisation, bref qu'il fallait l'attacher par des liens solides à un pays dont il serait l'honneur. Le général de Campvallon vint sur ces entrefaites présenter la jeune marquise à madame de Tècle : dans un entretien confidentiel avec M. Des Rameures, il démasqua enfin ses batteries. Il allait partir pour l'Italie, où il comptait faire un long séjour; mais, auparavant, il désirait donner sa démission de membre du Conseil général et du Corps législatif, et recommander Camors à ses braves et fidèles électeurs. M. Des Rameures, gagné à l'avance, promit son concours, et ce concours équivalait au succès. M. de Camors dut cependant faire de sa personne quelques démarches auprès des électeurs les plus influents ; mais sa personne était aussi séduisante qu'elle était redoutable, et il était de ceux qui enlèvent un cœur ou un vote par un sourire. Enfin, pour se mettre tout à fait en règle, il alla s'installer pendant quelques semaines à ***, chef-lieu du département. Il fit sa cour à la femme du préfet, assez pour flatter le fonctionnaire, pas assez pour inquiéter le mari. Le préfet prévint le ministre que la candidature du comte de Camors s'imposait dans le pays avec une autorité irrésistible, que la nuance politique du jeune comte paraissait indécise et même un peu suspecte, mais que l'administration, n'espérant pas le combattre avec succès, jugeait spirituel de le soutenir. Le ministre, qui n'avait pas moins d'esprit que le préfet, fut de son avis. En vertu de toutes ces circonstances, M. de Camors, vers la fin de sa vingt-huitième année, fut nommé à peu de jours de distance membre du Conseil général et député au Corps législatif.

— Vous l'avez voulu, ma nièce, dit M. Des Rameures en apprenant ce double résultat, vous l'avez voulu ! et j'ai soutenu ce jeune Parisien de tout mon crédit ; mais j'ai beau faire, il n'a pas ma confiance !... Puissions-nous, ma chère Élise, ne jamais regretter notre triomphe !... Puissions-nous ne jamais dire avec le poète : *Numinibus vota exaudita malignis !*... Des dieux ennemis ont exaucé nos vœux !...

DEUXIÈME PARTIE

I

Au moment d'aborder la seconde partie de cette histoire véridique, nous avons besoin d'adresser à nos lecteurs et surtout à nos lectrices une prière : nous les supplions de ne point se révolter si la vérité, telle qu'ils la coudoient chaque jour dans le monde, leur apparaît dans ces pages sous des couleurs un peu vives, bien qu'adoucies. Il faut aimer la vérité, la voiler, mais ne pas l'énerver. L'idéal n'est lui-même que la vérité revêtue des formes de l'art. Le romancier sait qu'il n'a pas le droit de calomnier son temps ; mais il a le droit de le peindre, ou il n'a aucun droit. Quant à son devoir, il croit le connaître : ce devoir est de maintenir, à travers les tableaux de mœurs les plus délicats, son jugement sévère et sa plume chaste. Il espère n'y pas manquer. Cela dit, il reprend son récit.

Il y avait cinq ans environ que les électeurs de l'arrondissement de Reuilly avaient envoyé le comte de Camors au Corps législatif, et ils ne s'en repentaient pas. Leur député connaissait à merveille leurs petits intérêts locaux et ne négligeait aucune occasion de les servir. De plus, si quelques-uns de ses dignes commettants, de passage à Paris, se présentaient au petit hôtel qu'il s'était fait construire dans l'avenue de l'Impératrice par un architecte nommé Lescande (c'était une délicatesse qu'avait eue M. de Camors envers son vieil ami), ils y étaient reçus avec une affabilité si avenante, qu'ils en rapportaient dans leur province un cœur attendri. M. de Camors daignait s'informer si leurs femmes ou leurs filles les avaient accompagnés dans leur petit voyage; il mettait à leur disposition des billets de spectacle et des entrées à la Chambre; il leur montrait ses tableaux et ses écuries. Il faisait même trotter ses chevaux dans sa cour sous leurs yeux. On trouvait et on se répétait avec sensibilité dans l'arrondissement qu'il avait l'air moins mélancolique qu'autrefois, que sa physionomie avait beaucoup gagné. Sa courtoisie, un peu raide, s'était assouplie sans rien faire perdre à sa dignité; son visage, jadis un peu sombre, s'était empreint d'une sérénité à la fois souriante et grave. Il avait une sorte de grâce royale. Il témoignait aux femmes jeunes ou vieilles, pauvres ou riches, honnêtes ou non, la politesse célèbre de Louis XIV. Avec ses inférieurs comme avec ses égaux, son urbanité était exquise; -- car il avait au fond pour les femmes, pour ses inférieurs, pour ses égaux et pour ses électeurs, le même mépris.

Il n'aimait, n'estimait et ne respectait que lui-même; mais il s'aimait, s'estimait et se respectait comme un dieu. Il était parvenu, en effet, dès cette époque, à réaliser aussi complètement que possible en sa personne le type presque surhumain qu'il s'était proposé à l'heure critique de sa vie, et, quand il se contemplait de pied en cap dans le miroir idéal toujours placé devant ses yeux, il était satisfait. Il était bien ce qu'il avait voulu être, et le programme de sa vie, tel qu'il l'avait fixé, s'exécutait fidèlement. Par un effort constant de son énergique volonté, il en était arrivé à dompter en lui-même autant qu'à dédaigner chez les autres tous les sentiments instinctifs dont le vulgaire est le jouet, et qui ne sont, comme il le pensait, que des sujétions de la nature animale ou des conventions qui lient les faibles et dont les forts se dégagent. Il s'appliquait chaque jour à développer jusqu'à leur dernière perfection les dons physiques et les facultés intellectuelles qu'il tenait du hasard, afin d'en tirer, dans son court passage entre le berceau et le néant, toute la somme possible de jouissances. Enfin, convaincu que la fleur du savoir-vivre, la délicatesse du goût, l'élégance des formes et les raffinements du point d'honneur constituent une sorte de beauté morale qui complète un gentilhomme, il s'étudiait à orner sa personne de ces grâces légères et suprêmes, comme un artiste consciencieux qui ne veut laisser dans son œuvre aucun détail imparfait.

Il résultait de ce travail, opéré sur lui-même avec beaucoup de suite et de succès, que M. de Camors, au moment où nous le retrouvons, n'était peut-être pas le meilleur homme du monde, mais qu'il en était vraisemblablement le plus aimable et le plus heureux. Comme tous les gens qui ont pris leur parti d'avoir plus de mérite que de scrupules, il voyait tout lui réussir à souhait. Désormais sûr de l'avenir, il l'escomptait hardiment et vivait dans une large opulence. Sa rapide fortune s'expliquait par son étonnante audace, par la finesse et la sûreté de son jugement, par ses grandes relations et aussi par son indépendance morale. Il avait un mot féroce, qu'il prononçait, d'ailleurs, avec toute la grâce imaginable : « L'humanité, disait-il, est composée d'actionnaires. » Pénétré de cet axiome, il avait vite pris ses grades dans la franc-maçonnerie de la haute corruption financière. Il s'y distinguait par l'autorité séduisante de sa personne. Il savait mettre en œuvre son nom, sa situation politique, sa réputation d'honneur, se servant de tout et ne compromettant rien. Il prenait les hommes, les uns par leurs vices, les autres par leurs vertus, avec une indifférence égale. Il était incapable d'une action basse. Il n'eût jamais engagé sciemment un ami ou même un ennemi dans une affaire désastreuse. Il arrivait seulement que, si l'affaire tournait mal, il savait en sortir à temps et que les autres y restaient; mais, dans les spéculations financières comme dans les batailles, il y a ce qu'on nomme la chair à canon, et, si l'on s'en préoccupait trop, on ne ferait rien de grand. Tel quel, il passait avec raison pour un des plus délicats parmi ses compagnons, et sa parole valait contrat dans le monde de la haute industrie, comme dans les régions plus pures du cercle et du sport.

Il n'était pas moins estimé au Corps législatif. Il y avait adopté un rôle original, celui de travailleur. Les commissions d'affaires se le disputaient. On savait un gré infini à cet élégant jeune homme de sa capacité modeste et laborieuse. On s'étonnait de le voir prêt aux questions les plus arides, aux rapports les plus ingrats. Les projets de loi d'intérêt local étaient pour lui sans effroi et sans mystères. Il ne parlait jamais en séance publique; mais il s'exerçait à la parole dans la pénombre des bureaux : on remarquait de plus en plus sa manière nette, sobre, un peu ironique. On ne doutait pas qu'il ne fût un des hommes d'État de l'avenir; mais on sentait qu'il se réservait. Sa nuance politique demeurait un peu obscure. Il siégeait au centre gauche, poli avec tout le monde, froid avec tout le monde. Persuadé, comme son père, que la génération grandissante voudrait dans les délais ordinaires se passer la fantaisie d'une révolution, il calculait avec plaisir que l'échéance de cette catastrophe périodique concorderait probablement avec sa quarantième année; ce qui devait ouvrir à sa maturité blasée une source d'émotions nouvelles et déterminer ses principes politiques dans le sens des circonstances. Sa vie cependant était assez douce pour qu'il attendît sans impatience l'heure de l'ambition. Respecté, craint et envié des hommes, les femmes l'adoraient. Sa présence, qu'il ne prodiguait pas, illustrait un salon. Ses bonnes fortunes ne pouvaient se compter, parce qu'elles étaient à la fois fort nombreuses et fort discrètes. Ses passions étaient des plus éphémères. — Les amours où l'on ne met pas un peu de spiritualisme ne sont pas longs. — Mais il croyait se devoir à lui-même d'honorer ses victimes, et il les enterrait délicatement sous les fleurs de l'amitié. Il s'était fait de la sorte parmi les femmes du monde parisien une grande quantité d'amies, dont quelques-unes seulement le détestaient. Quant aux maris, ils l'aimaient tous. Il joignait à ces plaisirs élégants quelques débauches violentes, dont le régal tentait par moments son imagination émoussée; mais la mauvaise compagnie lui répugnait, et il ne s'y arrêtait pas. Il n'était pas homme d'orgie. Il était ménager de ses veilles, de ses forces, de sa santé. Ses goûts, en somme, étaient aussi élevés que peuvent l'être ceux d'une créature humaine qui a supprimé son âme. Les amours délicats, le luxe de la vie, la musique, la peinture, les lettres, les chevaux lui donnaient toutes les jouissances de l'esprit, des sens et de l'orgueil. Il s'était enfin posé sur la fleur de la civilisation parisienne comme une abeille au sein d'une rose; il en buvait les quintessences, et s'y délectait parfaitement.

Il est facile de concevoir que M. de Camors, goûtant cette pleine prospérité, s'attachât de plus en plus aux doctrines morales et religieuses qui la lui avaient procurée. Il se confirmait chaque jour dans la pensée que le testament de son père et ses propres réflexions lui avaient révélé le véritable évangile des hommes supérieurs. Il était de moins en moins tenté d'en violer les lois. Mais, entre tous les écarts qui l'eussent fait déroger à son système, celui dont il était assurément le plus éloigné, c'était le mariage. Il y eût eu de sa part une sorte de démence à enchaîner sa liberté, dont il faisait un usage si agréable, pour se donner gratuitement l'entrave, l'ennui, le ridicule, les dangers même d'un ménage, d'une communauté de biens et d'honneur, et enfin d'une paternité toujours possible.

Il était donc infiniment peu disposé à encourager les espérances maternelles dans lesquelles madame de Tècle avait autrefois enseveli son amour. Il croyait, au surplus, se conduire avec elle de façon à ne lui laisser sur ce point aucune illusion. Il négligeait beaucoup Reuilly; il y séjournait à peine deux ou trois semaines chaque année à l'époque où la session du Conseil général l'appelait en province. Pendant ces courtes apparitions, M. de Camors, il est vrai, se piquait de rendre à madame de Tècle et à M. Des Rameures tous les devoirs d'une respectueuse gratitude; mais il évitait si froidement les allusions au passé, il se gardait si scrupuleusement des entretiens intimes, il marquait enfin à mademoiselle Marie une politesse si indifférente, qu'il ne doutait pas à part lui que, la mobilité du sexe aidant, la jeune mère de mademoiselle Marie n'eût renoncé à ses puériles chimères.

Son erreur était grande. Et l'on peut remarquer ici que le scepticisme endurci et méprisant n'engendre pas moins de faux jugements et de faux calculs en ce monde que la candeur même de l'inexpérience. M. de Camors prenait trop au sérieux tout ce qu'ont écrit sur la mobilité de l'esprit féminin des amants trompés, et vraisemblablement dignes de l'être, ou mécontents d'avoir été prévenus. La vérité est que les femmes sont, en général, remarquables par la persistance de leurs idées et la fidélité de leurs sentiments. L'inconstance du cœur est, au contraire, le propre de l'homme; mais il se la réserve, et, quand une femme lui dispute la palme sur ce terrain, il crie comme un dépossédé. On s'assurera que cette théorie n'est nullement un paradoxe, si l'on veut bien songer aux prodiges de dévouement patient, tenace, inviolable, qui se rencontrent chaque jour chez les femmes de la classe populaire, dont le naturel, quoique grossier, reste original et sincère. Chez les femmes du monde, bien que dépravé par les tentations et les excitations qui les assiègent, ce naturel subsiste, et il n'est pas rare de les voir enfermer leur vie tout entière dans une pensée ou dans un amour. Leur existence n'a pas les mille diversions qui nous détournent et nous consolent, et l'idée qui les passionne tourne facilement à l'idée fixe. Elles la suivent à travers la solitude et à travers la foule, à travers leurs lectures, à travers leur tapisserie, à travers leur sommeil, à travers leurs prières, à travers tout : elles en vivent et elles en meurent.

C'était ainsi que madame de Tècle avait poursuivi d'année en année avec une ferveur inaltérable le projet d'allier et de confondre les deux pures tendresses qui se partageaient son cœur, en unissant sa fille à M. de Camors, et en faisant le bonheur de tous deux. Depuis qu'elle avait conçu ce projet, qui ne pouvait que naître dans une âme aussi chaste qu'elle était tendre, l'éducation de sa fille était devenue le doux roman de sa vie. Elle y rêvait sans cesse. Quand ses grands yeux distraits allaient se perdre dans le feuillage des arbres ou dans un coin du ciel, on pouvait être sûr qu'ils y cherchaient quelque vertu ou quelque grâce nouvelle dont elle pût parer sa fille pour son fiancé idéal. Une préoccupation grave et presque religieuse se mêlait dans l'esprit de madame de Tècle à la partie romanesque de ses desseins. Sans connaître, sans même soupçonner les profondeurs perverses du caractère de M. de Camors, elle comprenait assez que le jeune comte, comme la plupart des hommes de son temps, n'était pas surchargé de principes; mais elle croyait qu'une des missions réservées aux femmes dans notre état social était la rénovation morale de leur mari par l'intimité d'une âme honnête, le sentiment de la famille, les douces religions du foyer. Elle voulait donc, tout en faisant de sa fille une femme aimable et attachante, la préparer au rôle élevé qu'elle lui destinait, et elle ne négligeait rien pour l'orner des qualités qu'il exige.

Quel succès avaient eu ses soins? La suite de ce récit le dira. Il suffit pour le moment d'informer le lecteur que mademoiselle Marie de Tècle était alors une jeune personne d'aspect fort agréable, dont le buste un peu court était bien posé sur des hanches un peu hautes, point belle, mais extrêmement gracieuse, instruite d'ailleurs, plus vive que sa mère dans ses allures et fine comme elle. Elle était même tellement fine, mademoiselle Marie, que sa mère appréhendait par instants qu'elle ne se fût, elle ne savait comment, rendue maîtresse du secret qui la concernait. Quelquefois elle parlait trop de M. de Camors, quelquefois elle n'en parlait pas assez, et prenait, quand les autres en parlaient, des airs mystérieux. Madame de Tècle s'inquiétait un peu de ces bizarreries. Quant à la conduite de M. de Camors et à son attitude plus que réservée, elle s'en inquiétait bien aussi par intervalles, mais, quand on aime les gens, on interprète à leur avantage tout ce qu'ils font et tout ce qu'ils ne font pas, et madame de Tècle attribuait volontiers les façons équivoques de Camors aux inspirations d'une loyauté chevaleresque. Comme elle croyait le connaître, elle jugeait assez naturel qu'il évitât jusqu'à la dernière heure, jusqu'à sa détermination définitive, tout ce qui eût pu l'engager, éveiller le commérage public, compromettre le repos de la mère et de la fille. Peut-être encore la fortune considérable qui semblait promise à mademoiselle de Tècle ajoutait-elle aux scrupules de M. de Camors en inquiétant sa fierté ; enfin il ne se mariait pas, ce qui était de bon augure, et sa petite fiancée arrivait à peine à l'âge du mariage. Il n'y avait donc rien de désespéré, et, d'un jour à l'autre, M. de Camors pouvait tomber à ses pieds et lui dire : « Donnez-la-moi. » Si Dieu ne voulait pas que cette page délicieuse fût jamais écrite au livre de sa destinée, si elle était forcée de marier sa fille à quelque autre, la pauvre femme se disait qu'après tout, les soins qu'elle lui avait prodigués ne seraient point perdus, et que la chère enfant en serait toujours meilleure et plus heureuse.

Les longs mois qui s'écoulaient entre les apparitions annuelles de M. de Camors à Reuilly, remplis pour madame de Tècle par une idée unique et par la douce monotonie d'une vie régulière, passaient plus rapidement que le comte ne pouvait l'imaginer. Sa propre existence si active et si pleine creusait des abîmes et mettrait des siècles entre chacun de ses voyages périodiques ; mais madame de Tècle, après cinq années, était toujours au lendemain de la nuit chère et fatale où son rêve avait commencé. Depuis ce temps, pas une interruption dans sa pensée, pas un vide dans son cœur et pas une ride sur son front. Son rêve était resté jeune comme elle.

Cependant, malgré la paisible et rapide succession des jours, ce n'était jamais sans impatience ni sans trouble qu'elle voyait approcher la saison qui rappelait chaque année M. de Camors dans le pays. A mesure que sa fille grandissait, elle se préoccupait davantage de l'impression qu'elle ferait sur l'esprit du comte, et elle sentait plus vivement la solennité de la circonstance. Mademoiselle Marie, qui était, comme nous l'avons déjà suggéré, une fine mouche, n'avait pas manqué de s'apercevoir que sa tendre mère choisissait habituellement l'époque des sessions du conseil général pour lui essayer de nouvelles coiffures. L'année même où nous avions repris notre récit, il s'était passé à cette occasion une petite scène qui avait plu médiocrement à madame de Tècle. — Elle essayait donc à mademoiselle Marie une coiffure nouvelle : mademoiselle Marie, dont les cheveux étaient très beaux et très noirs, avait pourtant dans le nombre quelques mèches folles et rebelles qui désespéraient sa mère ; il y en avait une, entre autres, qui s'obstinait, quoi qu'on pût faire, à se rebrousser hors du peigne et des rubans, à s'échapper sur le front et à s'y épanouir en rosaces tapageuses. Madame de Tècle avait fini par trouver — elle s'en flattait du moins — un agencement de rubans qui, sans en avoir l'air, fixait décidément cette boucle récalcitrante.

— Comme cela, je crois vraiment que cela tiendra, dit-elle en soupirant et en s'écartant un peu pour contempler son ouvrage.

— Ne le croyez pas trop, ma mère chérie, dit mademoiselle Marie, qui était rieuse et qui avait dans l'esprit une pointe comique; ne le croyez pas trop... Je vois d'ici ce qui se passera... On sonne... j'accours... ma mèche saute... entrée de M. de Camors... ma mère se trouve mal... Tableau!

— Je voudrais bien savoir ce que M. de Camors vient faire là? dit sèchement madame de Tècle.

Sa fille lui sauta au cou.

— *Nothing!* dit-elle.

D'autres fois, mademoiselle de Tècle le prenait, en parlant de M. de Camors, sur le ton d'une amère ironie: c'était — le grand homme, — l'illustre personnage, — l'astre voisin, — le phénix des hôtes de ces bois, — ou simplement — le prince!

De tels symptômes avaient une gravité qui n'échappait point à madame de Tècle. En présence du prince, il est vrai, la jeune fille perdait sa belle humeur; mais c'était une autre contrariété. Sa mère la trouvait froide, gauche, silencieuse, trop brève et légèrement caustique dans ses réponses; elle craignait que M. de Camors ne la jugeât mal sur ces apparences. — M. de Camors ne la jugeait ni bien ni mal; mademoiselle de Tècle était pour lui une fillette gentille et insignifiante à laquelle il ne pensait pas une minute par an.

Il y avait à cette époque, dans le monde, une personne qui l'intéressait davantage et plus même qu'il n'eût voulu : c'était la marquise de Campvallon d'Arminges, née de Luc d'Estrelles. — Le général, après avoir fait visiter à sa jeune femme une partie de l'Europe, l'avait installée dans son hôtel de la rue Vaneau, au sein d'une opulence royale. Ils demeuraient à Paris pendant l'hiver et le printemps; mais le mois de juillet les ramenait au château de Campvallon, où ils résidaient en grande pompe jusqu'à la fin de l'automne. Le général invitait chaque année madame de Tècle et sa fille à passer quelques semaines à Campvallon, jugeant fort sensément qu'il ne pouvait donner à sa jeune femme une compagnie meilleure. Madame de Tècle se rendait volontiers à ces invitations, parce qu'elle y trouvait l'occasion de voir de temps en temps l'élite de ce monde parisien dont son respect pour les manies de son oncle l'avait toujours tenue éloignée. Pour son compte, elle s'en souciait peu; mais sa fille, en se trempant dans ce milieu d'une élégance et d'une distinction suprêmes, pouvait y effacer quelques provincialismes de toilette ou de langage, y préciser son goût sur les choses délicates et fugitives de la mode, y gagner enfin quelques grâces de plus. La jeune marquise, qui régnait et rayonnait alors comme un astre pur dans les plus hautes régions de la vie mondaine, voulait bien se prêter aux vues de sa voisine. Elle paraissait porter elle-même à mademoiselle de Tècle une sorte d'intérêt maternel, et joignait souvent ses conseils à son exemple. Elle la parait, l'attifait, la chiffonnait de ses mains magnifiques, et la jeune fille en retour l'aimait, l'admirait et la redoutait.

M. de Camors profitait aussi chaque année de l'hospitalité du général ; mais ce n'était jamais aussi souvent ni aussi longtemps que son hôte l'eût désiré. Il était rare qu'il séjournât à Campvallon plus d'une semaine. Depuis le retour de la marquise en France, il avait dû reprendre avec elle et son mari les relations d'un parent et d'un ami ; mais, tout en s'efforçant d'y mettre tout le naturel possible, il les entretenait avec une certaine tiédeur qui étonnait le général. Elle n'étonnera pas le lecteur, s'il veut bien se souvenir des raisons secrètes et impérieuses qui justifiaient cette circonspection.

M. de Camors, en renonçant à la plupart des conventions qui lient et obligent les hommes entre eux, en avait cependant prétendu conserver une religieusement, celle de l'honneur. Plus d'une fois, dans le cours de sa vie nouvelle, il avait éprouvé peut-être quelque embarras pour limiter et fixer avec certitude les prescriptions de l'unique loi morale qu'il voulût respecter. Il est très facile de savoir au juste ce qu'il y a dans l'Évangile : il ne l'est pas autant de savoir au juste ce qu'il y a dans le code de l'honneur ; mais il existait du moins dans ce code un article sur lequel M. de Camors ne pouvait se tromper : c'était celui qui lui défendait d'attenter à l'honneur du général, sous peine d'être à ses propres yeux un gentilhomme félon et forfait. Il avait accepté de ce vieillard confiance, affection, services, bienfaits, tout ce qui peut obliger inviolablement un homme envers un autre homme, s'il y a vraiment, sous le ciel, quelque chose qui se nomme l'honneur. Il le sentait profondément. Aussi sa conduite avec madame de Campvallon était-elle irréprochable, et d'autant plus méritoire que la seule femme qu'il lui fût absolument interdit d'aimer était, de toutes les femmes de Paris et de l'univers, celle qui naturellement lui plaisait le plus. Elle avait pour lui tout à la fois l'attrait fatal du fruit défendu, la séduction de son étrange beauté et l'intérêt d'un sphinx impénétrable.

Elle était à cette époque plus déesse que jamais. L'immense fortune de son mari et l'idolâtrie dont il l'entourait l'avait placée sur une nuée d'or où elle s'était assise avec une majesté gracieuse et naturelle comme dans son élément. Le luxe de ses toilettes, de ses bijoux, de sa maison, de ses équipages, était d'une magnificence sévère. Elle y mêlait le goût d'une artiste à celui d'une patricienne. Sa personne semblait réellement s'être divinisée dans le rayonnement de cette splendeur. Grande, blonde, flexible, l'œil bleu et profond, le front grave, la bouche pure et hautaine, il était impossible de la voir entrer dans un salon de son pas léger et glissant, ou passer dans sa voiture à demi couchée, les bras croisés sur le sein, le regard perdu, sans songer aux jeunes immortelles dont l'amour donnait la mort. Elle avait jusqu'à ce trait de physionomie un peu dur et sauvage que les sculpteurs antiques avaient surpris sans doute dans leurs visions surnaturelles, et qu'ils ont fixé dans les yeux et sur les lèvres de leurs marbres olympiens. Ses bras et ses épaules, d'une forme parfaite, semblaient modelés dans cette neige rose et immaculée qui couvre les montagnes vierges. Elle était enfin superbe et charmante.

Le monde parisien la respectait autant qu'il l'admirait ; car, dans son rôle difficile de jeune femme d'un vieux mari, elle ne prêtait à aucune médisance. Sans affecter une dévotion extraordinaire, elle savait allier à ses pompes mondaines les patronages charitables et toutes les hautes pratiques de l'élégance pieuse. Madame de la Roche-Jugan, qui la surveillait de près comme on surveille une proie, en rendait elle-même bon témoignage, et la jugeait de plus en plus digne de son fils. M. de Camors, qui, de son côté, l'observait malgré lui avec une ardente curiosité, était en général porté à croire, comme sa tante et comme le monde, qu'elle remplissait en conscience son rôle délicat, et qu'elle trouvait dans l'éclat de sa vie et dans les satisfactions de son orgueil une compensation suffisante de sa jeunesse, de son cœur et de sa beauté sacrifiés. Cependant, certains souvenirs du passé, se joignant à certaines bizarreries qu'il se figurait remarquer dans les façons de la marquise, le disposaient à la défiance. Il y avait des heures où, se rappelant tout ce qu'il avait autrefois entrevu d'abîmes et de flammes au fond de ce cœur, il était tenté de soupçonner sous ces calmes apparences tous les orages et peut-être toutes les corruptions. Il est vrai qu'elle n'était pas tout à fait avec lui ce qu'elle était avec tout le monde. Le caractère de leurs relations était marqué d'une nuance particulière : c'était cette sorte d'ironie couverte dont le ton s'établit souvent entre deux personnes qui ne veulent ni se souvenir ni oublier. Cette nuance, tempérée dans le langage de M. de Camors par le savoir-vivre et le respect, était beaucoup plus accentuée et parfois jusqu'à l'amertume dans celui de la jeune femme. Il s'imaginait même par instants sentir une pointe de coquetterie sous ce manège, et cette provocation, si vague qu'elle fût, de la part de cette belle, froide et impassible créature, lui paraissait un jeu aussi effrayant que mystérieux. Cela l'attirait et l'inquiétait.

Ils en étaient là quand M. de Camors, étant venu, comme à l'ordinaire, passer les premiers jours de septembre au château de Campvallon, s'y rencontra avec madame de Tècle et sa fille. Ce séjour fut douloureux cette année-là pour madame de Tècle. Sa confiance s'ébranlait, et sa conscience commençait à s'alarmer. Elle avait, il est vrai, fixé dans sa pensée le dernier terme de ses espérances au moment où sa fille atteindrait vingt ans, et Marie n'en avait que dix-huit; mais enfin on la lui avait déjà demandée, le bruit public l'avait mariée plusieurs fois, M. de Camors ne pouvait ignorer ces rumeurs, qui couraient dans le pays, et cependant il se taisait, sa contenance ne variait pas ; elle était avec madame de Tècle gravement affectueuse, et, avec mademoiselle Marie, malgré ses beaux yeux maternels et sa boucle domptée, elle était d'une insouciance glaciale.

M. de Camors avait d'autres préoccupations dont madame de Tècle ne se doutait guère. Les procédés de madame de Campvallon à son égard semblaient prendre depuis son arrivée au château une couleur plus marquée de railleuse agression. La situation défensive n'est jamais agréable pour un homme, et Camors s'y sentait plus gauche qu'un autre, en ayant l'habitude moins que personne. Il résolut tout uniment d'abréger son séjour à Campvallon.

La veille de son départ, vers cinq heures du soir, comme il était à sa fenêtre, regardant au-dessus des arbres du parc de gros nuages livides qui s'amoncelaient dans la vallée, il entendit le son d'une voix qui avait le don de le troubler profondément :

— Monsieur de Camors !

Il vit la marquise arrêtée sous sa fenêtre.

— Vous promenez-vous un peu ? ajouta-t-elle.

Il la salua, et descendit aussitôt.

Dès qu'il fut près d'elle :

— On étouffe, n'est-ce pas ? Je vais faire un tour de parc, et je vous emmène, lui dit-elle.

Il murmura quelques mots de politesse, et ils se mirent en marche côte à côte à travers les allées tournantes du parc. — Elle s'avançait d'un pas rapide, avec son étrange majesté, son corps pliant, sa tête droite et un peu relevée sous sa toque : on cherchait un page derrière elle ; mais il n'y en avait pas, et sa longue robe bleue (elle portait rarement des jupes courtes) traînait sur le sable et sur les feuilles sèches avec un bruit cadencé et régulier de soie froisée.

— Je vous ai dérangé peut-être, reprit-elle au bout d'un instant. A quoi rêviez-vous là-haut ?

— A rien... je regardais l'orage qui nous arrive.

— Devenez-vous poétique, mon cousin ?

— Je n'ai pas besoin de le devenir, ma cousine... je le suis infiniment.

— Je ne pensais pas... Vous partez toujours demain ?

— Toujours.

— Pourquoi sitôt ?

— J'ai des affaires là-bas.

— Eh bien... et Vatro... Vautrot... — comment ? n'est-il pas là ?

Vautrot était le secrétaire de Camors.

— Vautrot ne peut pas tout faire, dit-il.

— Ah !... Il me déplaît passablement, votre Vautrot, par parenthèse.

— Et à moi aussi... mais il m'a été recommandé à la fois par ma vieille amie madame d'Oilly comme philosophe, et par ma tante de la Roche-Jugan comme ancien séminariste...

— Quelle bêtise !

— D'ailleurs, reprit Camors, il est instruit, et il a une belle écriture.

— Et vous?

— Comment... et moi?

— Avez-vous une belle écriture?

— Je vous le montrerai, quand vous le voudrez.

— Ah! Et qu'est-ce que vous m'écrirez?

Il est difficile d'imaginer le ton d'indifférence souveraine et de persiflage hautain avec lequel la marquise soutenait ce dialogue bizarre, sans jamais ralentir son pas, ni donner un regard à son interlocuteur, ni modifier la pose fière et directe de sa tête.

— Je vous écrirai de la prose... ou des vers, à votre gré, dit Camors.

— Ah! vous savez faire des vers?

— Quand je suis inspiré.

— Et quand êtes-vous inspiré?

— Généralement, le matin.

— Et nous sommes au soir... ce n'est pas poli pour moi.

— Vous, madame, vous n'avez pas la prétention de m'inspirer, je pense?

— Pourquoi donc ça? J'en serais heureuse et fière... Savez-vous ce que je veux mettre là!

Elle s'était arrêtée tout à coup devant un pont rustique jeté sur une étroite rivière.

— Je ne m'en doute pas.

— Vous ne savez donc rien deviner? — J'y veux mettre un rocher artificiel, mon cousin.

— Pourquoi pas naturel, ma cousine? Moi, pendant que j'y serais, je le mettrais naturel.

— C'est une idée, dit la marquise en reprenant sa marche et en traversant le pont. — Mais il tonne vraiment... J'adore le tonnerre à la campagne... et vous?

— Moi, je le préfère à Paris.

— Pourquoi?

— Parce que je ne l'entends pas.

— Vous n'avez aucune imagination.

— J'en ai, mais je l'étouffe.

— Très possible. Je vous soupçonne de cacher, en général, vos mérites... et à moi en particulier.

— Pourquoi vous cacherais-je mes mérites?

— « Cacherais-je » est ravissant!... Pourquoi? Mais par charité... pour ne pas m'éblouir... par égard pour mon repos... Vous êtes vraiment trop bon, je vous assure... Ah çà! mais voilà de l'eau maintenant.

De larges gouttes de pluie commençaient, en effet, à crépiter dans le feuillage et à s'étaler sur le sable jaune de l'allée; le jour s'abaissait de plus en plus, et de soudaines rafales courbaient la cime des arbres.

— Il faut retourner, dit la jeune femme, cela devient grave.

Elle reprit avec un peu de hâte le chemin du château; mais, au bout de quelques pas, un éclair blanc déchira brusquement la nue au-dessus de leurs têtes, un bruyant éclat de tonnerre retentit et un déluge de pluie fondit sur la campagne.

Il y avait heureusement près de là un abri où la marquise et son compagnon purent se jeter. C'était une ruine qu'on avait conservée pour l'ornement du parc, et qui avait été la chapelle de l'ancien château. Elle avait presque les dimensions d'une église de village. Les murailles, à peu près intactes, disparaissaient sous un épais manteau de lierre ; des arbustes avaient poussé sur le faîte, et se mêlaient aux branches des vieux arbres qui entouraient la ruine et l'ombrageaient. La charpente n'existait plus : l'extrémité du chœur et l'emplacement qu'avait dû occuper l'autel étaient seuls couverts par un reste de toiture. Il y avait là un encombrement de brouettes, de bêches, de râteaux et d'outils de toute sorte que les jardiniers avaient l'habitude d'y retirer. La marquise courut se réfugier au milieu de ce pêle-mêle, dans cet étroit espace, et son compagnon l'y suivit.

L'orage cependant redoublait de violence ; la pluie tombait par nappes dans l'enceinte des vieilles murailles, inondant le sol bas de l'ancienne nef ; les éclairs se succédaient presque sans intervalles, et par instants des fragments de gravier se détachaient de la voûte et venaient s'écraser sur les dalles du petit chœur.

— Moi, je trouve cela très beau, dit madame de Campvallon.

— Moi également, dit Camors en levant les yeux vers la voûte disloquée qui les protégeait à demi ; mais je ne sais pas en vérité si nous sommes en sûreté ici.

— Si vous avez peur, allez-vous-en, dit la marquise.
— J'ai peur pour vous.
— Vous êtes trop bon, je vous dis!

Elle ôta sa toque et se mit à la brosser tranquillement avec son gant pour y effacer quelques gouttes de pluie.

Après une pause, elle releva soudain sa tête nue, et, adressant à Camors un de ces regards profonds qui préparent un homme à quelque question redoutable :

— Cousin, dit-elle, si vous étiez sûr qu'un de ces beaux éclairs dût vous tuer dans un quart d'heure... qu'est-ce que vous feriez?

— Mais, dit Camors, ma cousine, naturellement... je vous ferais mes adieux.

— Comment?

Il la regarda en face à son tour.

— Savez-vous, dit-il, qu'il y a des moments où je suis tenté de vous croire diabolique?

— Véritablement? Eh bien, il y a des moments où je suis tentée de le croire moi-même. Par exemple, dans ce moment-ci, savez-vous ce que je voudrais. Je voudrais disposer de la foudre... et, dans deux minutes, vous n'existeriez plus.

— Parce que?

— Parce que je me souviens... je me souviens qu'il y a un homme à qui je me suis offerte et qui m'a refusée... et que cet homme est vivant... et que cela me déplaît un peu... beaucoup... passionnément.

— Est-ce sérieux, madame? reprit Camors, — pour dire quelque chose.

Elle se mit à rire.

— Vous ne le croyez pas, j'espère, dit-elle. Je ne suis pas si méchante... C'était une plaisanterie, et même d'un goût médiocre, j'en conviens... mais sérieusement maintenant, monsieur et cousin, que pensez-vous de moi? quelle femme pensez-vous que je sois devenue avec les temps?

— Je vous jure que je l'ignore absolument

— Admettons que je fusse devenue, comme vous me faisiez l'honneur de le supposer tout à l'heure, une personne diabolique, croyez-vous que vous n'y seriez pour rien, dites-moi? Ne croyez-vous pas qu'il y a dans la vie des femmes une heure décisive où un mauvais germe qu'on jette dans leur âme peut y pousser de terribles moissons? Ne croyez-vous pas cela, dites?... et que je serais excusable si j'avais envers vous les sentiments d'un ange exterminateur?... et que j'ai quelque mérite à être ce que je suis, une bonne femme, très simple, qui vous aime bien... avec un peu de rancune, mais pas beaucoup... et qui, en somme, vous souhaite toute sorte de prospérités en ce monde et dans l'autre?... Ne me répondez pas, cela vous embarrasserait, et c'est inutile.

Elle sortit de son abri et alla tendre son visage sous le ciel découvert comme pour voir où en était l'orage.

— C'est fini, dit-elle. Allons-nous-en.

Elle s'aperçut alors que la partie inférieure de la ruine était transformée en un véritable lac d'eau et de boue : elle s'arrêta au bord des degrés du chœur, et laissa échapper un petit cri.

— Comment faire? dit-elle en regardant ses chaussures légères.

Puis, se retournant vers Camors :

— Monsieur, allez me chercher un bateau!

Camors recula lui-même au moment de poser le pied dans la fange grasse et dans l'eau stagnante qui remplissaient toute l'enceinte de la nef.

— Veuillez attendre un peu, dit-il : je vais aller vous chercher des bottes, des sabots, n'importe quoi.

— Beaucoup plus simple! dit-elle avec un mouvement de résolution brusque. Vous allez me porter jusqu'à l'entrée.

Et, sans attendre la réponse du jeune homme, elle s'occupa d'enrouler le bas de ses jupes avec beaucoup de soin, et, quand elle eut fait :

— Portez-moi, dit-elle.

Il la regardait avec étonnement, s'imaginant qu'elle plaisantait encore; mais elle était d'un grand sérieux.

— De quoi avez-vous peur? reprit-elle.

— Je n'ai pas peur.

— Est-ce que vous n'êtes pas assez fort?

— Mon Dieu, je crois que si!

Il l'enleva dans ses bras comme dans un berceau, pendant qu'elle maintenait sa robe de ses deux mains, puis il descendit les degrés et se dirigea vers la porte avec son étrange fardeau. Il avait quelques précautions à prendre pour ne pas glisser sur le sol inondé, et cela l'absorba pendant les premiers pas; mais, quand son pied fut affermi, il eut la curiosité naturelle d'observer la contenance de la marquise. La tête nue de la jeune femme reposait, un peu renversée, sur le bras qui la soutenait; ses lèvres étaient entr'ouvertes par un sourire presque méchant qui laissait voir ses dents fines et blanches comme du lait; — la même expression de malice farouche brillait dans ses yeux sombres, qui s'attachèrent pendant deux secondes sur ceux de Camors avec une persistance pénétrante, puis se voilèrent soudain sous la frange bleuâtre de ses paupières. — Il eut comme le sentiment d'un éclair qui lui eût traversé la moelle des os.

— Voulez-vous me rendre fou? murmura-t-il.

— Qui sait? dit-elle.

Au même instant, elle s'échappa de ses bras, et, posant ses pieds à terre, elle sortit de la ruine.

Ils regagnèrent le château sans échanger un mot. Près d'entrer dans le salon seulement, la jeune marquise se retourna vers Camors, et lui dit :

— Soyez sûr qu'au fond je suis très bonne... vraiment!

Malgré cette affirmation, M. de Camors s'empressa de partir le lendemain matin, comme il l'avait d'ailleurs décidé.

Il emportait de la scène de la veille une impression

des plus pénibles. Elle avait blessé son orgueil, exalté son impossible passion, inquiété son honneur. Qu'était cette femme, et que lui voulait-elle? Était-ce l'amour ou la vengeance qui lui inspirait cette coquetterie infernale? Quoi qu'il en fût, M. de Camors n'était pas assez novice dans les aventures de ce genre pour ne pas apercevoir clairement l'abîme entr'ouvert sous la glace rompue : aussi résolut-il sincèrement de la refermer entre eux pour jamais. Le meilleur procédé pour y réussir eût été assurément de cesser toutes relations avec la marquise; mais comment expliquer cette conduite au général, sans éveiller ses soupçons et sans risquer de perdre sa femme dans son esprit? Cela était impossible. Il s'arma donc de tout son courage, et se résigna à subir d'une âme inerte toutes les épreuves que l'inimitié véritable ou feinte de la marquise pouvait encore lui réserver.

II

Il eut à cette époque une idée singulière. Il était membre de plusieurs cercles et des plus aristocratiques. Il eut la pensée de réunir un certain groupe d'hommes, choisis parmi l'élite de ses collègues, et de former avec eux une association secrète qui aurait pour objet de fixer et de maintenir entre ses membres les principes du point d'honneur dans leur plus stricte sévérité. Cette société, dont on a parlé vaguement dans le public sous le nom de société des *Raffinés* et aussi des *Templiers*, — qui était son véritable nom, — n'avait rien de commun avec les *Dévorants*, illustrés par Balzac. Elle n'avait aucun caractère romanesque ni dramatique. Ceux qui en faisaient partie ne prétendaient en aucune façon se mettre en dehors de la morale commune, ni au-dessus des lois du pays. Ils ne se liaient par aucun serment d'assistance mutuelle à outrance. Ils s'engageaient simplement sur leur parole à observer dans leurs rapports réciproques les règles les plus pures de l'honneur. Ces règles étaient précisées dans leur code. Il est assez difficile de savoir exactement quel en était le texte; mais il semble qu'elles aient concerné à peu près uniquement les questions d'honneur familières entre hommes dans les régions spéciales du cercle, du jeu, du sport, du duel et de la galanterie. C'était, par exemple, forfaire à l'honneur et se disqualifier, étant membre de cette association, que de s'attaquer soit à la femme, soit à la maîtresse d'un de ses confrères. Il n'y avait d'autre sanction pénale que l'exclusion; mais les conséquences de l'exclusion étaient graves, chacun des affiliés cessant dès ce moment de connaître et même de saluer le membre indigne. Les *Templiers* trouvaient dans cette secrète entente un avantage précieux : c'était la sûreté particulière de leurs relations entre eux dans les différentes circonstances de la vie mondaine où ils se trouvaient chaque jour, soit dans les coulisses, soit dans les salons, soit autour des tables du cercle, soit dans les tribunes du turf.

Parmi ses compagnons et ses émules de la haute vie parisienne, Camors était sans doute une exception pour la profondeur et la décision systématique de ses doctrines : il n'en était pas une quant au scepticisme absolu et au matérialisme pratique; mais le besoin d'une loi morale est si naturel à l'homme, et il lui est si doux d'obéir à un frein élevé, que les adeptes choisis auxquels le projet de Camors fut d'abord soumis l'accueillirent avec enthousiasme, heureux de substituer une sorte de religion positive et formelle, si restreintes qu'en fussent les limites, aux confuses et flottantes notions de l'honneur courant. Pour Camors lui-même, on le devine, c'était une barrière nouvelle qu'il entendait élever entre lui et la passion qui le fascinait. Il se liait ainsi, avec une force redoublée, du seul lien moral qui lui restât. Il compléta son œuvre en faisant accepter au général la présidence de l'association. Le général, pour qui l'honneur était une sorte de déité mystérieuse, mais réelle, fut enchanté de présider au culte de son idole. Il sut bon gré à son jeune ami de sa conception, et l'en estima encore davantage.

On était arrivé au milieu de l'hiver. La marquise de Campvallon avait repris depuis longtemps le train de sa vie à la fois sévère et élégant, exacte à l'église le matin, au Bois et aux ventes de charité dans la journée, à l'Opéra ou aux Italiens le soir. Elle avait revu M. de Camors sans ombre d'émotion apparente, et l'avait même traité avec plus de naturel et de simplicité qu'autrefois : aucun retour sur le passé, aucune allusion à la scène du parc pendant l'orage, comme si elle eût épanché ce jour-là, une fois pour toutes, ce qu'elle avait sur le cœur. Cela ressemblait à de l'indifférence. M. de Camors eût dû en être ravi, et il en était fâché. Un intérêt cruel, mais puissant et déjà trop cher à son âme blasée, disparaissait ainsi de sa vie. Il inclinait à croire décidément que madame de Campvallon était d'un caractère beaucoup moins profond et moins compliqué qu'il ne se l'était figuré, qu'elle s'était éteinte peu à peu dans la banalité mondaine, et qu'elle était devenue en réalité ce qu'elle prétendait être, une bonne personne contente de son sort et inoffensive.

Il était un soir dans sa stalle, à l'orchestre de l'Opéra. On donnait *les Huguenots*. La marquise occupait sa loge entre les colonnes. Diverses rencontres que fit Camors dans les couloirs pendant les premiers entr'actes l'empêchèrent d'aller rendre aussitôt qu'à l'ordinaire ses hommages à sa cousine. Enfin, après le quatrième acte, il alla la saluer dans sa loge, où il la trouva seule, le général étant descendu au foyer. Il fut étonné, en entrant, de voir sur les joues de la jeune femme des traces de larmes récentes : ses yeux, d'ailleurs, étaient tout humides. Elle parut mécontente d'être surprise en flagrant délit d'attendrissement.

— La musique me fait toujours un peu mal aux nerfs, dit-elle.

— Allons! répondit Camors, vous qui me reprochez de cacher mes mérites, pourquoi cacher les vôtres? Si vous êtes encore capable de larmes, tant mieux !

— Mais non, dit-elle. Je n'ai aucun mérite à cela...

Ah! mon Dieu! si vous saviez... c'est tout le contraire.

— Quel mystère vous êtes!

— Êtes-vous bien curieux de le connaître, ce mystère?... tant que cela? Eh bien, soyez heureux... Aussi bien il est temps d'en finir...

Elle écarta un peu son fauteuil du bord de la loge et de la vue du public, se tourna vers Camors et reprit :

— Vous voulez donc savoir ce que je suis, ce que je sens, ce que je pense... ou plutôt simplement vous voulez savoir si je songe à l'amour... Eh bien, je ne songe qu'à cela. — Quoi encore?... Si j'ai des amants ou si je n'en ai pas? — Je n'en ai pas, et je n'en aurai jamais, — non par vertu, — je ne crois à rien, — mais par estime de moi et par mépris des autres... Ces petites intrigues, ces petites passions, ces petites amours que je vois dans le monde me soulèvent le cœur... Il faut vraiment que les femmes qui se donnent pour si peu soient de basses créatures! Quant à moi, je me rappelle vous l'avoir dit un jour, — il y a mille ans de cela! — ma personne m'est sacrée, et, pour commettre un sacrilège, je voudrais, comme les vestales de Rome, un amour aussi grand que mon crime, aussi terrible que la mort... J'ai pleuré tout à l'heure pendant ce magnifique quatrième acte. Ce n'était pas seulement parce que j'entendais la plus merveilleuse musique qu'on ait jamais entendue sur la terre, c'est parce que j'admirais, parce que j'enviais passionnément les superbes amours de ces temps-là... Et c'était vraiment ainsi! Quand je lis les histoires de ce beau xvi⁰ siècle, je suis en extase. Comme ces gens-là savaient aimer... et mourir! Une nuit d'amour, et ils meurent! C'est charmant! — Voilà, mon cousin; maintenant, allez-vous-en : on nous regarde. On va croire que nous nous aimons, et, comme nous n'avons pas ce plaisir-là, il est inutile d'en récolter les désagréments. D'ailleurs, je suis encore en pleine cour de Charles IX, et vous me faites pitié avec votre habit noir et votre chapeau rond. Bonsoir.

— Je vous remercie beaucoup, dit Camors.

Il prit la main qu'elle lui tendait avec indifférence et sortit de la loge.

Il rencontra M. de Campvallon dans le couloir.

— Parbleu! mon cher ami, dit le général en lui saisissant le bras, il faut que je vous communique une idée qui m'a travaillé toute la soirée.

— Quelle idée, général?

— Eh bien, il y avait là, ce soir, un tas de petites jeunes personnes ravissantes... Ça m'a fait penser à vous. Je l'ai même dit à ma femme : « Il faut marier Camors à une de ces jeunesses-là! »

— Oh! général!

— Eh bien, quoi?

— C'est bien grave. Si l'on se trompe dans son choix... ça va loin!

— Bah! bah! ce n'est pas si difficile que ça... Prenez-moi une femme comme la mienne... qui ait beaucoup de religion, peu d'imagination et pas de tempérament... Voilà tout le secret!... je vous dis ça entre nous, mon cher.

— Enfin, général, j'y penserai.

— Pensez-y, dit le général d'un air profond.

Et il alla retrouver sa jeune femme, qu'il connaissait si bien.

Quant à elle, elle se connaissait bien elle-même, et s'était définie avec une étonnante vérité. Madame de Campvallon n'était pas, d'ailleurs, à sa manière, plus que M. de Camors à la sienne, une exception dans le monde parisien, quoique deux âmes aussi énergiques et deux esprits aussi bien doués en dussent pousser les communes dépravations à un degré rare.

L'atmosphère artificielle de la haute civilisation parisienne enlève aux femmes, en effet, le sentiment et le goût du devoir, ne leur laissant que le sentiment et le goût du plaisir. Elles perdent, dans ce milieu éclatant et faux comme une féerie de théâtre, la notion vraie de la vie en général, de la vie chrétienne en particulier, et il est permis d'affirmer que toutes celles qui ne se font pas, à l'écart du tourbillon, une sorte de thébaïde (il y en a), sont des païennes. Elles sont des païennes, parce que les voluptés des sens et de l'esprit les intéressent seules, et qu'elles n'ont pas une fois par an une idée, une impression de l'ordre moral, à moins qu'elles n'y soient forcément rappelées par la maternité, — que quelques-unes détestent; elles sont des païennes, comme les belles catholiques profanes du xvi° siècle, amoureuses du luxe, des riches étoffes, des meubles précieux, des lettres, des arts, d'elles-mêmes et de l'amour; elles sont des païennes charmantes comme Marie Stuart, et capables comme elle de se retrouver chrétiennes sous la hache.

Nous parlons, bien entendu, des meilleures, de l'élite, de celles qui lisent, qui pensent, qui rêvent. Quant aux autres, celles qui ne prennent de la vie de Paris que les petits côtés et l'étourdissement puéril. ces folles affairées qui se visitent, se donnent rendez-vous, s'entraînent, s'habillent, commèrent, s'agitent jour et nuit dans le néant, et dansent avec une sorte de frénésie dans les rayons du soleil parisien, sans pensées, sans passions, sans vertus, et même sans vices, — il faut avouer qu'il est impossible de rien imaginer de plus méprisable.

La marquise de Campvallon était donc bien véritablement, comme elle l'avait dit à cet homme qui lui ressemblait, une grande païenne; comme elle l'avait dit encore, — à l'une de ces heures solennelles où la destinée des femmes hésite et se décide, le plus souvent sous l'influence de celui qu'elles aiment, M. de Camors avait jeté dans son esprit et dans son cœur une semence qui avait merveilleusement fructifié.

Camors ne songea guère à se le reprocher; mais, frappé de toutes les harmonies qui le rapprochaient de la marquise, il regretta plus amèrement que jamais les fatalités qui les séparaient. — Se sentant, d'ailleurs, plus sûr de lui depuis qu'il s'était enchaîné lui-même par des obligations d'honneur plus strictes, il s'abandonna dès ce moment avec moins de scrupule aux curiosités et aux émotions d'un danger contre lequel il se croyait invinciblement protégé. Il ne craignait pas de rechercher plus souvent la société de sa belle cousine, et contracta même l'habitude d'entrer chez elle une ou deux fois par semaine en sortant de la Chambre. Quand il la trouvait seule, leur entretien prenait invariablement de part et d'autre le tour ironique et sourdement provocant où ils excellaient tous deux. Il n'avait pas oublié la confidence hardie de l'Opéra, et il la lui rappelait volontiers, lui demandant si elle avait enfin découvert le héros d'amour qu'elle cherchait, et qui devait être, suivant lui, un scélérat comme Bothwell, ou un musicien comme Rizzio.

— Il y a, répondait-elle, des scélérats qui sont en même temps musiciens... Chantez-moi donc quelque chose, à propos.

Vers la fin de l'hiver, la marquise donna un bal, ses fêtes avaient une juste renommée de magnificence et de bon goût. Elle en faisait les honneurs avec une grâce souveraine. Ce soir-là, elle avait une toilette très simple, comme il sied à une maîtresse de maison courtoise : une longue robe de velours sombre, les bras nus sans bijoux, un collier de grosses perles sur son sein rose, et pour coiffure sa couronne héraldique posée sur l'édifice léger de ses cheveux blonds. Camors surprit son regard quand il entra, comme si elle l'eût attendu. Il était venu la voir dans la soirée précédente, et il y avait eu entre eux une escarmouche plus vive qu'à l'ordinaire. Il fut saisi de son éclat. Sa beauté, surexcitée sans doute par les ardeurs secrètes de la lutte et comme illuminée par une flamme intérieure, avait la splendeur fine et pleine d'un albâtre transparent. Quand il fut parvenu à la joindre et à la saluer, cédant malgré lui à un mouvement d'admiration passionnée :

— Vous êtes vraiment belle, ce soir, à faire commettre un crime !...

Elle le regarda fixement dans les yeux.

— Je voudrais voir cela ! dit-elle.

Et elle s'éloigna avec sa nonchalance superbe.

Le général s'était approché, et, frappant sur l'épaule du comte :

— Camors, lui dit-il, vous ne dansez pas comme à l'ordinaire... Faisons-nous un piquet ?

— Volontiers, général.

Et tous deux, traversant deux ou trois salons, gagnèrent le boudoir particulier de la marquise, petite pièce de forme ovale, fort haute, et tendue d'une épaisse soie rouge semée de fleurs noires et blanches. Quoique les portes fussent enlevées, deux lourdes portières isolaient complètement ce réduit de la galerie voisine. C'était là que le général avait coutume de jouer et quelquefois de dormir pendant ses fêtes.

Une petite table à jeu était dressée devant un divan. Sauf ce détail, le boudoir conservait son aspect familier de tous les jours, ouvrages de femme commencés, livres, journaux et revues épars sur les meubles.

Après deux ou trois parties, que le général gagna (Camors était distrait) :

— Je me reproche, jeune homme, dit M. de Campvallon, de vous enlever si longtemps à ces dames... Je vous rends votre liberté... Je vais jeter les yeux sur les journaux.

— Il n'y a rien de neuf, je crois, dit Camors en se levant.

Il prit lui-même un journal, et s'installa le dos contre la cheminée, se chauffant les pieds tour à tour. Le général, appesanti sur le divan, parcourut *le Moniteur de l'Armée*, approuva quelques promotions militaires, en blâma d'autres, et peu à peu s'assoupit, la tête penchée sur sa poitrine.

M. de Camors ne lisait pas. Il écoutait vaguement la musique de l'orchestre et rêvait. A travers les harmonies, les rumeurs et les chauds parfums du bal, il suivait par la pensée toutes les évolutions de celle qui en était la maîtresse et la reine : il voyait son pas souple et fier, il entendait sa voix grave et musicale, il respirait son souffle. — Ce jeune homme avait tout usé : l'amour et le plaisir n'avaient plus pour lui ni secrets ni tentations; mais son imagination blasée et vieillie se réveillait tout enflammée devant ce beau marbre vivant et palpitant. Cette beauté pure, sévère et dévorée de feux, le troublait jusqu'au fond des veines. Elle était vraiment pour lui plus qu'une femme, plus qu'une mortelle. Les fables antiques, les déesses amoureuses, les bacchantes enivrées, les voluptés surhumaines, l'inconnu et l'impossible dans le plaisir terrestre, — tout était vrai, réel, possible, à deux pas, sous sa main, — et il n'était séparé de tout cela que par l'ombre importune de ce vieillard endormi! — Mais cette ombre enfin, c'était l'honneur...

Ses yeux, comme perdus dans sa rêverie, étaient fixés devant lui, sur la portière qui faisait face à la cheminée. — Tout à coup cette portière se souleva, presque sans bruit, et la marquise présenta sous les plis de la draperie son jeune front couronné. — Elle embrassa d'un regard l'intérieur du boudoir, et, après une pause, elle laissa retomber doucement la portière, et s'avança directement vers Camors étonné et immobile. — Elle lui prit les deux mains sans parler, le regarda profondément, jeta encore un rapide coup d'œil sur son mari endormi; puis, se dressant un peu sur ses pieds, elle tendit ses lèvres au jeune homme. — Il eut le vertige, oublia tout, se pencha, et lui obéit.

A la même minute, le général fit un brusque mouvement et s'éveilla; mais déjà la marquise était devant lui, les deux mains posées sur la table à jeu, et lui souriant :

— Bonjour, mon général, dit-elle.

Le général murmurant quelques mots d'excuse, elle le repoussa gaiement sur son divan.

— Continuez donc, ajouta-t-elle ; je venais chercher mon cousin pour un bout de cotillon.

Et elle reprit le chemin de la galerie. Camors, pâle comme un spectre, la suivit. En passant sous la portière, elle se retourna et lui dit à demi-voix :

— Voilà le crime !

Puis elle se perdit dans la foule, qui remplissait encore les salons.

M. de Camors n'essaya pas de la rejoindre, et il lui parut qu'elle-même l'évitait. — Un quart d'heure plus tard, il quittait l'hôtel de Campvallon.

Il rentra aussitôt chez lui. Une lampe était allumée dans sa chambre. Quand il se vit dans la glace en passant, il se fit peur. — Cette scène effroyable l'avait atterré. Il n'était plus temps de s'y tromper : son élève était devenue son maître. Le fait en soi n'avait rien de surprenant. Les femmes s'élèvent plus haut que nous dans la grandeur morale : il n'y a pas de vertu, pas de dévouement, pas d'héroïsme où elles ne nous dépassent ; mais, une fois lancées dans les abîmes, elles y tombent plus vite et plus bas que les hommes. Cela tient à deux causes : elles ont plus de passion, et elles n'ont point d'honneur.

Car enfin cet honneur est quelque chose, et il ne faut pas le diffamer. L'honneur est d'un usage noble, délicat, salutaire. Il rehausse les qualités viriles. C'est la pudeur de l'homme. Il est quelquefois une force, toujours une grâce. — Mais penser que l'honneur suffise à tout, qu'en face des grands intérêts, des grandes passions, des grandes épreuves de la vie, il soit un soutien et une défense infaillibles, qu'il supplée aux principes venus de plus haut, et qu'enfin il remplace Dieu, — c'est commettre une grave méprise : c'est s'exposer à perdre en quelque minute fatale toute estime de soi, et à tomber tout à coup pour jamais dans ce sombre océan d'amertume où le comte de Camors, en cet instant même, se débattait avec désespoir, comme un naufragé au sein de la nuit.

Il livra en lui-même pendant cette nuit néfaste un dernier combat plein d'angoisses, et le perdit. Le lendemain soir, à six heures, il était chez la marquise.

Il la trouva dans sa chambre, entourée de son luxe royal. Elle était à demi couchée sur une causeuse au coin du feu, un peu pâle et fatiguée. Elle le reçut avec son aisance et sa froideur ordinaires.

— Bonjour, lui dit-elle; vous allez bien?

— Pas trop, dit Camors.

— Pourquoi donc ça?

— J'imagine que vous vous en doutez.

Elle le regarda avec de grands yeux étonnés et ne répondit pas.

— Je vous en supplie, madame, reprit Camors en souriant, plus de musique, car la toile est levée et le drame commence.

— Ah! voyons cela!

— M'aimez-vous, dit-il, ou avez-vous simplement prétendu m'éprouver hier au soir? Pouvez-vous et voulez-vous me le dire?

— Je le pourrais certainement, mais je ne le veux pas.

— Je vous aurais crue plus franche.

— J'ai mes heures.

— Eh bien, reprit Camors, si l'heure de la franchise est passée pour vous, elle est venue pour moi...

— Cela fait compensation, dit-elle.

— Et je vais vous le prouver, poursuivit Camors.

— Je m'en fais une fête, dit la marquise en s'assujettissant doucement sur sa causeuse, comme quelqu'un qui se met à l'aise pour mieux jouir d'une circonstance agréable.

— Moi, madame, je vous aime... et comme vous voulez être aimée... Je vous aime ardemment et mortellement, assez pour me faire tuer, et assez pour vous tuer.

— Bon, cela! dit la marquise à demi-voix.

— Mais, continua-t-il d'un accent sourd et contenu, en vous aimant, en vous le disant, en essayant de vous faire partager mon amour, je viole indignement des obligations d'honneur que vous connaissez, — d'autres même que vous ignorez. C'est un crime, vous l'avez dit. Je ne cherche pas à m'atténuer ma faute. Je la vois, je la juge et je l'accepte. Je brise le dernier lien moral qui me restât. Je sors des rangs des hommes d'honneur, je sors même des rangs de l'humanité... Je n'ai plus rien d'humain que mon amour, rien de sacré que vous; mais il faut que mon crime se sauve au moins par quelque grandeur... Eh bien, voici comment je le conçois... Je conçois deux êtres également libres et forts s'aimant et s'estimant seuls l'un l'autre par-dessus tout, n'ayant d'affection, de dévouement, de loyauté, d'honneur que l'un pour l'autre, mais ayant tout cela entre eux à un degré suprême. Je vous donne et je vous consacre absolument ma personne, tout ce que je peux être et tout ce que je puis devenir, à la condition d'un retour égal... Restons dans la convention sociale, hors de laquelle nous serions misérables tous deux... Secrètement unis et secrètement isolés sur des hauteurs inconnues, au milieu de la foule humaine, la dominant et la méprisant, mettons en commun nos dons, nos facultés, nos puissances, nos deux royautés parisiennes, la vôtre, qui ne peut grandir, la mienne, qui grandira, si vous m'aimez... et vivons ainsi l'un par l'autre et l'un pour l'autre jusqu'à la mort... Vous rêviez, disiez-vous, des amours étranges et presque sacrilèges, en voilà un. — Seulement, avant de l'accepter, songez-y bien, car je vous atteste que cela est fort sérieux. Mon amour pour vous est immense... Je vous aime assez pour dédaigner et fouler aux pieds ce que les derniers des hommes respectent encore... Je vous aime assez pour trouver en vous seule, en votre seule estime, en votre seule tendresse, dans l'orgueil et dans l'ivresse d'être à vous... l'oubli et la consolation de l'amitié outragée, de la foi trahie, de l'honneur perdu!... Mais, madame, c'est là un sentiment avec lequel vous auriez tort de jouer, vous devez le comprendre... Eh bien, si vous voulez de mon amour, si vous voulez de cette alliance, — contraire à toutes les lois du monde... mais grande du moins et singulière... — daignez me le dire, et je tombe à vos pieds... Si vous n'en voulez pas, si elle vous fait peur, si vous n'êtes pas prête à toutes les obligations redoutables qu'elle entraîne, dites-le encore... ne craignez pas un mot, pas un reproche... Quoi qu'il puisse m'en coûter, je brise ma vie, je pars, je m'éloigne de vous sans retour, et ce qui s'est passé hier est oublié à jamais.

Il se tut et demeura les yeux fixés sur ceux de la jeune femme avec une expression d'anxiété ardente.

A mesure qu'il avait parlé, elle avait pris un air plus grave ; elle l'écoutait la tête un peu basse, dans l'attitude d'une puissante curiosité, lui jetant par intervalles un regard plein d'une flamme sombre. Une faible et rapide palpitation du sein, un frissonnement léger des narines dilatées, trahissaient seuls l'orage intérieur.

— Ceci, dit-elle après un silence, devient en effet intéressant... mais vous ne comptez pas, en tout cas, partir ce soir, je suppose?

— Non, dit Camors.

— Eh bien, reprit-elle en lui adressant de la tête un signe d'adieu et sans lui offrir la main, nous nous reverrons.

— Mais quand ?

— Au premier jour.

Il crut comprendre qu'elle demandait le temps de réfléchir, un peu effrayée sans doute du monstre qu'elle avait évoqué. — Il la salua gravement et sortit.

Le lendemain et les deux jours qui suivirent, il se présenta en vain à la porte de madame de Campvallon. La marquise devait dîner en ville et s'habillait.

Ce furent pour M. de Camors des siècles de tourments. Une pensée qui l'avait souvent inquiété s'empara de lui avec une sorte d'évidence poignante. — La marquise ne l'aimait pas. Elle avait simplement voulu se venger du passé, et, après l'avoir déshonoré, elle se riait de lui : elle lui avait fait signer le pacte, et elle lui échappait. — Et pourtant, au milieu des déchirements de son orgueil, sa passion, loin de s'affaiblir, s'exaspérait.

Le quatrième jour après leur entretien, il n'alla point chez elle. Il espérait la voir dans la soirée chez la vicomtesse d'Oilly, où ils avaient l'habitude de se rencontrer chaque vendredi. La vicomtesse d'Oilly était cette ancienne maîtresse du comte de Camors le père, lequel avait jugé convenable de lui confier l'éducation de son fils. Camors avait conservé pour elle une sorte d'affection. C'était une bonne femme qu'on aimait, et dont on ne laissait pas de se moquer un peu. Elle n'était plus jeune depuis longtemps;

forcée de renoncer à la galanterie, qui avait été la principale occupation de ses belles années, et ne se sentant pas le goût de la dévotion, elle s'était mis en tête, sur le retour, d'avoir un salon. Elle y recevait quelques hommes distingués, savants, écrivains, artistes. On se piquait d'y penser librement. La vicomtesse, pour faire face aux obligations de sa situation nouvelle, avait résolu de s'éclairer. Elle suivait les cours publics et aussi les conférences, dont la mode commençait à s'établir. Elle parlait assez convenablement des générations spontanées. Elle avait cependant manifesté une vive surprise le jour où Camors, qui se plaisait à la tourmenter, avait cru devoir l'informer que les hommes descendaient des singes.

— Voyons, mon ami, lui dit-elle, je ne puis vraiment pas admettre cela... Comment pouvez-vous croire que votre grand-père fût un singe... vous qui êtes si charmant !

Elle raisonnait sur toutes choses de cette force. Néanmoins, elle se vantait d'être philosophe ; mais quelquefois, le matin, elle sortait à la dérobée, avec un voile fort épais, et elle entrait à Saint-Sulpice, où elle se confessait, afin de se mettre en règle avec le bon Dieu, dans le cas où par hasard il eût existé.

Elle était riche, bien apparentée, et, malgré les légèretés considérables de sa jeunesse, le meilleur monde allait chez elle. Madame de Campvallon s'y était laissé introduire par Camors, et madame de la Roche-Jugan l'y avait suivie, parce qu'elle la suivait partout avec son fils Sigismond.

Ce soir-là, la réunion y était un peu nombreuse. M. de Camors, arrivé depuis quelques minutes, eut la satisfaction de voir entrer le général et la marquise. Elle lui exprima tranquillement ses regrets de ne point s'être trouvée chez elle les jours précédents; mais il était difficile d'espérer une explication décisive dans un cercle aussi clairsemé, et sous l'œil vigilant de madame de la Roche-Jugan. Camors interrogeait vainement le visage de sa jeune cousine. Il était beau et froid comme toujours. Ses anxiétés s'en accrurent. Il eût donné sa vie en ce moment pour qu'elle lui dît un mot d'amour.

La vicomtesse d'Oilly aimait les jeux d'esprit, bien qu'elle n'en eût guère. On jouait chez elle au *secrétaire*, aux *petits papiers*, comme c'est encore la mode aujourd'hui. Ces jeux innocents ne le sont pas toujours, ainsi qu'on va le voir.

On avait distribué des crayons, des plumes, des carrés de papier aux assistants de bonne volonté, et les uns assis autour d'une grande table, les autres dans des fauteuils solitaires, griffonnaient mystérieusement tour à tour des questions et des réponses pendant que le général faisait un whist avec madame de la Roche-Jugan. — Madame de Campvallon n'avait pas coutume de prendre part à ces sortes de jeux, qui l'ennuyaient, et M. de Camors fut étonné de voir qu'elle eût accepté ce soir-là le crayon et les papiers que la vicomtesse lui avait offerts. Cette singularité éveilla son attention et le mit sur ses gardes. Il entra lui-même dans le jeu également contre sa coutume, et se chargea même de recueillir dans une corbeille les petits billets à mesure qu'ils étaient écrits. — Une heure se passa sans aucun incident particulier. Des trésors d'esprit furent dépensés. Les questions les plus délicates et les plus inattendues : « Qu'est-ce que l'amour? — Croyez-vous que l'amitié soit possible entre les deux sexes? — Est-il plus doux d'aimer ou d'être aimé? » se succédèrent paisiblement avec des réponses équivalentes.

Tout à coup la marquise poussa un faible cri, et l'on vit une larme de sang couler tout doucement sur son front : elle se mit à rire aussitôt, et montra son petit crayon d'argent qui avait à l'une de ses extrémités une plume dont elle s'était piqué le front dans le fort de ses réflexions. L'attention de Camors redoubla dès ce moment, d'autant plus qu'un regard rapide et ferme de la marquise sembla l'avertir d'un événement prochain. — Elle était assise un peu à l'ombre dans un coin, pour y méditer plus à son aise ses questions et ses réponses. Un instant plus tard, Camors parcourant le salon pour recueillir les bulletins, elle en déposa un dans la corbeille, et lui en glissa un autre dans la main, avec la dextérité féline de son sexe.

Au milieu de toutes ces paperasses répandues et froissées, que chacun s'amusait à relire après coup,

14.

M. de Camors ne trouva aucune difficulté à prendre connaissance, sans être remarqué, du billet clandestin de la marquise : il était écrit d'une encre rougeâtre, un peu pâle, mais fort lisible, et contenait ces mots :

« J'appartiens, âme, corps, honneur et biens à mon cousin bien-aimé Louis de Camors, dès à présent et pour toujours.

» Écrit et signé du pur sang de mes veines.

» CHARLOTTE DE LUC D'ESTRELLES.

» 5 mars 185.. »

Tout le sang de Camors jaillit à son cerveau, un nuage passa sur ses yeux, et il s'appuya de la main sur un meuble; puis soudain son visage se couvrit d'une pâleur mortelle. — Ces symptômes n'étaient point ceux du remords ni de la peur. Sa passion dominait tout. Il éprouvait une joie immense. Il voyait le monde sous ses pieds.

Ce fut par cet acte de franchise et d'audace extraordinaire, assaisonné du mysticisme sanglant si familier à ce xvi⁰ siècle qu'elle adorait, que la marquise de Campvallon se livra à son amant, et que leur union fatale fut scellée.

III

Il y avait six semaines environ que s'était passé ce dernier épisode; il était à peu près cinq heures du soir, et la marquise attendait M. de Camors, qui devait venir chez elle après la séance du Corps législatif. On frappa tout à coup à l'une des portes de sa chambre, qui communiquait avec l'appartement de son mari. C'était le général. Elle remarqua avec étonnement, même avec frissonnement, que ses traits étaient décomposés.

— Qu'y a-t-il donc, mon ami? dit-elle. Êtes-vous malade?

— Non, répondit le général, pas du tout.

Il se posa debout devant elle, et la regarda un moment sans parler; ses yeux gris roulaient dans leurs orbites.

— Charlotte, reprit-il enfin avec un pénible sourire, il faut que je vous avoue ma folie... je ne vis pas depuis ce matin... J'ai reçu une lettre singulière... voulez-vous la voir?

— Si cela vous plaît, dit-elle.

Il tira une lettre de sa poche et la lui donna. Elle était d'une écriture évidemment et laborieusement contrefaite, et n'était point signée.

— Une lettre anonyme? dit la marquise, dont les sourcils se soulevèrent légèrement en signe de dédain.

Puis elle se mit à lire la lettre, dont voici le texte :

« Un ami vrai, général, s'indigne de voir qu'on abuse de votre confiance et de votre loyauté. Vous êtes trompé par ceux que vous aimez le plus. Un homme comblé de vos bienfaits, une femme qui vous doit tout, sont unis par une entente secrète qui vous outrage. Ils hâtent de leurs vœux l'heure où ils pourront partager vos dépouilles. Celui qui se fait un devoir pieux de vous avertir ne veut calomnier personne. Il est convaincu que votre honneur est respecté par celle à qui vous l'avez confié, elle est toujours digne de votre tendresse et de votre estime, elle n'a d'autre tort que de se prêter aux calculs d'avenir que votre meilleur ami ne craint pas d'établir sur votre mort, sur votre veuve et sur votre héritage. La pauvre femme subit malgré elle la fascination d'un homme trop célèbre par ses prestiges séducteurs; mais lui, cet homme, votre ami, presque votre fils, comment qualifier sa conduite? Toutes les personnes honnêtes en sont révoltées, et en particulier celle qu'une conversation surprise par hasard a mise au courant, et qui obéit à sa conscience en vous donnant cet avis. »

La marquise, après avoir achevé, tendit froidement .a lettre au général.

— Signé : « Éléonore-Jeanne de la Roche-Jugan », dit-elle.

— Croyez-vous? dit le général.

— La clarté même du jour! reprit la marquise. *Le devoir pieux... le prestige séducteur... les personnes honnêtes...* Elle a pu déguiser son écriture, mais non son style... et ce qu'il y a de plus décisif encore, c'est qu'elle prête à M. de Camors, — il s'agit de lui, j'imagine, — ses propres projets et ses calculs, qui ne vous ont pas échappé plus qu'à moi, je suppose.

— Si je croyais que cette lâche épître fût son œuvre, s'écria le général, je ne la reverrais de ma vie !

— Pourquoi? Il faut en rire.

Le général commença une de ces promenades solennelles à travers la chambre. La marquise regardait la pendule avec inquiétude. Son mari surprit un de ces regards. Il s'arrêta brusquement.

— Attendez-vous Camors aujourd'hui? dit-il.

— Oui, je crois qu'il viendra après la séance.

— Je le pensais, reprit le général.

Il eut un sourire convulsif.

— Et savez-vous, ma chère, ajouta-t-il, une sotte idée qui m'a poursuivi depuis le moment où j'ai reçu cette lettre infâme?... car, en vérité, je crois que l'infamie est contagieuse...

— Vous avez eu l'idée d'épier notre entretien? dit la marquise d'un ton d'indolence railleuse.

— Oui, dit le général, là, derrière cette portière, comme au théâtre... mais, Dieu merci, j'ai su résister à cette basse tentation... Si jamais je me laissais aller à une telle faiblesse, je voudrais au moins que ce fût avec votre agrément...

— Et vous me le demandez? dit la marquise.

— Ma pauvre Charlotte, reprit-il d'un accent douloureux et presque suppliant, je suis un vieux fou, un vieil enfant... mais je sens que cette misérable lettre va empoisonner ma vie... Je n'aurai plus une heure de paix ni de confiance... Que voulez-vous!... j'ai été déjà si cruellement trompé!... Je suis un homme loyal, mais je suis bien forcé de voir que tout le monde ne l'est pas comme moi... Il y a des choses qui me paraissent aussi impossibles que de marcher sur la tête, et je sais pourtant que d'autres font ces choses-là tous les jours... Que vous dirai-je? En lisant ces lignes perfides, je n'ai pu m'empêcher de me rappeler que vos relations avec Camors sont plus fréquentes depuis quelque temps.

— Sans doute, dit la marquise, je l'aime beaucoup.

— Je me suis souvenu aussi de votre tête-à-tête dans le boudoir, l'autre nuit, pendant le bal... Quand je m'éveillai, vous aviez tous deux un air de mystère... Quel mystère peut-il y avoir entre vous?

— Ah! voilà! dit la marquise se souriant.

— Je ne puis pas le savoir?

— Vous le saurez quand le temps en sera venu.

— Enfin je vous jure pourtant que je ne vous soupçonne pas, — ni vous ni lui... je ne vous soupçonne pas du moins de me trahir formellement, de m'outrager, de souiller mon nom... Dieu m'en garde!... Mais, si vous vous aimiez seulement, tout en respectant mon honneur... si vous vous aimiez, et si vous vous le disiez!... si vous étiez là tous deux, à mes côtés, dans mes bras, vous, mes deux amis, mes deux enfants, calculant d'un œil impatient les progrès de ma vieillesse, concertant vos projets d'avenir, souriant à ma mort prochaine... et ajournant votre bonheur sur ma tombe... vous vous croiriez peut-être innocents... Eh bien, non, cela serait épouvantable!

Sous l'empire de la passion qui le transportait, la voix et la parole du général s'étaient élevées; ses traits vulgaires avaient pris un air de sombre dignité et d'imposante menace. — Une faible teinte pâle s'étendit sur le beau visage de la jeune femme, et un pli léger contracta son front pur. Par un effort qui eût été sublime dans une cause meilleure, elle maîtrisa aussitôt sa défaillance passagère, et, montrant froidement à son mari la porte drapée par laquelle il était entré :

— Eh bien, dit-elle, mettez-vous là.

— Vous ne me le pardonnerez jamais?

— Vous ne connaissez pas du tout les femmes, mon ami. La jalousie est un de ces crimes que non seulement elles pardonnent, mais qu'elles aiment.

— Mon Dieu! ce n'est pas de la jalousie!

— Ce que vous voudrez. Enfin mettez-vous là.

— Vous m'y autorisez sincèrement?

— Je vous en prie... Allez chez vous, en attendant, si vous voulez... laissez cette porte ouverte... et, quand vous verrez M. de Camors entrer dans la cour de l'hôtel, venez.

— Non, dit le général après une minute d'hésitation, puisque je fais tant... — et il soupira avec une tristesse poignante, — je ne veux du moins laisser aucun prétexte à ma défiance... Si je vous quittais avant qu'il arrive, je serais capable d'imaginer...

— Que je l'ai fait secrètement avertir. n'est-ce pas? Rien de plus naturel. Restez donc ici. Seulement, prenez un livre, car notre conversation, jusqu'à nouvel ordre, serait languissante.

Il s'assit.

— Mais enfin, dit-il, quel mystère peut-il y avoir entre vous?

— Voilà! dit-elle encore avec son sourire de sphinx.

Le général prit machinalement un livre, et elle se mit à attiser le feu et à réfléchir.

Puisqu'elle aimait le danger, le drame et la terreur mêlés à ses amours, elle devait être contente, car en cette minute la honte, la ruine et la mort étaient derrière sa porte; mais, à dire vrai, c'en était trop à la fois, même pour elle, et, quand elle vint à envisager, dans le silence qui s'était fait, la nature et l'étendue véritable du péril, elle crut que son cœur allait éclater et sa tête se perdre.

Elle ne s'était pas méprise, d'ailleurs, sur l'origine de la lettre. Ce honteux chef-d'œuvre était bien le fait de madame de la Roche-Jugan. Pour lui rendre justice, madame de la Roche-Jugan n'avait pas soupçonné toute la portée du coup qu'elle frappait. Elle-même croyait à la vertu de la marquise; mais, dans sa surveillance incessante, elle n'avait pas manqué de remarquer depuis quelques mois les assiduités de Camors chez madame de Campvallon, et d'observer une nuance nouvelle dans leurs rapports mondains. On n'a pas oublié qu'elle rêvait pour le jeune Sigismond la succession intégrale de son vieil ami : elle pressentit une rivalité redoutable et résolut de la détruire en germe. Éveiller contre Camors la défiance du général et lui faire fermer la porte du logis, c'était tout ce qu'elle avait voulu; mais sa lettre anonyme, comme la plupart des viles scélératesses de ce genre, était une arme plus fatale et plus meurtrière que ne l'avait présumé son infâme auteur.

La jeune marquise rêvait donc en attisant son feu et en jetant de temps à autre un coup d'œil furtif sur la pendule. M. de Camors allait arriver d'un instant à l'autre. Aucun moyen de le prévenir. Dans l'état présent de leurs relations, il était impossible d'imaginer que les premiers mots de Camors ne livrassent pas immédiatement leur secret, et se secret livré, c'était pour elle tout au moins le déshonneur public, la chute scandaleuse, la pauvreté, le couvent, pour son mari ou pour son amant, peut-être pour tous deux, la mort.

Lorsque le timbre retentit dans la cour de l'hôtel annonçant l'arrivée du comte, toutes ces images se pressèrent une dernière fois dans le cerveau de madame de Campvallon comme une légion de fantômes ; puis elle rassembla son courage par un élan suprême, et tendit toutes ses facultés pour l'exécution du plan qu'elle avait conçu à la hâte, qui était son dernier espoir, et qu'un mot, un geste, une distraction, une inintelligence de M. de Camors pouvait renverser tout entier en une seconde.

Sans parler, elle salua en souriant son mari, et lui fit signe de gagner sa cachette. Le général, qui s'était levé au bruit du timbre, parut encore hésiter ; puis, haussant les épaules comme en mépris de lui-même, il se retira derrière la portière qui faisait face à l'entrée principale de la chambre.

L'instant d'après, la porte fut ouverte par un domestique, et M. de Camors entra. — Il s'avançait avec une sorte d'empressement dans la chambre, se dirigeant vers la cheminée, et sa bouche souriante s'entr'ouvrait déjà pour parler, quand il saisit tout à coup l'expression du regard de la marquise, et la parole se glaça sur ses lèvres ; ce regard, attaché sur lui depuis son entrée, avait une fixité raide et spectrale qui, sans lui rien apprendre, lui fit tout craindre.

— C'était un homme exercé aux situations difficiles, avisé et prudent autant qu'intrépide. Il ne sourcilla point, ne parla pas et attendit.

Elle lui donna sa main sans cesser de le regarder de près avec cette même effrayante intensité.

— Ou elle est folle, se dit-il, ou le danger est là.

Avec la rapide perception de son génie et de son amour, elle sentit qu'il comprenait, et tout de suite, ne laissant pas même au silence le temps de les compromettre :

— Vous êtes aimable de me tenir parole, dit-elle.

— Mais c'est tout simple, dit Camors, qui s'assit.

— Non, car vous savez que vous venez encore ici pour y être tourmenté... Eh bien, voyons, m'arrivez-vous un peu converti à mon idée fixe?

— Quelle idée fixe? Il me semble que vous en avez plusieurs...

— Oui, mais je parle de la bonne... de la meilleure au moins... de votre mariage enfin...

— Encore, ma cousine, dit Camors, qui, assuré désormais du danger et de sa nature, marchait d'un pas plus ferme sur son brûlant terrain.

— Toujours, mon cousin... Et savez-vous une chose? J'ai trouvé la personne!

— Ah! alors, je me sauve!

Elle lui jeta à travers son sourire un coup d'œil impérieux.

— Vous y tenez donc beaucoup? reprit Camors en riant.

— Extrêmement. Je n'ai pas besoin de vous répéter mes raisons, vous ayant prêché là-dessus tout l'hiver... au point même d'inquiéter le général, qui a flairé un mystère entre nous.

— Bah! le général?

— Oh! rien de grave, bien entendu... Donc, nous disons, pour nous résumer : Pas de miss Campbel... trop blonde! ce qui n'est pas poli pour moi, par parenthèse; — point de mademoiselle de Silas... trop maigre! — point de mademoiselle Rolet, malgré ses millions... trop bonne famille! point de mademoiselle d'Esgrigny... trop Bacquière et Van Cuyp! Tout cela était un peu décourageant, vous m'avouerez... mais enfin... on s'acharne... Je vous dis que j'ai trouvé!... une merveille!

— Qui se nomme? dit Camors.

— Marie de Tècle!

Il y eut un silence.

— Eh bien, vous ne dites rien? reprit la marquise. Parce que vous n'avez rien à dire... parce que celle-là réunit tout, agrément personnel, éducation, famille, fortune... enfin tout... un rêve!... et puis vos terres se joignent... Vous voyez comme je pense à tout, mon ami?... Mais je ne sais vraiment pas comment nous n'y avions pas songé plus tôt.

M. de Camors se taisait toujours, et la marquise commençait à s'étonner de son silence.

— Oh! reprit-elle, vous aurez beau chercher... il n'y a pas une objection... Vous êtes pris, cette fois-ci... Voyons, mon ami, dites oui, je vous en prie!

Et, pendant que sa bouche disait: « Je vous en prie! » d'un ton de câlinerie gracieuse, son regard disait avec un accent terrible: « Il le faut! »

— M'est-il permis d'y réfléchir, madame? dit-il enfin.

— Non, mon ami.

— Mais enfin, reprit Camors, qui était très pâle, il me semble que vous disposez bien à votre aise de la main de mademoiselle de Tècle... Mademoiselle de Tècle est fort riche... On la marie de tous côtés... D'ailleurs, son grand-oncle a des idées de province, et sa mère des idées de dévotion qui pourraient bien...

— Je m'en charge, interrompit la marquise.

— Mais quelle manie avez-vous de marier les gens?

— Les femmes qui ne font pas l'amour, mon cousin, ont la manie de faire des mariages.

— Sérieusement, pourtant, vous me laisserez bien quelques jours pour y penser?

— Penser à quoi? Ne m'avez-vous pas toujours dit que vous comptiez vous marier... que vous n'attendiez qu'une occasion? Eh bien, jamais vous n'en trouverez une meilleure que celle-là... et, si vous la laissez échapper, vous la regretterez toute votre vie...

— Mais enfin donnez-moi le temps de consulter ma famille.

— Votre famille? Quelle plaisanterie! Il me semble

que vous êtes grandement majeur... Et puis quelle famille? Votre tante de la Roche-Jugan?

— Sans doute... encore ne voudrais-je pas la blesser.

— Ah! mon Dieu! supprimez cette inquiétude... Je vous déclare qu'elle jubilera.

— Parce que?

— J'ai mes raisons.

Et la jeune femme, en disant ces mots, fut prise d'un rire étrange qui faillit dégénérer en convulsions, car ses nerfs, après cette horrible tension, étaient comme affolés.

Camors, pour qui la lumière s'était faite peu à peu sur les points les plus obscurs de l'énigme mortelle qui lui était proposée, sentit lui-même le besoin d'abréger une scène qui avait exalté toutes ses facultés à un degré presque insoutenable. Il se leva.

— Je suis forcé de vous quitter, dit-il, car je ne dîne pas chez moi; mais je reviendrai demain, si vous le permettez.

— Certainement... Vous m'autorisez à en parler au général?

— Mon Dieu!... oui, car, de bonne foi, j'ai beau courir après les objections, je n'en trouve pas.

— Eh bien, je vous adore! dit la marquise.

Elle lui tendit sa main qu'il baisa. Il sortit aussitôt.

Il eût fallu être plus clairvoyant que ne l'était le général de Campvallon pour distinguer quelques faiblesses ou quelques dissonances dans l'audacieuse comédie que venaient de jouer devant lui ces deux grands artistes. Le jeu muet de leurs yeux aurait pu seul les trahir, et il ne le voyait pas. Quant à leur dialogue, tranquille, aisé, naturel, il n'y avait pas un mot qu'il n'en eût saisi et qui ne lui eût paru répondre à toutes ses inquiétudes et confondre ses soupçons. Dès ce moment et pour jamais tout ombrage s'effaça de sa pensée; car, pour imaginer l'odieuse combinaison dans laquelle madame de Campvallon avait cherché un refuge désespéré, pour entrer dans une telle profondeur de perversité, le général avait l'esprit trop simple et trop pur.

Quand il reparut devant sa femme, en quittant sa cachette, il était consterné : il eut un geste de confusion et d'humilité. Il lui prit la main et lui sourit avec toute la bonté et toute la tendresse de son âme. En ce moment, la marquise, par une nouvelle réaction de son système nerveux, se mit à sangloter, ce qui acheva de désespérer le général. — Par respect pour ce galant homme, nous n'insisterons pas sur une scène dont l'intérêt, d'ailleurs, n'est plus assez vif pour sauver ce qu'elle a de pénible aux honnêtes gens.

Nous passerons également sans nous y arrêter sur l'entretien qui eut lieu le lendemain entre madame de Campvallon et M. de Camors. Camors, on l'a compris, avait d'abord éprouvé, en voyant apparaître le nom de madame de Tècle dans cette noire intrigue, un sentiment de répulsion et même d'horreur qui avait failli tout compromettre. Comment il parvint à dompter cette révolte suprême de sa conscience au point de subir l'expédient qui devait assurer la paix de ses amours, par quels détestables sophismes il osa se persuader qu'il ne devait plus rien qu'à sa complice, et qu'il lui devait tout, même cela, nous n'essayerons pas de l'expliquer. Expliquer, c'est atténuer, et ici nous ne le voulons pas. Nous dirons seulement qu'il se résigna à ce mariage. Dans la voie où il était entré, on ne s'arrête guère, à moins que la foudre ne s'en mêle.

Quant à la marquise, on se ferait une faible idée de cette âme dépravée et hautaine, si l'on s'étonnait qu'elle eût persisté de sang-froid, et après réflexion, dans la conception perfide que l'imminence du danger lui avait suggérée. Elle comprenait que les soupçons du général se réveilleraient un jour ou l'autre plus menaçants, si le mariage annoncé demeurait un jeu. Elle aimait passionnément Camors, elle n'aimait pas moins le mystère dramatique de leur liaison; elle avait de plus senti une terreur folle à la pensée de perdre l'immense fortune qu'elle s'était habituée à regarder comme la sienne; car le désintéressement de sa première jeunesse était alors bien loin, et l'idée de déchoir misérablement dans ce monde parisien, où elle régnait par son luxe comme par sa beauté, lui était insupportable. Amour, mystère, fortune, elle voulait garder tout cela à tout prix, et plus elle y réfléchit même, plus le mariage de Camors lui en parut être la plus sûre sauvegarde. — Il est vrai qu'elle se donnait une sorte de rivale ; mais elle s'estimait trop haut pour la craindre, et elle préférait mademoiselle de Tècle à toute autre, parce qu'elle la connaissait, et que mademoiselle de Tècle lui était évidemment inférieure en tout.

Ce fut environ quinze jours après que le général arriva un matin chez madame de Tècle et lui demanda, pour M. de Camors, la main de sa fille. Il serait douloureux d'appuyer sur la joie que ressentit madame de Tècle. Elle s'étonna seulement en secret que M. de Camors ne fût pas venu lui-même lui présenter sa demande ; mais Camors n'avait pas eu ce cœur-là. Il était cependant à Reuilly depuis le matin, et il se rendit chez madame de Tècle aussitôt qu'il sut que sa recherche était agréée. Une fois déterminé à cette monstrueuse action, il avait résolu du moins d'y apporter les formes les plus exquises, et l'on sait qu'il y était passé maître.

Dans la soirée, madame de Tècle et sa fille, demeurées seules, se promenèrent longtemps sur leur chère terrasse, à la douce lueur des étoiles, la fille bénissant sa mère, la mère bénissant Dieu, toutes deux confondant leurs cœurs, leurs rêves, leurs baisers et leurs larmes, plus heureuses, pauvres femmes ! qu'il n'est permis de l'être sous le ciel.

Dans le courant du mois d'août suivant, le mariage eut lieu.

IV

Après avoir résidé quelques semaines à Reuilly, le comte et la comtesse de Camors allèrent s'établir à Paris dans leur hôtel de l'avenue de l'Impératrice. Dès ce moment et pendant les mois qui suivirent, madame de Camors entretint avec sa mère une correspondance active. Nous transcrivons ici quelques-unes de ses lettres, qui feront faire au lecteur une connaissance plus prompte et plus intime avec cette jeune femme.

MADAME DE CAMORS A MADAME DE TÈCLE.

Octobre.

Si je suis heureuse, ma mère chérie? Non... pas heureuse! Seulement, j'ai des ailes; je nage dans le ciel comme un oiseau ; je sens du soleil dans ma tête, dans mes yeux, dans mon cœur. Cela m'éblouit, cela m'enivre, cela me fait pleurer des larmes divines ! Non ! ma tendre mère, ce n'est pas possible, voyez-vous !... quand je pense que je suis sa femme, la femme de celui qui régnait dans ma pauvre petite pensée depuis que j'ai une pensée, de celui que j'aurais choisi entre tous dans l'univers entier ; quand je pense que je suis sa femme, que nous sommes liés pour jamais... comme j'aime la vie, comme je vous aime, comme j'aime Dieu !

Le bois et le lac sont à deux pas, comme vous savez. Nous y allons faire une promenade à cheval presque tous les matins, mon mari et moi... je dis bien, — mon mari !... nous y allons donc, mon mari et moi, moi et mon mari ! Je ne sais comment cela se fait, mais il fait toujours beau, même quand il pleut comme aujourd'hui ; aussi nous voilà rentrés. Je me suis permis de l'interroger tout doucement ce matin, pendant cette promenade, sur certains points de notre histoire qui me restaient obscurs. Pourquoi m'a-t-il épousée, par exemple ?

— Parce que vous me plaisiez apparemment, miss Mary.

Il aime à me donner ce nom, qui lui rappelle je ne sais quel épisode de ma sauvage enfance, — sauvage est encore de lui.

— Si je vous plaisais, pourquoi me le laissiez-vous si peu voir ?

— Parce que je ne voulais pas vous faire la cour avant d'être bien décidé à me marier.

— Comment ai-je pu vous plaire, n'étant pas belle du tout?

— Vous n'êtes pas belle du tout, c'est vrai, a répondu cet homme cruel; mais vous êtes très jolie, et surtout vous êtes la grâce même, comme votre mère.

Tous ces points obscurs étant éclaircis à la satisfaction de miss Mary, miss Mary a pris le galop non seulement parce qu'il pleuvait, mais parce qu'elle était devenue subitement, on ignore pourquoi, rouge comme un coquelicot.

Ma mère chérie, qu'il est doux d'être aimée par celui qu'on adore et d'en être aimée précisément comme on veut l'être, comme on a rêvé de l'être, et tout à fait suivant le programme de son jeune cœur romanesque! Croiriez-vous jamais que j'avais des idées sur un sujet si délicat? Oui, ma mère, j'en avais: ainsi il me semblait qu'il devait y avoir des façons d'aimer, les unes vulgaires, les autres prétentieuses, les autres niaises, les autres tout à fait comiques, et qu'aucune de ces façons d'aimer ne devait être celle du prince notre voisin. Lui devait aimer comme un prince qu'il était, avec grâce et dignité, avec une tendresse grave, un peu sévère, avec bonté, presque avec condescendance, — en amoureux, mais en maître, — en maître, mais en maître amoureux, — enfin comme mon mari.

Cher ange qui êtes ma mère, soyez heureuse de mon bonheur, qui est votre pur ouvrage! Je baise vos mains, je baise vos ailes, je vous remercie, je vous adore! Si vous étiez près de moi, ce serait trop; j'en mourrais, je crois... Venez pourtant bien vite; votre chambre est prête, elle est bleu azur comme le ciel où je nage... Je vous l'ai déjà dit, je crois: mais je le répète.

Bonjour, mère de la plus heureuse petite femme du monde.

MISS MARY, COMTESSE DE CAMORS.

Novembre.

Ma mère, vous me faites pleurer... Moi qui vous attendais chaque matin! Je ne vous dis rien cependant; je ne vous prie pas. Si la santé de mon grand-père vous semble assez affaiblie pour exiger votre présence tout cet hiver, je sais qu'aucune prière ne vous arracherait à votre devoir; mais, en grâce, mon bon ange, n'exagérez rien, et songez que votre petite Mary ne passe plus devant la chambre bleue sans avoir le cœur bien gros.

A part le chagrin que vous lui faites, elle continue d'être aussi heureuse que vous pouvez le souhaiter. Son prince Charmant est toujours charmant, et toujours prince. Il la mène voir les monuments, les musées, les théâtres, comme une pauvre petite provinciale qu'elle est. N'est-ce pas touchant de la part d'un personnage pareil? Il s'amuse de mes extases car j'ai des extases. N'en dites rien à mon oncle Des Rameures, mais Paris est superbe. Les journées y comptent double pour la pensée et pour la vie.

Mon mari m'a conduite hier à Versailles. Il paraît que c'était aux yeux des gens d'ici une escapade un peu ridicule, ce voyage à Versailles, car j'ai remarqué que le comte de Camors ne s'en est pas vanté. Versailles a tout à fait répondu, d'ailleurs, aux impressions que vous m'en aviez données. Il n'a pas changé depuis que vous l'avez visité avec mon grand-père. C'est grandiose, solennel et froid.

Il y a pourtant un musée nouveau et très curieux sous l'attique du palais. Ce sont en général des portraits historiques, copies ou originaux du temps. Rien ne m'a plus intéressée que de voir défiler, depuis Charles le Téméraire jusqu'à Washington, tous ces visages que mon imagination a tant de fois essayé d'évoquer. Il semble qu'on soit dans les champs Élysées et qu'on dialogue avec tous ces grands morts. Vous saurez, ma mère, que j'ai expliqué plusieurs choses à M. de Camors, qui paraissait étonné de ma science et de mon génie. Je n'ai fait, d'ailleurs, vous pensez bien, que répondre à ses questions; mais cela a paru l'étonner que j'y pusse répondre. Alors, pourquoi me les faire? S'il ne sait pas distinguer les différentes princesses de Conti, je trouve cela tout simple; mais, si, moi, je sais les distinguer parce que ma mère me l'a appris, cela est tout simple aussi.

Nous avons ensuite, sur ma prière instante, dîné au restaurant! Ma mère, c'est le meilleur moment de ma vie! Dîner au restaurant avec son mari, c'est le plus délicieux des crimes.

Je vous ai dit qu'il avait paru étonné de ma science. Je dois ajouter qu'en général il paraît étonné quand je parle. Me croyait-il muette? Je ne parle guère, il est vrai, et je vous avoue qu'il me fait une peur folle. Je crains tant de lui déplaire, de lui sembler sotte, ou prétentieuse ou pédante! Le jour où je serai à mon aise avec lui, si ce jour vient jamais, et où je pourrai lui montrer ce que je puis avoir de bon sens et de petites connaissances, je serai soulagée d'un grand poids, car véritablement je pense quelquefois qu'il me regarde comme une enfant. L'autre jour, sur le boulevard, je m'étais arrêtée devant un magasin de marchand de joujoux (quelle faute!) et, comme il vit mes yeux attachés sur un magnifique escadron de poupées :

— En voulez-vous une, miss Mary?... me dit-il.

N'est-ce pas horrible, ma mère?

Lui, il se connaît à tout (excepté aux princesses de Conti), il m'explique tout, mais un peu brièvement, d'un mot, pour s'acquitter, comme on explique à une personne à qui on n'espère pas faire comprendre. Et je comprends si bien pourtant, ma pauvre petite mère!

« Mais tant mieux, me dis-je; car enfin, s'il m'aime comme cela, s'il m'aime imbécile, qu'est-ce que ce sera plus tard? » — *I love you excessively.*

Décembre.

On rentre à Paris, ma mère, et, depuis quinze jours, je suis absorbée par les visites. Les hommes ici n'en font pas; mais il faut bien que mon mari me présente la première fois chez les personnes que je dois voir. Il m'accompagne donc, ce qui m'amuse plus que lui, je crois. Il est plus sérieux qu'à l'ordinaire, ce qui est chez cet homme aimable la forme unique de la mauvaise humeur. On me regarde avec un certain intérêt. La femme que ce seigneur a honorée de son choix est évidemment l'objet d'une haute curiosité. Cela me flatte et m'intimide. Je rougis, je manque d'aisance et de naturel. On me trouve laide et nigaude. On ouvre de grands yeux. On suppose qu'il m'a épousée pour ma fortune. J'ai envie de pleurer. Nous remontons en voiture; il me sourit, et je suis au ciel. Voilà nos visites.

Vous saurez, ma chère maman, que madame de Campvallon est divine pour moi. Elle me mène souvent aux Italiens dans sa loge, la mienne ne devant être libre que le 1er janvier. Elle a donné hier à mon intention une petite fête dans ses beaux salons. Le général a ouvert le bal avec moi. Quel brave homme! Je l'aime parce qu'il vous admire. La marquise m'a présenté les meilleurs danseurs. C'était des jeunes messieurs dont le cou et le linge étaient tellement découverts, que j'en avais le frisson. Je n'avais jamais vu d'hommes décolletés; ce n'est pas beau! Il est cependant clair qu'ils se croient charmants et nécessaires. Ils ont le front soucieux et important, l'œil dédaigneux et vainqueur, la bouche toujours ouverte pour mieux respirer; leur habit s'étale et flotte comme deux ailes. Ils vous prennent la taille, ma mère, comme on prend son bien, vous préviennent du regard qu'ils vont vous faire l'honneur de vous enlever, et vous enlèvent; quand ils sont essoufflés, ils vous préviennent du regard qu'ils vont vous faire le plaisir de s'arrêter, et ils s'arrêtent; ils se reposent un moment, soufflent, sourient, montrent leurs dents; un nouveau regard, et ils repartent. Ils sont adorables.

Louis a valsé avec moi et a paru content. Je l'ai vu pour la première fois valser avec la marquise; ma mère, c'est la danse des astres. Une chose qui m'a frappée en cette circonstance et en quelques autres, c'est l'idolâtrie manifeste dont les femmes entourent mon mari. Ceci, ma tendre mère, est effrayant. Une fois de plus, je me suis demandé : « Pourquoi m'a-t-il choisie? comment puis-je lui plaire? et enfin pourrai-je lutter? » De toutes ces méditations est résultée la folie que voici, et dont le but était de me rassurer un peu.

Portrait de la comtesse de Camors fait par elle-même.

« La comtesse de Camors, née Marie de Tècle, est une personne qui touche à sa vingtième année, et qui a beaucoup de raison pour son âge. Elle n'est point belle, comme son mari est le premier à le reconnaître : il dit qu'elle est jolie. Elle en doute. Voyons pourtant. Elle a premièrement des jambes qui n'en finissent pas. mais c'est le défaut de Diane chasseresse, et peut-être prête-t-il à la démarche de la comtesse une légèreté qu'elle n'aurait pas sans cela; la taille courte naturellement, mais à cheval cela fait bien; un embonpoint ordinaire; le visage irrégulier, la bouche trop grande et les lèvres trop grosses; hélas! une ombre de moustache; des dents blanches heureusement, quoique pas assez petites, le nez moyen, un peu trop ouvert; les yeux de sa mère : c'est ce qu'elle a de mieux; les sourcils de son grand-oncle Des Rameures, ce qui lui donne un air dur que dément par bonheur l'expression générale de sa physionomie et surtout la douceur de son âme; le teint brun de sa mère, mais il sied à ma mère et pas autant à moi; des cheveux noirs, bleus, épais et vraiment magnifiques. Au total, on ne sait qu'en penser. »

Ce portrait, destiné à me rassurer, ne m'a pas rassurée du tout; fort au contraire, car il me semble qu'il donne l'idée d'une sorte de laideron.

Je voudrais être la plus belle des femmes, je voudrais en être la plus distinguée, je voudrais en être la plus séduisante, ô ma mère! mais, si je lui plais, j'en suis la plus enchantée! Au reste, Dieu merci, il me trouve peut-être mieux que je ne suis, car les hommes n'ont pas le même goût que nous sur ces matières. Ainsi je ne comprends pas qu'il n'admire pas davantage la marquise de Campvallon. Il est froid pour elle. Moi, si j'avais été homme, j'aurais été fou de madame de Campvallon.

Bonsoir, la plus aimée des mères.

Janvier.

Vous me grondez, ma mère chérie. Le ton de ma lettre vous blesse. Vous ne concevez pas que je me préoccupe à ce point de ma personne extérieure, que je la définisse, que je la compare. Il y a là quelque chose de mesquin et de léger qui vous offense. Comment puis-je penser qu'un homme s'attache uniquement par ces agréments, et que les mérites de l'esprit et de l'âme ne soient rien pour lui? Mais, ma chère mère, ces mérites de l'esprit et de l'âme, en supposant que votre fille les possède, à quoi peuvent-ils lui servir, si elle n'a ni la hardiesse ni l'occasion de les montrer? Et, quand la hardiesse me viendrait, je commence à croire vraiment que l'occasion me manquerait toujours; car il faut vous avouer que ce beau Paris n'est pas parfait, et que je découvre peu à peu des taches dans ce soleil. Paris est un lieu admirable, c'est dommage seulement qu'il y ait des habitants : non qu'ils ne soient pas aimables, ils le sont trop; mais ils sont aussi trop distraits, et, autant que je puis le croire, ils vivent et meurent sans penser à ce qu'ils font. Ce n'est pas leur faute, ils n'en ont pas le temps.

Ils sont, sans sortir de Paris, des voyageurs éternels, incessamment dissipés par le mouvement et la curiosité. Les autres voyageurs, quand ils ont visité quelque coin intéressant du monde et oublié pendant un mois ou deux leur maison, leur famille, leur foyer, rentrent chez eux et s'y assoient; les Parisiens, jamais. Leur vie est un voyage. Ils n'ont pas de foyer. Tout ce qui est ailleurs le principal de la vie y devient secondaire. On y a, comme partout, son domicile, son intérieur, sa chambre : il le faut bien. On y est, comme partout, époux et père, épouse et mère, il le faut bien encore; mais tout cela, ma pauvre mère, aussi peu que possible. L'intérêt n'est pas là; il est dans la rue, dans les musées, dans les salons, dans les théâtres, dans les cercles, dans cette immense vie extérieure qui, sous toutes les formes, s'agite jour et nuit à Paris, vous attire, vous excite, vous prend votre temps, votre esprit, votre âme, et dévore tout. C'est le meilleur lieu du monde pour y passer, et le pire pour y vivre.

Comprenez-vous maintenant, ma mère chérie, qu'en cherchant par quelles qualités je pourrais m'attacher mon mari, qui est sans doute le meilleur des hommes, mais pourtant des Parisiens, j'aie pensé fatalement aux mérites qu'on saisit tout de suite et qui n'ont pas besoin d'être approfondis?

Enfin, vous avez bien raison, cela était misérable, indigne de vous et de moi; car vous savez qu'au fond je suis une petite personne point lâche. Très certainement, si j'avais pu tenir pendant un an ou deux M. de Camors enfermé dans un vieux château, au fond d'un bois solitaire, cela m'eût paru fort agréable : je l'aurais vu plus souvent, je me serais familiarisée plus vite avec son auguste personne, et j'aurais pu développer mes petits talents sous ses yeux charmés ; mais d'abord cela aurait pu l'ennuyer, et ensuite c'eût été vraiment trop facile. La vie et le bonheur, je le sens bien, ne s'arrangent pas si aisément. Tout est difficulté, tout est péril, tout est combat. Aussi quelle joie de vaincre! Ma mère, je vous assure que je vaincrai, que je le forcerai de me connaître comme vous me connaissez, de m'aimer, non seulement comme il m'aime, mais aussi comme vous m'aimez, pour toute sorte de bonnes raisons dont il ne se doute pas encore.

Non pas qu'il me croie absolument sotte : il me semble qu'il a perdu cette idée depuis deux jours. Imaginez que mon mari a pour secrétaire un nommé Vautrot; le nom est vilain, mais l'homme est assez beau; seulement, je n'aime pas son regard fuyant. M. Vautrot demeure pour ainsi dire avec nous : il arrive dès l'aurore, déjeune je ne sais où dans les environs, passe ses journées dans le cabinet de Louis, et nous reste quelquefois à dîner quand il a quelque travail à terminer dans la soirée. Ce personnage est instruit; il sait un peu de tout. Il a essayé, je crois, de tous les métiers avant de rencontrer la position subalterne, mais lucrative, qu'il occupe auprès de mon mari. Il aime la littérature, mais pas celle de son temps et de son pays, qu'il trouve misérable, peut-être parce qu'il n'a pas réussi. Il préfère les écrivains et les poètes étrangers; il les cite avec assez de goût, avec trop d'emphase toutefois. Son éducation première a sans doute été négligée, car il dit à tout propos en nous parlant : « Oui, monsieur le comte; oui, madame la comtesse, » comme un domestique, et pourtant il est très fier, ou plutôt très vaniteux. Son défaut capital à mes yeux, c'est une sorte de ricanement d'esprit fort, qu'il affecte dès qu'il est question de religion et de choses analogues.

Donc, il y a deux jours, pendant le dîner, comme il s'était permis, contre toute espèce de bon goût, une petite incartade de ce genre :

— Mon cher Vautrot, lui dit mon mari, avec moi ces plaisanteries sont fort indifférentes; mais, si vous êtes un esprit fort, voici ma femme, qui est un esprit faible, et la force, vous le savez, doit respecter la faiblesse.

M. Vautrot rougit, pâlit, verdit, me salua gauchement et sortit presque aussitôt. J'ai pu remarquer, depuis ce temps, qu'il gardait devant moi plus de réserve.

Dès que je fus seule avec Louis :

— Vous allez me trouver bien indiscrète, lui dis-je; mais je me demande comment vous pouvez confier toutes vos affaires et tous vos secrets à un homme qui n'a aucun principe?

— Oh! dit M. de Camors, il fait comme cela le

vaillant, il pense se rendre intéressant à vos yeux par ses airs méphistophéliques... au fond, c'est un brave homme.

— Enfin, repris-je, il ne croit à rien ?

— Oh! pas à grand'chose, c'est vrai! mais il n'a jamais trompé ma confiance. Il est homme d'honneur.

J'ouvris les plus grands yeux de ma mère.

— Eh bien, quoi, miss Mary ?

— Qu'est-ce que c'est que l'honneur, monsieur ?

— Je vous le demanderai, miss Mary.

— Mon Dieu! dis-je en rougissant beaucoup, je ne sais pas trop; mais enfin je me figure que l'honneur séparé de la morale n'est pas grand'chose, et que la morale séparée de la religion n'est rien. Tout cela forme une chaîne : l'honneur pend au dernier anneau comme une fleur; mais, si la chaîne est rompue, la fleur tombe avec le reste.

Il me regarda dans les yeux, ma mère, avec une expression très bizarre, comme s'il eût été non seulement confondu, mais presque inquiet de ma philosophie; puis il eut un léger soupir et dit simplement en se levant :

— Très gentil, cette définition.

Sur quoi, nous allâmes au spectacle, et il me bourra pendant toute la soirée de bonbons et d'oranges glacées.

Madame de Campvallon était avec nous. Je la priai de me prendre le lendemain en passant pour aller au Bois, car elle est mon idole; elle est si belle et si distinguée! Elle sent bon. Je suis contente près d'elle. Comme nous revenions du spectacle, Louis resta silencieux contre sa coutume. Enfin il me dit brusquement :

— Marie, vous allez demain au Bois avec la marquise?

— Oui.

— C'est bien; mais vous vous voyez un peu souvent, il me semble... C'est le matin, c'est le soir... vous ne vous quittez pas!

— Mon Dieu! je croyais vous être agréable... Est-ce que madame de Campvallon n'est pas une bonne relation?

— Excellente; mais, en général, je n'aime pas les amitiés de femmes. Au surplus, j'ai tort de vous en parler; vous avez assez d'esprit et de sagesse pour observer les limites.

Voilà, ma mère, ce qu'il m'a dit. Ma mère, je vous embrasse.

Mars.

Ma mère, j'espérais ne plus vous ennuyer cette année du récit des fêtes. des festons, des astragales et des girandoles, car enfin nous entrons dans le carême. C'est aujourd'hui le mercredi des cendres. Eh bien, ma pauvre mère, nous dansons après-demain chez madame d'Oilly. Je ne voulais pas y aller; mais j'ai vu que cela contrarierait Louis, et j'ai eu peur aussi de blesser madame d'Oilly, qui a presque servi de mère à mon mari. Le carême ici, d'ailleurs, est un vain mot. J'en soupire pour moi ; quand donc s'arrête-t-on ? quand ne s'amuse-t-on plus, mon Dieu ?

Ma mère chérie, je dois vous l'avouer, je m'amuse trop pour être heureuse. Je comptais un peu sur ce carême, et voilà qu'on l'efface du calendrier. Ce cher carême, quelle jolie, spirituelle et honnête invention pourtant ! que cette religion est sensée ! comme elle connaît bien cette faible et folle humanité ! quelle prévoyance dans ses lois ! Et quelle indulgence aussi ! car limiter le plaisir, c'est le pardonner. Moi aussi, j'aime le plaisir, les belles toilettes qui nous font ressembler à des fleurs, les salons éclatants, la musique, l'air de fête, la danse. Oui, j'aime beaucoup tout cela, j'en sens le trouble charmant, j'en sens l'ivresse ; mais toujours, toujours !... à Paris l'hiver, aux eaux l'été, toujours ce tourbillon, ce trouble et cette ivresse, cela devient quelque chose de sauvage, de nègre, et, si j'osais le dire, de bestial. Pauvre carême ! il l'avait prévu. Il ne nous disait pas seulement, comme le prêtre à moi ce matin : « Souviens-toi que tu es poussière ; » il nous disait : « Souviens-toi que tu as une âme ; souviens-toi que tu as des devoirs, que tu as un mari, un enfant, une mère, un Dieu ! Et alors, ma mère, on se retirait en famille, à l'ombre du vieux foyer ; on vivait dans les graves pensées, entre l'église et la maison, on s'entretenait de choses élevées et saintes ; on rentrait dans le monde moral, on reprenait pied dans le ciel. C'était un intervalle salutaire qui empêchait que jamais la dissipation ne tournât à l'hébétement, le plaisir à la convulsion, et que votre masque de l'hiver enfin ne devînt votre visage.

Ceci est tout à fait l'opinion de madame Jaubert. — Qu'est-ce que c'est que madame Jaubert? C'est une sage petite Parisienne que ma mère aimera. Je l'ai rencontrée pendant plusieurs mois un peu partout, particulièrement à Saint-Philippe-du-Roule, sans me douter qu'elle fût ma voisine et que son hôtel touchât le nôtre. Voilà Paris. C'est une gracieuse personne, qui a l'air doux, tendre et intrépide. Nous nous placions toujours l'une près de l'autre, machinalement. Nous nous regardions à la dérobée. Nous reculions nos chaises pour nous laisser passer, et de nos plus douces voix : « Pardon, madame! — Oh! madame! » Mon gant tombait, elle le ramassait. « Oh! merci, madame! » Je lui offrais de l'eau bénite. « Oh! chère madame! » Et un sourire. Quand nos voitures se croisaient autour du lac, un petit salut et un sourire encore. Un jour, au concert des Tuileries, nous nous aperçûmes de loin et nous rayonnâmes : dès que nous entendions quelque chose qui nous plaisait particulièrement, nous nous regardions vite, — et toujours ce sourire. Jugez de ma surprise, l'autre matin, quand j'ai vu ma sympathie entrer dans la petite maison italienne qui est à deux pas de la nôtre et y entrer comme chez elle. Je m'informe. C'est madame Jaubert. Son mari est un grand jeune homme blond qui est ingénieur civil. Me voilà prise d'une envie énorme d'aller faire visite à ma voisine. J'en parle à Louis, non sans rougir, car je me souviens qu'il n'aime pas les amitiés de femmes; mais, avant tout, il m'aime. Pourtant il hausse un peu les épaules.

— Laissez-moi au moins prendre quelques renseignements sur ces gens-là.

Il les prend. Quelques jours après :

— Miss Mary, vous pouvez aller chez madame Jaubert; c'est une personne très bien.

Je saute d'abord au cou de M. de Camors, et de là chez madame Jaubert. « C'est moi, madame! — Oh! madame. — Vous permettez, madame? — Oh! oui, oui, madame! » Nous nous embrassons, ma mère, et nous voilà vieilles amies.

Son mari est donc ingénieur civil. Il s'occupe de grandes inventions, de grands travaux industriels; mais, ma mère, il n'y a pas longtemps. A la suite d'un gros héritage qui lui était survenu, il avait abandonné ses études et s'était mis à ne rien faire du tout, que du mal, bien entendu. Ce fut là-dessus qu'il se maria pour arrondir sa fortune. Sa jolie petite femme eut de tristes surprises. On ne le voyait jamais chez lui. Toujours au cercle, dans les coulisses, au diable. Il jouait, il avait des maîtresses, et, chose affreuse, ma mère, il buvait. Il rentrait gris chez sa femme. Un simple détail que ma plume se refuse presque à écrire vous donnera une idée complète du personnage. Il voulut, un jour, se coucher avec ses bottes! Voilà, ma mère, le joli monsieur dont ma petite amie a fait peu à peu un honnête homme, un homme de mérite et un mari excellent, à force de douceur, de fermeté, de sagesse, d'esprit. N'est-ce pas encourageant, dites? car Dieu sait que ma tâche est moins difficile; mais ce ménage me charme, parce qu'il me prouve qu'on peut réellement bâtir, en plein Paris, le nid que je rêve. Ces aimables voisins sont habitants de Paris; ils n'en sont pas la proie: ils ont un foyer, ils se possèdent, ils s'appartiennent. Paris est à leur porte, c'est tant mieux. C'est une source toujours ouverte de distractions élevées qu'ils partagent: mais ils y boivent, à cette source, et ne s'y noient pas. Ils ont des habitudes communes; ils passent la soirée chez eux, ils lisent, ils dessinent, ils causent, ils tisonnent leur feu, ils écoutent le vent et la pluie, comme s'ils étaient dans une forêt; ils sentent passer la vie dans leurs doigts fil à fil, comme nous dans nos chères veillées de campagne. Ma mère, ils sont heureux.

Voilà donc mon rêve, et voilà mon plan. Mon mari n'a point de vices comme M. Jaubert. Il n'a que des habitudes, celles de tous les hommes de son monde à Paris. Il s'agit, ma mère chérie, de les transformer tout doucement, de lui suggérer insensiblement cette étonnante idée, qu'on peut passer un soir chez soi, en compagnie de sa femme bien aimée et bien aimante, sans mourir de consomption. Le reste viendra ensuite. Le reste, c'est le goût de la vie assise, les joies graves du petit cloître domestique, le sentiment de la famille, la pensée qui se recueille, l'âme qui se retrouve; n'est-ce pas cela, mon bon ange? Eh bien, comptez sur moi, car je suis plus que jamais pleine d'ardeur, de courage et de confiance... D'abord il m'aime de tout son cœur, quoique peut-être avec plus de légèreté que je n'en mérite. Il m'aime, il me gâte, il me comble. Pas un plaisir qu'il ne m'offre, excepté toujours, bien entendu, celui de rester chez nous. Donc il m'aime; cela d'abord... ensuite, ma mère, savez-vous une chose, une chose qui me fait rire et qui me fait pleurer tout à la fois? C'est qu'il me semble vraiment, depuis quelque temps, que j'ai deux cœurs, un gros cœur à moi et un autre plus petit... Oh! mon Dieu, voilà ma mère en larmes! Mais, ma chérie, c'est un grand mystère... un rêve du ciel, mais peut-être un rêve... qu'on ne dit pas encore à son mari, ni à personne, excepté à sa mère adorée... Voyons, ne pleurez pas, car ce n'est pas bien sûr.

La coupable
MISS MARY.

En réponse à cette lettre, madame de Camors en reçut une le surlendemain qui lui annonçait la mort de son grand-père. Le comte de Tècle avait succombé à une attaque d'apoplexie que l'état de sa santé avait dès longtemps fait pressentir. Madame de Tècle, prévoyant que le premier mouvement de sa fille serait de venir la rejoindre et partager ses douloureuses émotions, lui recommandait vivement de s'épargner les fatigues de ce voyage. Elle lui promettait, d'ailleurs d'aller elle-même la retrouver à Paris aussitôt qu'elle aurait réglé quelques affaires indispensables.

Ce deuil de famille eut pour effet naturel de redoubler dans le cœur de la comtesse de Camors le sentiment de malaise et de vague tristesse dont ses dernières lettres laissaient apercevoir quelques symptômes, bien que dissimulés et atténués par les précautions de son amour filial. Elle était beaucoup moins heureuse qu'elle ne le disait à sa mère, car les premiers enthousiasmes et les premières illusions du mariage n'avaient pu abuser longtemps un esprit aussi fin et aussi droit. Une jeune fille qui se marie se trompe aisément sur l'étendue de l'affection dont elle est l'objet. Il est rare qu'elle n'adore pas son mari et qu'elle ne se croie pas adorée de lui simplement parce qu'il l'épouse. Ce jeune cœur qui s'ouvre laisse échapper toutes les grâces, tous les parfums, tous les cantiques de l'amour, et, enveloppé de ce nuage céleste, tout est amour autour de lui; mais peu à peu il se dégage, et il reconnaît trop souvent que ce concert et ces ivresses dont il était charmé venaient de lui seul.

Telle était, autant que la plume peut rendre ces nuances des âmes féminines, telle était l'impression qui avait de jour en jour pénétré l'âme délicate de la pauvre miss Mary : ce n'était rien de plus; pour elle, c'était beaucoup. La pensée d'être trahie par son mari et de l'être surtout avec la cruelle préméditation que l'on sait n'avait pas même effleuré son esprit; cependant, à travers les bontés attentives qu'il avait pour elle et qu'elle n'exagérait nullement dans ses lettres à sa mère, elle le sentait un peu dédaigneux et insouciant. Le mariage n'avait pour ainsi dire rien changé à ses habitudes : il dînait chez lui au lieu de dîner au cercle, voilà tout. Elle s'en croyait aimée pourtant, mais avec une légèreté presque offensante.

Néanmoins, si elle était triste et quelquefois jusqu'aux larmes, on a vu qu'elle ne désespérait pas, et que ce vaillant petit cœur s'attachait avec une confiance intrépide à toutes les chances heureuses que pouvait lui réserver l'avenir.

M. de Camors demeurait fort indifférent, comme on peut le croire, aux agitations qui tourmentaient sa jeune femme. Il ne s'en doutait pas. Il était, quant à lui, fort heureux, si étrange que la chose puisse paraître. Ce mariage avait été un pas pénible à franchir; mais, une fois installé dans sa faute, il s'y était fait. Sa conscience, toutefois, si endurcie qu'elle fût, avait encore apparemment quelques fibres vivantes, et l'on n'aura pas manqué de remarquer qu'il pensait devoir à sa femme quelques compensations.

Ses sentiments pour elle se composaient d'une sorte d'indifférence et d'une sorte de pitié. Il plaignait vaguement cette enfant dont l'existence se trouvait prise et broyée entre deux destinées d'un ordre supérieur. Il espérait qu'elle ignorerait toujours le sort auquel il l'avait condamnée, et il était résolu à ne rien négliger pour lui en atténuer la rigueur ; mais il appartenait, d'ailleurs, uniquement et plus que jamais à la passion qui avait été le tort suprême de sa vie : car ses amours avec la marquise de Campvallon, constamment excitées par le mystère et le danger, ménagées d'ailleurs avec un art profond par une femme d'une adresse égale à sa terrible beauté, devaient garder après des années l'idéalité de la première heure.

La courtoisie gracieuse dont M. de Camors se piquait à l'égard de sa femme avait cependant des limites. La jeune comtesse s'en était aperçue quand elle avait essayé d'en abuser. Ainsi, à plusieurs reprises, elle avait feint la fatigue pour se refuser le soir à toute distraction extérieure, espérant que son mari ne l'abandonnerait pas à sa solitude. C'était une erreur. M. de Camors dans ces circonstances lui accordait à la vérité quelques minutes de tête-à-tête après le dîner; mais, vers neu heures, il la quittait avec une parfaite tranquillité. Seulement, une heure après, elle voyait arriver un paquet de bonbons ou une corbeille de petits gâteaux fins qui l'aidaient tant bien que mal à passer la soirée. Elle partageait quelquefois ces friandises avec sa voisine, madame Jaubert, quelquefois avec M. Vautrot, le secrétaire de son mari. Ce M. Vautrot, qu'elle avait d'abord pris en grippe, était peu à peu rentré en grâce auprès d'elle. En l'absence de son mari, elle le trouvait toujours sous sa main, et elle avait recours à lui pour beaucoup de menus détails courants, adresses, invitations, achats de livres, de musique, fournitures de bureau. De là une certaine familiarité. Elle commençait à l'appeler « Vautrot », — ou « mon bon Vautrot ». — Vautrot s'acquittait avec zèle des petits messages de la jeune femme. Il lui témoignait beaucour d'empressement et de respect, et s'abstenait avec soin devant elle des forfanteries sceptiques qu'il savait lui déplaire. Elle était heureuse de cette réforme, et, pour lui en témoigner sa reconnaissance, elle le retint deux ou trois fois le soir au moment où il venait lui demander ses commissions. Elle parlait avec lui de livres ou de théâtre.

Quand son deuil l'eut décidément cloîtrée chez elle, M. de Camors lui fit la grâce de lui tenir compagnie pendant les deux premières soirées jusqu'à dix heures; mais cet effort l'épuisa, et la pauvre jeune femme, qui avait déjà édifié tout un avenir sur cette frêle base, eut le chagrin de le voir reprendre dès le troisième soir ses habitudes de célibataire. Ce coup lui fut sensible, et sa tristesse devint plus sérieuse qu'elle ne l'avait été jusque-là. La solitude lui fut douloureuse. Elle n'avait pas eu le temps de se former une intimité à Paris. Madame Jaubert lui vint en aide tant qu'elle put; mais dans les intervalles la comtesse s'habitua à retenir plus souvent Vautrot, ou même à le faire appeler. Camors lui-même, les trois quarts du temps, le lui amenait avant de sortir.

— Je vous amène Vautrot, ma chère, avec Shakspeare; vous allez vous exalter ensemble.

Vautrot lisait bien, quoique avec une solennité déclamatoire qui égayait quelquefois secrètement la comtesse. Enfin c'était une manière de tuer les longues soirées en attendant l'arrivée prochaine de madame de Tècle. D'ailleurs, Vautrot avait l'air si touché lorsqu'elle le gardait, si mortifié lorsqu'elle le laissait partir, que, par bonté d'âme, elle lui faisait signe de s'asseoir, même quand il l'ennuyait.

Un soir du mois d'avril, vers dix heures, M. Vautrot était seul avec la comtesse de Camors et il lui lisait le *Faust* de Gœthe, qu'elle ne connaissait pas. Cette lecture paraissait avoir triomphé des préoccupations personnelles de la jeune femme : elle écoutait avec une attention plus qu'ordinaire, les yeux fixés ardemment sur le lecteur; mais elle n'était pas seulement captivée par la puissance de l'œuvre, elle suivait, comme il arrive souvent, sa propre pensée et sa propre histoire à travers la grande fiction du poète, et l'on sait avec quelle clairvoyance bizarre un esprit frappé d'une idée fixe découvre des allusions et des ressemblances insensibles pour tout autre. Madame de Camors apercevait sans doute quelques lointaines analogies entre son mari et le docteur Faust, entre elle-même et Marguerite, car ce drame l'agita singulièrement, et elle ne put même contenir la violence de ses émotions quand Marguerite laissa échapper du fond de son cachot ce cri de détresse et de folie : « Qui t'a donné, bourreau, cette puissance sur moi?... Je suis si jeune! si jeune! et déjà mourir... Oh! épargne-moi, que t'ai-je fait? Je suis maintenant tout entière en ta puissance... Laisse seulement que j'allaite encore mon enfant... Je l'ai bercé sur mon cœur toute cette nuit... Ils me l'ont pris pour mieux me tourmenter, et ils disent maintenant que je l'ai tué... Jamais plus je ne serai joyeuse! jamais plus! »

Quel mélange de sentiments confus, de puissante sympathie, de vague appréhension envahit soudain le cœur de la jeune femme au point de le faire déborder — on peut à peine l'imaginer; — mais elle se renversa dans son fauteuil et ferma ses beaux yeux, comme pour retenir les larmes qui coulaient à travers la frange de ses longs cils. En ce moment, M. Vautrot cessa de lire brusquement; il poussa un soupir profond, s'agenouilla devant la comtesse de Camors, et, lui prenant la main :

— Pauvre ange! dit-il.

On comprendrait difficilement cet incident et les conséquences malheureusement fort graves qu'il eut, si nous n'ouvrions ici une parenthèse pour y encadrer le portrait physique et moral de M. Vautrot.

M. Hippolyte Vautrot était un bel homme, et il le savait. — Il se flattait même d'une certaine ressemblance avec son patron, le comte de Camors, et, par le fait de la nature, comme par le fait d'une imitation constante à laquelle il s'appliquait, sa prétention ne laissait pas d'être fondée. — Il ressemblait extérieurement à Camors autant qu'un homme vulgaire peut ressembler à un homme de la plus extrême distinction. Vautrot était le fils d'un petit fonctionnaire de province. Il avait reçu de son père une honnête fortune qu'il avait dissipée dans les diverses entreprises de sa vie aventureuse. Des influences de collège l'avaient d'abord jeté dans un séminaire. Il en était sorti pour venir à Paris, où il avait fait un cours de droit. Il avait travaillé chez un avoué; puis il s'était essayé dans la littérature et n'y avait pas eu de succès. Il avait joué à la Bourse et y avait perdu. Il avait successivement frappé avec une sorte d'impatience fiévreuse à toutes les portes de la fortune; il ne devait réussir à rien, parce qu'en toutes choses ses ambitions étaient immenses et ses talents modestes. Il n'était propre qu'aux situations secondaires, et il n'en voulait point. Il eût fait un bon instituteur, mais il voulait être poète; un bon curé de campagne, mais il voulait être évêque; un excellent commis, mais il voulait être ministre. Il voulait enfin être un grand homme, et il ne l'était pas. Il s'était fait hypocrite, ce qui est plus facile, et, s'appuyant d'un côté sur la société philosophique de madame d'Oilly, de l'autre sur la société orthodoxe de madame de la Roche-Jugan, il s'était poussé en qualité de secrétaire auprès de Camors, qui, dans son mépris général de l'espèce, avait jugé Vautrot aussi bon qu'un autre.

La familiarité de M. de Camors avait été moralement fort préjudiciable à M. Vautrot. Elle l'avait, il est vrai, débarrassé de son masque dévot, qui n'était guère de mise en ce lieu; mais elle avait, d'ailleurs, terriblement enrichi le fonds d'amère dépravation que les désappointements de la vie et les ressentiments de l'orgueil avaient déposé dans ce cœur ulcéré. On peut bien se douter que M. de Camors n'avait pas eu le mauvais goût d'entreprendre régulièrement la démoralisation de son secrétaire; mais son contact, son intimité, son exemple, y avaient suffi. Un secrétaire est toujours plus ou moins un confident : il devine ce qu'on ne lui livre pas. Vautrot ne put donc beaucoup tarder à s'apercevoir que son patron ne péchait pas en morale par l'excès des principes, en politique par l'abus des convictions, en affaires par la minutie des scrupules. La supériorité spirituelle, élégante et hautaine de Camors achevait d'éblouir et de corrompre Vautrot en lui montrant le mal non seulement prospère, mais rayonnant même de grâce et de prestiges. Aussi admirait-il profondément son maître : il l'admirait, l'imitait et l'exécrait. Camors professait pour lui et pour ses airs solennels une assez large mesure de dédain qu'il ne prenait pas toujours la peine de lui cacher, et Vautrot frémissait dans ses moelles quand quelque froid sarcasme tombait de si haut sur la plaie vive de sa vanité. C'était là toutefois un faible grief; ce qu'il haïssait avant tout en Camors, c'était le triomphe facile et insolent, la fortune rapide et imméritée, toutes les jouissances de la terre conquises sans peine, sans travail, sans conscience, et dévorées en paix ; ce qu'il haïssait enfin, c'était ce qu'il avait rêvé pour lui-même, sans pouvoir l'atteindre.

Assurément à cet égard M. Vautrot n'était pas une exception, et de pareils exemples, quand ils se présentent même à des esprits plus sains, ne sont point salutaires; car il faut oser dire à ceux qui, comme M. de Camors, foulent tout aux pieds, et qui comptent bien cependant que leurs secrétaires, leurs ouvriers, leurs domestiques, leurs femmes et leurs enfants resteront de vertueuses personnes, — il faut oser leur dire qu'ils se trompent.

Tel était donc M. Vautrot. Il avait alors quarante ans; c'est un âge où il n'est pas rare que l'on devienne très mauvais, même quand on a été passable jusque-là. Il affichait des allures austères et puritaines. Il avait un café où il régnait. Il y jugeait ses contemporains et les jugeait tous médiocres. C'était un homme difficile : en fait de vertu, il lui fallait de l'héroïsme; en fait de talent, du génie; en fait d'art, du grand art. Ses opinions politiques étaient celles d'Érostrate, avec cette différence, tout en faveur de l'ancien, que Vautrot, après avoir incendié le temple, l'eût pillé. — En somme, c'était un sot, mais un sot des plus malfaisants.

Si M. de Camors, ce soir-là, au moment où il sortait de son magnifique cabinet de travail, avait eu l'inconvenance d'appliquer son œil au trou de la serrure, il aurait vu quelque chose qui l'eût beaucoup surpris : il aurait vu M. Vautrot s'approcher d'un beau meuble italien à incrustations d'ivoire, en fouiller les tiroirs, et finalement ouvrir avec la plus grande aisance une serrure fort compliquée dont M. de Camors avait en ce moment même la clef dans sa poche. Ce fut à la suite de cette perquisition que M. Vautrot se rendit, en compagnie de *Faust*, dans le boudoir de la jeune comtesse, aux pieds de laquelle nous l'avons laissé un peu longtemps.

Madame de Camors avait fermé les yeux pour dissimuler ses larmes; elle les rouvrit à l'instant où Vautrot lui saisit la main et l'appela « Pauvre ange ». Voyant cet homme à genoux, elle n'y comprit rien, et lui dit simplement:

— Êtes-vous fou, Vautrot?

— Oui, je le suis, s'écria Vautrot en rejetant ses cheveux en arrière par un geste poétique qui lui était familier, oui, fou d'amour et de pitié! car je connais vos souffrances, pure et noble victime; je connais la source de vos larmes : laissez-les couler avec confiance dans un cœur qui vous est dévoué jusqu'à la mort!

La jeune comtesse, quand elle l'eût voulu, n'eût pu laisser couler ses larmes dans le cœur de M. Vautrot, car ses yeux s'étaient brusquement séchés. Un homme à genoux devant une femme ne peut lui paraître que sublime ou ridicule. Ce fut malheureusement sous ce dernier jour que l'attitude à la fois gauche et théâtrale de Vautrot s'offrit à l'imagination rieuse de madame de Camors. Un éclat de vive gaieté illumina son charmant visage; elle se mordit les lèvres pour ne point éclater, et malgré cela, elle éclata.

Il ne faut pas se mettre à genoux, quand on n'est pas assuré de se relever vainqueur. Autrement, on s'expose, comme Vautrot, à une piteuse physionomie.

— Relevez-vous, mon bon Vautrot, dit enfin madame de Camors d'un ton sérieux. Cette lecture vous a visiblement égaré. Allez vous reposer. Oublions cela... seulement, ne vous oubliez plus.

Vautrot se releva. Il était livide.

— Madame la comtesse, dit-il, l'amour d'un homme de cœur n'est jamais une offense... Le mien du moins était sincère; le mien eût été fidèle... le mien n'était pas un piège infâme!

Il y avait dans l'accent dont ces paroles étaient marquées une intention si évidente, que les traits de la jeune femme s'altérèrent aussitôt. Elle se dressa sur son fauteuil.

— Que voulez-vous dire, monsieur?

— Hélas! rien que vous ne sachiez, je pense, dit Vautrot.

Elle se leva.

— Vous allez m'expliquer cela tout de suite, monsieur, ou vous l'expliquerez dans un moment à mon mari.

— Mais, mon Dieu, dit Vautrot avec une sorte de sincérité, votre tristesse, vos pleurs m'avaient fait croire que vous n'ignoriez pas...

— Quoi? dit-elle.

Et, comme il se taisait :

— Mais parlez donc, misérable !

— Je ne suis pas un misérable, dit Vautrot; je vous aimais, et je vous plaignais, voilà tout.

— Et de quoi me plaindre?

Vautrot ne s'était nullement attendu à l'énergie impérieuse de ce caractère et de ce langage. Il réfléchit à la hâte qu'au point où il en était venu, le plus sûr pour lui était encore d'achever. Il tira alors de sa poche une lettre dont il s'était muni simplement pour confirmer au besoin dans l'esprit de la comtesse des soupçons qu'il y croyait éveillés dès longtemps, et il lui présenta cette lettre dépliée. Elle hésita, puis la saisit. — Elle n'eut besoin que d'un coup d'œil pour reconnaître l'écriture, car elle échangeait souvent des billets avec madame de Campvallon. La lettre, écrite avec une passion brûlante, se terminait par ces mots : « Toujours un peu jalouse de Mary. Presque fâchée de vous l'avoir donnée, car elle est jolie; mais, moi, je suis belle, n'est-ce pas, mon bien-aimé? — Surtout je t'adore! »

La jeune femme, dès les premiers mots, était devenue horriblement pâle; en terminant, elle laissa échapper une exclamation étouffée ; puis elle relut la lettre, la rendit à Vautrot, comme ne sachant ce qu'elle faisait, et demeura quelques minutes immobile, l'œil fixé devant elle dans le vide. Un monde s'écroulait en elle.

Tout à coup elle se dirigea d'un pas rapide vers une porte voisine, et entra dans sa chambre, où Vautrot l'entendit ouvrir et fermer précipitamment des tiroirs. Elle reparut l'instant d'après; elle avait mis un chapeau et un manteau. Elle traversa le boudoir du même pas hâtif et raide; Vautrot, effrayé, voulut l'arrêter.

— Madame ! dit-il en se plaçant devant elle.

Elle le repoussa doucement de la main et sortit du boudoir.

Un quart d'heure plus tard, elle était dans l'avenue des Champs-Élysées, descendant vers Paris. Il était alors onze heures. C'était une froide soirée d'avril, et la pluie tombait par grains. Les rares passants qui cheminaient encore sur les larges trottoirs humides se retournaient avec curiosité pour suivre de l'œil cette jeune femme élégante dont la démarche semblait accélérée par un intérêt de vie ou de mort; mais, à Paris, on ne s'étonne de rien, car on y voit tout. L'allure étrange de madame de Camors n'éveillait donc aucune attention extraordinaire : quelques hommes souriaient, d'autres lançaient un mot de raillerie qu'elle n'entendait pas.

Elle traversa avec la même hâte convulsive la place de la Concorde dans la direction du pont. Arrivée là, et au bruit de la Seine enflée et limoneuse qui se brisait contre les piliers des arches, elle fit un brusque temps d'arrêt : elle s'appuya sur le parapet et regarda l'eau ; puis elle secoua la tête, soupira longuement et se remit en marche. Bientôt après, elle s'arrêtait dans la rue Vaneau devant un grand hôtel isolé des maisons voisines par un mur de jardin : c'était l'hôtel de madame de Campvallon.

Quand elle fut là, la malheureuse enfant ne sut plus que faire. Pourquoi même était-elle venue là ? Elle ne le savait pas. Elle avait voulu venir comme pour s'assurer de son malheur, pour le toucher du doigt, ou peut-être pour trouver quelque raison, quelque prétexte d'en douter. C'était un but qu'elle s'était donné, elle y était arrivée, et elle ne savait plus que faire.

Elle s'assit sur une borne devant les jardins de l'hôtel, cacha sa tête dans ses deux mains et essaya de penser. La rue était déserte. Il était plus de minuit. Une rafale de pluie venait de se déchaîner sur Paris, et la pauvre femme grelottait.

Un sergent de ville passa, enveloppé dans sa cape, il la prit par le bras :

— Qu'est-ce que vous faites là, vous ? dit-il d'une voix rude.

Elle le regarda.

— Je ne sais pas, dit-elle.

Cet homme en eut pitié. Il eut vite discerné, d'ailleurs, à travers le désordre de la jeune femme, le bon goût et comme le parfum de l'honnêteté.

— Mais, madame, vous ne pouvez pas rester là, reprit-il avec plus de douceur.

— Non.

— Vous avez un gros chagrin?

— Oui.

— Comment vous appelez-vous?

— Comtesse de Camors.

— Où demeurez-vous?

Elle donna son adresse.

— Eh bien, madame, attendez-moi.

Il fit quelques pas dans la rue, puis s'arrêta au bruit d'un fiacre qui approchait. Le fiacre était vide. Il pria madame de Camors d'y monter. Elle obéit, et il se plaça lui-même à côté du cocher.

M. de Camors venait de rentrer chez lui, et il écoutait avec stupeur, de la bouche de la femme de chambre, le récit de la disparition mystérieuse de la comtesse, quand le timbre de l'hôtel résonna. Il se précipita et rencontra sa femme sur l'escalier. Elle avait repris un peu de calme chemin faisant. Comme il l'interrogeait d'un regard profond :

— J'étais souffrante, dit-elle en s'efforçant de sourire, j'ai voulu sortir un peu... Je ne connais pas les rues... et je me suis égarée.

Malgré l'invraisemblance de l'explication, il n'insista pas; il murmura quelques mots de douce gronderie, et la remit entre les mains de sa femme de chambre, qui s'empressa de lui ôter ses vêtements mouillés. — Pendant ce temps, il avait pris à part le sergent de ville, qui attendait dans le vestibule, et il le questionnait. En apprenant de cet homme dans quelle rue et à quel endroit précis de la rue il l'avait trouvée, M. de Camors, sans plus d'éclaircissements, comprit aussitôt la vérité.

Il monta chez sa femme. Elle était couchée, et tremblait de tous ses membres. Une de ses mains pendait sur le drap. Il voulut la prendre. Elle retira sa main doucement, avec une dignité triste mais résolue. Ce simple geste les avait séparés pour toujours. A dater de ce moment, par une convention tacite, imposée par elle, acceptée par lui, madame de Camors fut veuve.

Il demeura quelques minutes immobile, le regard perdu dans l'ombre des rideaux ; puis il marcha lentement à travers la chambre silencieuse. L'idée de mentir pour se défendre ne lui vint pas. Sa démarche était calme et régulière ; mais deux cercles bleuâtres s'étaient creusés soudainement au-dessous de ses yeux, et son visage avait pris la pâleur mate de la cire. Ses deux mains, jointes derrière lui, se tordaient l'une dans l'autre, et l'anneau qu'il portait au doigt éclata. Il s'arrêtait par intervalles, et écoutait le bruit des dents de la jeune femme qui s'entre-choquaient.

Après une demi-heure, il se rapprocha du lit tout à coup.

— Marie, dit-il à demi-voix.

Elle tourna vers lui ses yeux ardents de fièvre.

— Marie, reprit-il, j'ignore ce que vous pouvez savoir, et je ne vous le demande pas. J'ai été très coupable envers vous... mais moins pourtant que vous ne le pensez sans doute... Des circonstances terribles m'ont dominé... Au reste, je ne cherche point d'excuse... Jugez-moi aussi sévèrement que vous le voudrez; mais, je vous en prie, calmez-vous, conservez-vous... Vous me parliez ce matin de vos pressentiments, de vos espérances maternelles. Attachez-vous à cette pensée... Vous serez, d'ailleurs, maîtresse de votre vie... Quant à moi, je serai pour vous ce qu'il vous plaira, — un étranger ou un ami... Maintenant... je sens que ma présence vous fait mal... et cependant j'ai peine à vous laisser seule en cet état... Voulez-vous madame Jaubert cette nuit?

— Oui, murmura-t-elle.

— Je vais vous la chercher... Je n'ai pas besoin de vous dire qu'il y a des confidences qu'on ne fait pas à sa plus chère amie!...

— Excepté à sa mère? demanda-t-elle avec une expression d'angoisse suppliante.

Il devint plus pâle encore, et, après une minute :

— Excepté à sa mère, dit-il, soit... Votre mère arrive demain, n'est-ce pas?

Elle fit signe de la tête que oui.

— Vous disposerez de vous avec elle, et j'accepterai tout.

— Merci, dit-elle faiblement.

Il quitta la chambre aussitôt. Il alla lui-même chercher madame Jaubert, qu'on fit relever, et lui dit brièvement que sa femme avait été saisie d'une violente crise nerveuse à la suite d'un refroidissement. La gracieuse petite madame Jaubert accourut en toute hâte chez son amie, et passa la nuit près d'elle. Elle ne fut pas longtemps dupe de l'explication que Camors lui avait donnée. Les femmes se comprennent vite en leurs douleurs. Madame Jaubert cependant ne demanda point de confidences, et n'en reçut pas; mais sa tendresse rendit à son amie dans cette nuit affreuse le seul service qu'elle pouvait lui rendre : elle la fit pleurer.

Cette nuit ne fut pas non plus très douce pour M. de Camors. Il ne prit aucun repos. Il marcha jusqu'au jour dans son appartement avec une sorte de fureur. La détresse de cette enfant l'avait navré. Les souvenirs du passé se réveillant en même temps, les appréhensions du lendemain lui montrant auprès de la fille écrasée la mère — et quelle mère ! — atteinte mortellement dans toutes les chères illusions, dans toutes les croyances, dans tous les bonheurs de la vie, — il sentait qu'il y avait encore dans son cœur des points vivants pour la pitié, dans sa conscience pour le remords. Il s'irritait de sa faiblesse, et y retombait.

Qui donc l'avait trahi? Cette préoccupation l'agitait à un degré presque égal. Dès le premier instant, il ne s'y était pas trompé. La douleur subite et à moitié folle de sa femme, son attitude désespérée, son silence, ne s'expliquaient que par une conviction évidente, par une révélation décisive. Après avoir égaré quelque temps ses soupçons, il en arriva à se persuader que les lettres de madame de Campvallon avaient pu seules jeter dans l'esprit de sa femme une si pleine lumière. Il n'écrivait jamais à la marquise, quant à lui ; mais il n'avait pu l'empêcher de lui écrire. Pour madame de Campvallon, comme pour la plupart des femmes, un amour sans lettres était trop incomplet. La faute de M. de Camors, peu excusable chez un homme de ce mérite, était de conserver ces lettres ; mais personne n'est parfait : il était artiste, il aimait ces chefs-d'œuvre d'éloquence passionnée ; il était fier de les inspirer, et il ne pouvait se décider à les brûler. — Il examina à la hâte le tiroir secret où il les enfermait : à certains signes ménagés à dessein, il reconnut que ce tiroir avait été fouillé. — Cependant, aucune lettre ne manquait ; l'ordre seulement en était bouleversé.

Ses pensées s'étaient déjà portées plus d'une fois sur Vautrot, dont la délicatesse lui était suspecte, quand il reçut dans la matinée un billet de son secrétaire qui ne put lui laisser aucun doute. En réalité, M. Vautrot, après avoir passé de son côté une nuit des moins agréables, ne s'était pas senti le courage d'affronter l'accueil que son patron pouvait lui réserver ce matin-là. Son billet était assez habilement rédigé pour laisser dormir les soupçons, si par hasard ils n'étaient pas éveillés, et si la comtesse ne l'avait pas trahi. Il annonçait qu'il venait d'accepter une situation avantageuse qui lui était offerte par une maison de commerce de Londres. Il avait dû se décider à l'improviste et partir le matin même sous peine de perdre une occasion irréparable. Il terminait par les expressions les plus vives de sa reconnaissance et de ses regrets.

Camors, ne pouvant l'étrangler, résolut de le payer. Il lui envoya non seulement quelques appointements arriérés, mais en outre une somme assez ronde, en témoignage de sa sympathie et de ses vœux; ce fut, d'ailleurs, une simple précaution, car M. de Camors n'appréhendait plus rien de ce venimeux personnage, le voyant dépourvu des seules armes qu'il eût possédées contre lui, et aussi du seul intérêt qui l'eût poussé à s'en servir; car il avait compris que M. Vautrot lui avait fait l'honneur de convoiter sa femme, et il l'en estimait un peu moins bas, lui trouvant après tout ce côté de gentilhomme.

V

M. de Camors, dans cette matinée, eut besoin d'un rude effort de courage pour accomplir lui-même ses devoirs de gentilhomme en allant recevoir à la gare madame de Tècle ; mais le courage était depuis longtemps son unique vertu, et celle-là, du moins, il ne devait jamais la perdre. Il accueillit avec grâce sa jeune belle-mère couverte de ses vêtements de deuil. Elle fut surprise de ne pas voir sa fille avec lui. Il lui avoua qu'elle était un peu souffrante depuis la veille. Malgré les précautions de son langage et de son sourire, il ne put empêcher que madame de Tècle ne conçût aussitôt de vives alarmes. Il ne prétendait, d'ailleurs, la rassurer qu'à demi. Sous la réserve calculée de ses réponses, elle pressentit un désastre; après l'avoir d'abord pressé de questions, elle garda le silence pendant le reste du trajet.

La jeune comtesse, pour épargner à sa mère la première impression, avait quitté son lit, et même la pauvre enfant avait mis un peu de rouge sur ses joues pâlies. M. de Camors ouvrit lui-même à madame de Tècle la porte de la chambre de sa fille et se retira.

— La jeune femme se souleva avec peine sur sa causeuse, et sa mère la reçut dans ses bras. Ce ne fut d'abord entre elles qu'un échange d'embrassements étroits et de muettes caresses; puis la mère s'assit près d'elle, elle prit contre son sein la tête de sa fille, et, la regardant au fond des yeux :

— Quoi? dit-elle douloureusement.

— Oh! rien... rien de désespéré... seulement, il faut aimer plus que jamais votre petite Mary, n'est-ce pas?

— Oui... mais quoi donc enfin?

— Il ne faut pas vous faire de mal... et il ne faut pas m'en faire non plus... Vous savez pourquoi?

— Oui... mais, je t'en supplie, ma chérie, dis-moi!

— Eh bien, je vais vous dire tout... mais, de grâce, mère, soyez brave comme moi!...

Elle cacha plus profondément sa tête dans le sein de sa mère, et se mit à lui conter à voix basse, sans la regarder, la terrible révélation qui lui avait été faite, et que l'aveu de son mari avait confirmée.

Madame de Tècle ne l'interrompit pas une seule

fois pendant ce cruel récit; elle lui baisait seulement les cheveux de temps en temps. La jeune comtesse, qui n'osait lever les yeux sur elle, comme si elle eût été honteuse du crime d'un autre, put se figurer qu'elle s'était elle-même exagéré la gravité de son malheur, puisque sa mère en recevait la confidence avec tant de calme; mais le calme de madame de Tècle en ce moment horrible était celui des martyrs; car tout ce que put jamais souffrir une chrétienne sous la griffe des tigres ou sous le crochet du tortionnaire, cette mère le souffrait alors sous la main de sa fille bien-aimée. Son beau et pâle visage, ses grands yeux dressés vers le ciel, comme ceux qu'on prête aux pures victimes agenouillées dans les cirques romains, semblaient demander à Dieu s'il avait vraiment des consolations pour de telles tortures!

Quand elle eut tout entendu, elle trouva la force de sourire à sa fille, qui la regardait enfin avec une expression de timidité inquiète, et, l'embrassant plus étroitement :

— Eh bien, ma chérie, lui dit-elle, c'est une grande tristesse, c'est vrai... cependant, tu as raison, il n'y a rien de désespéré.

— Croyez-vous?

— Sans doute... il y a là un mystère inconcevable... mais sois sûre que le mal n'est pas aussi terrible qu'il paraît.

— Ma pauvre mère, puisqu'il avoue pourtant!

— J'aime mieux qu'il avoue, vois-tu... Cela prouve

qu'il y a encore quelque fierté, quelques ressources dans son âme... et puis je l'ai senti très affligé... il souffre comme nous, va!... Enfin pensons à l'avenir, ma chérie.

Elles se tenaient les mains et se souriaient l'une à l'autre en contenant les larmes dont leurs yeux étaient noyés. Après quelques minutes :

— Je voudrais bien, mon enfant, dit madame de Tècle, me reposer pendant une demi-heure... et puis j'ai besoin de mettre un peu d'ordre dans ma toilette.

— Je vais vous conduire à votre chambre... Oh! je puis marcher... Je me sens beaucoup mieux...

Madame de Camors prit le bras de sa mère, et la mena jusqu'à la porte de la chambre qui lui était destinée. Sur le seuil, elle la laissa.

— Sois sage, lui dit madame de Tècle en se retournant et en lui souriant encore.

— Vous aussi! murmura la jeune femme, à qui la voix manquait.

Madame de Tècle, dès que la porte fut refermée, leva ses deux mains jointes vers le ciel; puis, tombant à genoux devant le lit, elle y ensevelit sa tête et se mit à sangloter éperdument.

La bibliothèque de M. de Camors était contiguë à cette chambre. Il s'y était retiré. Il se promena d'abord à grands pas dans cette vaste pièce, s'attendant d'une minute à l'autre à voir entrer madame de Tècle. Le temps s'écoulant, il s'assit et essaya de lire; mais sa pensée lui échappait, son oreille recueillait avidement malgré lui les moindres bruits de la maison. Si un pas semblait s'approcher, il se levait brusquement et se hâtait de composer son visage. Quand la porte de la chambre voisine s'était ouverte, son angoisse avait redoublé; il distingua le chuchotement de deux voix, puis, l'instant d'après, la chute lourde de madame de Tècle sur le tapis, puis son sanglot désespéré. M. de Camors rejeta violemment le livre qu'il s'efforçait de lire, et, posant son coude sur le bureau qui était devant lui, il tint longtemps son front pâle serré dans sa main contractée. — Quand le bruit des sanglots s'apaisa et cessa peu à peu, il respira.

Vers midi, il reçut ce billet :

« Si vous me permettiez d'emmener ma fille à la campagne pour quelques jours, je vous en serais reconnaissante.

» ÉLISE DE TÈCLE. »

Il répondit aussitôt ces simples lignes :

« Vous ne pouvez rien faire que je n'approuve aujourd'hui et toujours.

» CAMORS. »

Madame de Tècle. en effet, après avoir consulté le

dispositions et les forces de sa fille, s'était déterminée à la soustraire sans délai, s'il était possible, aux impressions du lieu où elle venait de tant souffrir, à la présence de son mari et aux embarras douloureux de leur situation mutuelle. Elle avait besoin elle-même de se recueillir dans la solitude pour prendre un parti dans une circonstance sans exemple. Enfin elle ne se sentait pas le courage de revoir M. de Camors, si elle devait le revoir jamais, avant qu'un peu de temps eût passé entre eux.

Ce ne fut pas sans anxiété qu'elle attendit la réponse de Camors à la prière qu'elle lui adressait. Dans le trouble épouvantable de ses idées, elle le croyais désormais capable de tout, et elle craignait tout de lui. Le billet du comte la rassura; elle s'empressa de le faire lire à sa fille, et toutes deux, comme deux pauvres êtres perdus qui s'attachent à la moindre branche, aimèrent à remarquer l'espèce d'abandon respectueux avec lequel il remettait son sort entre leurs mains.

Il passa la journée à la séance du Corps législatif, et, quand il rentra, elles étaient parties.

Madame de Camors s'éveilla le lendemain dans sa chambre de jeune fille; les oiseaux du printemps chantaient sous ses fenêtres dans le vieux jardin paternel. Elle reconnut ces voix amies de son enfance, et s'attendrit; mais un sommeil de quelques heures lui avait rendu sa vaillance naturelle. Elle écarta les pensées qui l'énervaient, se leva, et alla surprendre sa mère à son réveil. Bientôt après, toutes deux se promenaient sur la terrasse aux tilleuls : on touchait à la fin d'avril, la jeune verdure odorante s'étalait au soleil, les mouches bourdonnaient déjà par essaims dans les roses entr'ouvertes, dans les pyramides bleues des lilas et dans les grappes pendantes des cytises. Après quelques tours faits en silence au milieu de ces frais enchantements, la jeune comtesse, qui voyait sa mère absorbée dans sa rêverie, lui prit la main :

— Mère, lui dit-elle, ne sois pas triste... nous voilà comme autrefois... toutes deux dans notre petit coin... Nous serons heureuses, va!

La mère la regarda, lui prit la tête, et, la baisant sur le front avec une sorte de violence :

— Tu es un ange, toi! dit-elle.

Il faut avouer que leur oncle Des Rameures, malgré la tendre affection qu'elles lui portaient, les gêna beaucoup. Il n'avait jamais aimé Camors, il l'avait accepté pour neveu, comme il l'avait accepté pour député, avec plus de résignation que d'enthousiasme. Son antipathie n'était que trop justifiée par l'événement; mais il fallait qu'il l'ignorât. Il était excellent, mais entier et rude. La conduite de Camors, s'il eût pu la soupçonner, l'eût assurément poussé à quelque éclat irréparable. Aussi madame de Tècle et sa fille s'entendirent-elles à demi-mot pour se contenir devant lui avec une réserve impénétrable. Elles observaient, d'ailleurs, les mêmes précautions dès qu'elles se trouvaient en présence d'un étranger. Cette pénible contrainte eût été à la longue insoutenable, si l'état de santé de la jeune comtesse, prenant de jour en jour un caractère moins douteux, n'eût fourni des excuses à leur préoccupation inquiète et à leur vie retirée.

Madame de Tècle cependant, qui se reprochait le malheur de sa fille comme son ouvrage, et qui se le reprochait avec une amertume inexprimable, ne cessait de chercher au milieu des ruines du passé et du présent quelque réparation, quelque refuge pour l'avenir. La première idée qui s'était présentée à son esprit avait été de séparer absolument et à tout prix la comtesse de son mari. Sous le premier coup de l'effroi que la duplicité perverse de Camors lui avait fait éprouver, elle n'avait pu envisager sans horreur la pensée de replacer sa fille aux côtés d'un tel homme, mais cette séparation, en supposant qu'on pût l'obtenir soit du consentement de M. de Camors, soit de l'autorité de la loi, livrait au public un secret scandaleux, et pouvait entraîner des catastrophes redoutables. N'eût-elle pas ces conséquences, elle devait tout au moins creuser entre madame de Camors et son mari un abîme éternel. C'était ce que madame de Tècle ne voulait pas : car, à force d'y songer, elle avait fini par voir le caractère de Camors sous un jour, non plus favorable peut-être, mais plus vrai. Madame de Tècle, quoique étrangère à tout mal, savait le monde et la vie, et son intelligence pénétrante en devinait plus encore qu'elle n'en savait. Elle comprit donc à peu près quelle espèce de monstre moral était M. de Camors, et, tel qu'elle le comprit, elle en espéra encore quelque chose. Enfin l'état de la comtesse lui promettait dans un avenir prochain une consolation qu'il ne fallait pas risquer de lui enlever, et Dieu pouvait permettre que ce gage d'une union si douloureuse en reformât un jour les liens brisés.

Madame de Tècle communiqua ses réflexions, ses craintes, ses espérances à sa fille, et elle ajouta :

— Ma pauvre enfant, j'ai presque perdu le droit de te donner des conseils ; je te dis seulement : Moi, voilà ce que je ferais.

— Eh bien, ma mère, je le ferai, dit la jeune femme.

— Penses-y encore, car la situation que tu vas accepter aura bien des amertumes ; mais, entre les amertumes, hélas! nous n'avons que le choix.

A la suite de cet entretien, et huit jours environ après leur arrivée à la campagne, madame de Tècle écrivit à M. de Camors la lettre que l'on va lire et que sa fille approuva :

« Vous avez semblé me dire que vous rendiez à votre femme sa liberté, si elle voulait la reprendre. Elle ne le veut pas, elle ne le peut pas. Elle se doit déjà à l'enfant qui portera votre nom. Il ne dépendra pas d'elle que ce nom ne soit sans tache. Elle vous prie donc de lui garder sa place dans votre maison,

Ne craignez d'elle aucun trouble, aucun reproche. Elle et moi, nous savons souffrir sans bruit. Pourtant, je vous en supplie, soyez bon pour elle. Épargnez-la. Veuillez lui laisser encore quelques jours de calme, et puis rappelez-la, ou venez. »

Cette lettre toucha M. de Camors. Si impassible qu'il fût, on peut croire que, depuis le départ de sa femme, il ne jouissait pas d'une parfaite tranquillité d'esprit. L'incertitude est le pire des maux, parce qu'elle les imagine tous. Absolument privé de nouvelles depuis huit jours, il n'y avait pas de catastrophe possible qu'il ne sentît flotter au-dessus de sa tête. Il avait eu le courage hautain de cacher à madame de Campvallon l'événement qui avait éclaté dans sa maison et de lui laisser tout son repos quand lui-même avait perdu le sommeil. C'était par de tels efforts d'énergie et de fierté virile que cet homme étrange se maintenait encore à une certaine hauteur d'estime en face de lui-même.

Le billet de madame de Tècle fut donc pour lui une délivrance. Voici la brève réponse qu'il y fit :

« J'accepte avec reconnaissance et respect ce que vous avez décidé. La résolution de votre fille est généreuse. J'ai encore assez de générosité moi-même pour le comprendre. Je suis pour jamais, que vous le vouliez ou non, son ami et le vôtre.

» CAMORS. »

Ce fut une semaine plus tard que M. de Camors,

après avoir eu la précaution de s'annoncer par un mot de préface, arriva un soir chez madame de Tècle. Sa jeune femme gardait la chambre. On avait eu soin d'écarter les témoins; mais l'entretien fut moins pénible et moins embarrassé qu'on n'eût pu le craindre. Madame de Tècle et sa fille avaient trouvé dans la réponse du comte une sorte de noblesse qui leur avait rendu une lueur de confiance. Par-dessus tout, elles étaient fières et plus ennemies des scènes bruyantes que les femmes ne le sont habituellement. Elles l'accueillirent donc avec froideur, mais avec calme. Quant à lui, il leur montra sur son front et dans son langage une douceur sérieuse et triste qui ne manquait ni de dignité ni de grâce. L'entretien, après s'être arrêté quelque temps sur la santé de la comtesse, se porta sur les nouvelles courantes, sur les circonstances locales, et prit peu à peu un ton aisé et ordinaire. M. de Camors, prétextant un peu de fatigue, se retira comme il était entré, en les saluant toutes deux et sans essayer de leur prendre la main.

Ainsi furent inaugurées entre madame de Camors et son mari les relations nouvelles et singulières qui devaient être désormais le seul lien de leur vie commune. Le monde put d'autant mieux s'y tromper, que M. de Camors n'était pas homme de démonstrations publiques, et que sa contenance courtoise mais réservée auprès de sa femme ne devait pas s'écarter sensiblement des habitudes qu'on lui connaissait.

Il resta deux jours à Reuilly. Madame de Tècle attendit vainement pendant ces deux jours une explication atténuante qu'elle ne voulait pas demander, mais qu'elle avait espérée. Quelles étaient les circonstances terribles qui avaient dominé la volonté de M. de Camors au point de lui faire oublier les sentiments les plus sacrés? Sa pensée, quand elle s'efforçait de plonger dans ce mystère, ne laissait pas d'approcher de la vérité. M. de Camors avait dû commettre son indigne action sous la menace de quelque effroyable danger, pour sauver l'honneur, la fortune, peut-être la vie de madame de Campvallon. C'était-là une faible excuse aux yeux de cette mère; pourtant, c'en était une. Peut-être aussi avait-il eu dans le cœur, en épousant sa fille, la résolution de rompre cette liaison fatale qui l'avait ressaisi depuis presque malgré lui, comme il arrive. Sur tous ces points douloureux, elle demeura, après le départ de M. de Camors comme avant son arrivée, réduite à ses conjectures, dont elle faisait partager à sa fille les vraisemblances les plus consolantes.

Il avait été convenu que madame de Camors resterait à la campagne jusqu'à ce que sa santé se trouvât rétablie. Seulement, son mari avait exprimé le désir qu'elle fixât sa résidence ordinaire sur sa terre de Reuilly, dont le manoir avait été restauré avec beaucoup de goût. Madame de Tècle sentit la convenance de cette combinaison; elle abandonna elle-même la vieille habitation du comte de Tècle pour s'installer auprès de sa fille dans le modeste château qui avait appartenu aux ancêtres maternels de M. de Camors, et dont nous avons décrit dans une autre partie de ce récit l'avenue solennelle, les balustrades de granit, les labyrinthes de charmilles et l'étang noir ombragé de sapins séculaires.

Elles étaient là toutes deux au milieu de leurs souvenirs les plus doux et les plus intimes; car ce petit château, si longtemps désert, les bois négligés qui l'entouraient, la pièce d'eau mélancolique, la nymphe solitaire, tout cela avait été leur domaine particulier, le cadre favori de leurs rêveries communes, la légende de leur enfance, la poésie de leur jeunesse. C'est sans doute une grande tristesse que de revoir avec des yeux pleins de larmes, avec un cœur flétri et un front courbé sous les orages de la vie, les lieux familiers où l'on a connu le bonheur et la paix; pourtant tous ces chers confidents de vos joies passées, de vos espérances trompées, de vos songes détruits, s'ils sont des témoins douloureux, sont aussi des amis. On les aime, et il semble qu'ils vous aiment. C'était ainsi que ces deux pauvres femmes, promenant à travers ces bois, ces eaux, ces solitudes, leurs incurables blessures, croyaient entendre des voix qui les plaignaient et respirer une sympathie qui les apaisait.

La plus cruelle épreuve que réservât à madame de Camors l'existence qu'elle avait eu la courageuse sagesse d'accepter, c'était assurément l'obligation de recevoir la marquise de Campvallon et de garder avec elle une attitude qui pût tromper les yeux du géné ral et ceux du monde. Elle y était résignée, mais elle désirait retarder le plus possible l'émotion de ce rapprochement. Sa santé lui servit d'excuse naturelle pour ne pas aller dans le cours de cet été à Campvallon, et aussi pour se tenir enfermée chez elle le jour où la marquise vint faire visite à Reuilly, accompagnée du général. Elle y fut reçue par madame de Tècle, qui parvint à l'accueillir avec sa bonne grâce ordinaire. Madame de Campvallon, que M. de Camors avait alors mise au courant, ne se troubla pas davantage, car les meilleures femmes comme les pires excellent à ces comédies, et tout se passa enfin sans que le général eût lieu de concevoir l'ombre d'un soupçon.

La belle saison s'écoula. M. de Camors avait fait d'assez nombreuses apparitions à la campagne affermissant à chaque entrevue le ton nouveau de ses relations avec sa femme. Il séjourna, suivant son usage, à Reuilly pendant le mois d'août, et prit lui-même prétexte de la santé de la comtesse pour ne pas multiplier cette année-là ses visites à Campvallon.

De retour à Paris, il rentra dans ses habitudes et aussi dans son insouciant égoïsme, car il s'était remis peu à peu de la secousse qu'il avait éprouvée; il commençait à oublier ses souffrances, encore plus celles de sa femme, et même à se féliciter secrètement du tour que le hasard avait donné à sa situation. Il en gardait en effet les avantages, et n'en avait plus les inconvénients. Sa femme était instruite, il ne la tromperait plus; c'était en réalité un soulagement pour lui. Quant à elle, elle allait être mère; elle aurait un jouet, une consolation; il comptait, d'ailleurs, redoubler pour elle d'attentions et d'égards. Elle serait heureuse ou à peu près, tout autant en définitive que les trois quarts des femmes en ce monde. Tout était donc pour le mieux. Il redonna l'essor à son char un moment enrayé, et s'élança de nouveau dans sa brillante carrière, fier de sa royale maîtresse, rêvant d'y joindre une fortune royale et entrevoyant au loin pour couronnement de sa vie les triomphes de l'ambition et du pouvoir.

Alléguant diverses obligations assez douteuses, il n'alla à Reuilly qu'une seule fois dans le courant de l'automne; mais il écrivait assez souvent, et madame de Tècle lui envoyait de brèves nouvelles de sa femme.

Un matin, vers la fin de novembre, il reçut une dépêche qui lui fit comprendre en style télégraphique qu'il devait se rendre immédiatement à Reuilly, s'il voulait assister à la naissance de son enfant. Dès qu'un devoir de convenance ou de courtoisie lui apparaissait, M. de Camors n'hésitait point. Voyant qu'il n'avait pas une minute à perdre s'il voulait profiter du train qui partait dans la matinée, il se jeta aussitôt dans une voiture et courut à la gare. Son domestique devait le rejoindre le lendemain.

La station qui correspondait avec Reuilly en était

éloignée de plusieurs lieues. Dans le trouble de la circonstance, aucun arrangement n'avait été pris pour le recevoir à son arrivée, et il dut se contenter, pour faire le trajet intermédiaire, d'un des lourds voiturins du pays. Le mauvais état des chemins fut un nouveau contre-temps, et il était trois heures du matin quand le comte, impatienté et transi, sauta hors du petit coche devant la grille de son avenue.

Il se dirigea à grands pas vers la maison, sous le dôme encore touffu et profondément sombre des vieux ormes silencieux. Il était au milieu de l'avenue, quand un cri aigu déchira l'air : son cœur bondit dans sa poitrine, il s'arrêta brusquement et prêta l'oreille. Le cri se prolongeait dans la nuit. On eût dit l'appel désespéré d'une créature humaine sous le couteau d'un meurtrier. Ces sons douloureux s'apaisèrent peu à peu ; il reprit sa marche avec plus de hâte, n'entendant plus que le battement sourd et précipité de ses artères. — Au moment où il apercevait les lumières du château, un nouveau cri d'angoisse s'éleva, plus poignant, plus sinistre encore, et, cette fois encore, M. de Camors s'arrêta. — Quoique l'explication naturelle de ces cris d'agonie se fût présentée tout de suite à son esprit, il en était troublé. Il n'est pas rare que les hommes habitués comme lui à une vie purement artificielle éprouvent une étrange surprise quand quelqu'une des plus simples lois de la nature se dresse tout à coup devant eux avec la violence impérieuse et irrésistible du fait divin.

M. de Camors gagna la maison, recueillit quelques informations de la bouche des domestiques, et fit prévenir madame de Tècle de son arrivée. Madame de Tècle descendit aussitôt de la chambre de sa fille. En voyant ses traits altérés et ses yeux humides :

— Est-ce que vous êtes inquiète? dit vivement Camors.

— Inquiète, non, dit-elle; mais elle souffre beaucoup, et c'est bien long.

— Est-ce que je pourrais la voir?

Il y eut un silence. Madame de Tècle, dont le front s'était contracté, baissait les yeux; puis, les relevant :

— Si vous l'exigez, dit-elle.

— Je n'exige rien. Si vous croyez que ma présence lui fasse du mal?...

La voix de M. de Camors n'était pas aussi assurée que de coutume.

— J'ai peur, reprit madame de Tècle, qu'elle ne l'agite beaucoup. Si vous voulez avoir confiance en moi, je vous serai obligée.

— Mais au moins... peut-être, dit Camors, serait-elle bien aise de savoir que je suis venu, que je suis là... que je ne l'abandonne pas.

— Je le lui dirai.

— C'est bien.

Il salua madame de Tècle d'un léger signe de tête et se détourna aussitôt. Il entra dans le jardin, qui était derrière la maison, et s'y promena au hasard d'allée en allée.

On sait que généralement le rôle des hommes dans les conjectures où se trouvait en ce moment M. de Camors n'a rien de très aisé ni de très glorieux; mais les ennuis communs de cette épreuve étaient aggravés pour lui par quelques réflexions particulièrement pénibles. Non seulement son assistance était inutile, elle était redoutée; non seulement il n'était pas un soutien, il était un danger et une douleur de plus. Il y avait dans cette pensée une amertume que lui-même sentait. Sa générosité native et son humanité violentée tressaillaient pendant qu'il écoutait les cris farouches et les plaintes de détresse qui se succédaient presque sans relâche à son oreille. Il passa enfin sur la terre humide de ce jardin, sous cette froide nuit et sous la triste aurore qui la suivit, quelques heures pesantes.

Madame de Tècle était venue à plusieurs reprises lui apporter des nouvelles. Vers huit heures, il la vit s'approcher de lui d'un air tranquille et grave.

— Monsieur, lui dit-elle, vous avez un fils.

— Je vous remercie... Comment est-elle?

— Bien. Je vous prierai d'aller la voir dans un instant.

Une demi-heure après, elle reparut sur le seuil du vestibule et l'appela :

— Monsieur de Camors !

Et, quand il fut près d'elle, elle ajouta avec une émotion qui faisait trembler ses lèvres :

— Elle a une inquiétude depuis quelque temps.

Elle a peur que vous ne l'ayez ménagée jusqu'ici pour lui prendre cet enfant... Si jamais vous aviez une telle pensée... pas maintenant, monsieur, n'est-ce pas?

— Vous êtes dure, madame! répondit-il d'une voix sourde.

Elle soupira.

— Venez, dit-elle.

Et elle monta l'escalier devant lui. Elle lui ouvrit la porte de la chambre et l'y laissa entrer seul.

Son premier regard rencontra l'œil de sa jeune femme fixé sur lui. Elle était à demi assise sur son lit, appuyée sur des oreillers, et plus blanche que le rideau dont l'ombre douce l'enveloppait ; elle tenait serré contre elle son enfant endormi, qui était déjà couvert lui-même, comme sa mère, de dentelles blanches et de rubans roses. Du fond de ce nid, elle attachait sur son mari ses grands yeux étincelants d'une sorte d'éclat sauvage, où l'expression du triomphe se mêlait à celle d'une profonde terreur.

Il s'arrêta à quelques pas du lit, et, la saluant de son meilleur sourire :

— J'ai eu bien pitié de vous, Marie, lui dit-il.

— Merci, répondit-elle d'une voix faible comme un souffle.

Elle continuait de le regarder avec le même air d'effroi suppliant.

— Êtes-vous un peu heureuse, maintenant? reprit-il.

L'œil flamboyant de la jeune femme se porta rapidement sur le calme visage de son enfant, puis se redressa vers Camors :

— Vous ne me le prendrez pas?
— Jamais! dit-il.

Comme il prononçait ce mot, ses yeux se voilèrent soudain, et il fut étonné lui-même de sentir des larmes glisser sur ses joues. Il eut alors un mouvement singulier : il s'inclina, saisit un des plis du drap, y porta ses lèvres, et, se relevant aussitôt, il sortit de la chambre.

Dans sa lutte terrible et trop souvent victorieuse contre la nature et la vérité, cet homme avait été une fois vaincu. — Mais il serait puéril d'imaginer qu'un caractère de cette trempe et de cet endurcissement eût pu se transformer ou même se modifier sensiblement sous le coup de quelques émotions passagères et de quelques surprises nerveuses. M. de Camors se remit vite de cette défaillance, si même il ne s'en repentit pas.

Il passa huit jours à Reuilly, remarquant dans la contenance de madame de Tècle et dans les rapports de leur vie commune un peu plus d'abandon qu'auparavant. De retour à Paris, il fit faire avec une prévenance attentive quelques changements dans les dispositions intérieures de son hôtel, afin de préparer à la jeune comtesse et à son fils, qui devaient le rejoindre quelques semaines plus tard, une installation plus large et plus supportable.

VI

Quand madame de Camors revint à Paris et rentra dans la maison de son mari, elle y trouva les impressions navrantes du passé et les sombres préoccupations de l'avenir; mais elle y apportait enfin, quoique sous une forme bien frêle, une puissante consolation. Assiégée de chagrins et toujours menacée d'émotions nouvelles, elle avait dû renoncer à nourrir elle-même son fils; toutefois, elle ne le quittait pas, car elle était jalouse de sa nourrice, et elle voulait être aimée du moins par lui. Elle l'aimait, quant à elle, avec une passion infinie; elle l'aimait, parce qu'il était son fils et son sang, et le prix de ses douleurs; elle l'aimait parce qu'il était désormais toute son espérance de bonheur humain; elle l'aimait parce qu'elle le trouvait beau comme le jour, — et il est vrai qu'il l'était, car il ressemblait à son père, et elle l'aimait encore à cause de cela.

Elle essayait donc de concentrer tout son cœur et toutes ses pensées sur cette chère créature, et, dans les premiers temps, elle crut y avoir réussi. Elle avait été surprise elle-même de sa tranquillité lorsqu'elle avait revu madame de Campvallon, car sa vive imagination avait épuisé par avance toutes les tristesses que son existence nouvelle devait contenir; mais, lorsqu'elle fut sortie de l'espèce d'engourdissement où tant de souffrances successives l'avaient plongée, lorsque ses sensations maternelles se furent un peu apaisées dans l'habitude, le cœur de la femme se retrouva dans le cœur de la mère, et elle ne put se défendre d'un retour d'intérêt passionné vers son gracieux et terrible époux.

Madame de Tècle était venue passer deux mois avec sa fille à Paris, puis elle était retournée à la campagne. Madame de Camors lui écrivait, au commencement du printemps suivant, une lettre qui donnera une idée exacte des sentiments de cette jeune femme à cette époque et du tour qu'avait pris sa vie de famille. Après de longs détails touchant la santé et la beauté de son fils Robert, elle ajoutait :

« Son père est toujours pour moi ce que vous l'avez vu. Il m'épargne tout ce qui peut m'être épargné; mais évidemment la fatalité à laquelle il a obéi persiste sous la même forme. Cependant je ne désespère point de l'avenir, ma mère chérie. Depuis que j'ai vu cette larme dans ses yeux, la confiance est rentrée dans mon pauvre cœur. Soyez sûre, mère adorée, qu'il m'aimera un jour, ne fût-ce qu'à travers son fils, qu'il commence à aimer tout doucement sans s'en apercevoir. D'abord, vous vous en souvenez. ce n'était rien pour lui, cet enfant, pas plus que moi; quand il le surprenait sur mes genoux, il l'embrassait gravement du bout des lèvres : « Bonjour, monsieur! » puis il se sauvait. Il y a juste un mois, — j'ai marqué la date, — ce fut : « Bonjour, mon fils... vous êtes joli! » Vous voyez le progrès? Et savez-vous enfin ce qui s'est passé hier? J'entre chez Robert sans aucun bruit, la porte étant ouverte; qu'est-ce que j'aperçois, ma mère? M. de Camors, la tête coulée sous le capuchon du berceau et riant à ce petit être qui lui riait! Je vous assure qu'il a rougi; il s'est excusé.

» — La porte était ouverte, a-t-il dit, je suis entré.

» — Il n'y a pas de mal, ai-je répondu.

» Il est bizarre, quelquefois, M. de Camors : il dépasse avec moi des limites convenues et nécessaires. Il n'est pas seulement poli; il se met en frais. Hélas! en d'autres temps, ces grâces seraient tombées sur mon cœur comme une rosée du ciel! Maintenant, cela me gêne un peu. — Hier soir, par exemple (autre date!), je m'assois suivant l'usage devant mon piano après le dîner; il lit un journal au coin de la cheminée. L'heure habituelle de ses sorties se passe. Me voilà fort surprise. Je jette un regard furtif entre deux arpèges; il ne lit plus; il ne dort pas; il rêve.

» — Il y a quelque chose de nouveau dans le journal?

» — Non, non, rien du tout.

» Encore deux ou trois arpèges, et j'entre chez mon fils. Je le couche, je l'endors, je le dévore et je reviens. Toujours M. de Camors. — Et puis coup sur coup :

» — Avez-vous des nouvelles de votre mère? Que dit-elle? Avez-vous vu madame Jaubert? Avez-vous vu cette *revue*?

» Enfin quelqu'un qui veut causer.

» Autrefois j'aurais payé de mon sang une de ces soirées, et on me la donne quand je ne sais plus trop qu'en faire.

» Cependant, je me souviens des conseils de ma mère : je ne veux point décourager cette nuance, je me fais un petit air de fête, j'allume quatre bougies d'extra, j'essaye d'être aimable sans être coquette, car la coquetterie ici serait une honte, n'est-ce pas, ma mère? — Enfin nous bavardons, il chantonne deux airs au piano, j'en joue deux autres, il dessine un petit costume russe pour Robert l'an prochain; puis il me parle politique. Ceci m'enchante. Il m'explique sa situation à la Chambre. Minuit sonne. Je deviens remarquablement silencieuse. — Il se lève :

» — Puis-je vous serrer la main en ami?

» — Mon Dieu, oui!

19

» — Bonsoir, Marie.

» — Bonsoir.

» Oui, ma mère, je lis dans vos pensées : il y a là un danger ; mais vous me l'avez montré, et je crois, d'ailleurs, que je l'aurais aperçu toute seule. Ne craignez donc pas. Je serai heureuse de ses bons mouvements, je les encouragerai de mon mieux ; mais je ne me hâterai pas d'y voir un retour sérieux vers le bien et vers moi. Je vois ici dans le monde des accommodements qui me révoltent. Au milieu de mon malheur, je reste pure et fière ; mais je tomberais dans le dernier mépris de moi-même, si je m'exposais jamais à être pour M. de Camors l'objet d'une fantaisie. Un homme si déchu ne se relève pas en un jour. Si jamais il revient vraiment à moi, il m'en faudra de bien graves témoignages. Je n'ai pas cessé de l'aimer, et peut-être s'en doute-t-il ; mais il apprendra que, si ce triste amour peut briser mon cœur, il ne peut l'abaisser, et je n'ai pas besoin de dire à ma mère que je saurai vivre et mourir bravement dans ma robe de veuve.

» D'autres symptômes me frappent encore. Il a plus d'attentions pour moi quand elle est là. C'est peut-être convenu entre eux, mais j'en doute. L'autre soir, nous étions chez le général. Elle valsait, et M. de Camors était venu s'asseoir par une faveur rare à côté de votre fille. — En passant devant nous, elle lança un regard, un éclair... Je sentis la flamme. Des yeux bleus peuvent-ils être féroces ? Il paraît. Je n'ai pas assurément l'âme tendre pour elle, elle est ma cruelle ennemie; mais, si jamais pourtant elle souffrait ce qu'elle m'a fait souffrir... oui, je crois que je la plaindrais.

» Ma mère, je vous embrasse. J'embrasse nos chers tilleuls. Je mange leurs petites feuilles nouvelles comme autrefois. Grondez-moi comme autrefois, et aimez surtout comme autrefois votre

» MARY. »

Cette sage jeune femme, mûrie par le malheur, observait tout, voyait tout et n'exagérait rien. Elle touchait dans cette lettre aux points les plus délicats de la situation de M. de Camors, et même de ses secrets sentiments, avec une justesse précise.

M. de Camors n'était nullement converti, ni près de l'être; mais ce serait aussi méconnaître la vérité humaine que d'attribuer à ce cœur d'homme ou à tout autre une impassibilité surnaturelle. Si les sombres et implacables théories dont M. de Camors avait fait la loi de son existence pouvaient triompher absolument, elles seraient vraies. Les épreuves qu'il avait subies ne l'avaient pas transformé, mais elles l'avaient ébranlé. Il ne marchait plus dans sa voie avec la même fermeté. Il s'écartait de son programme. Il avait été pitoyable pour une de ses victimes, et, comme un tort en entraîne toujours un autre, après avoir eu pitié de sa femme, il était près d'aimer son enfant. Ces deux faiblesses s'étaient glissées dans cette âme pétrifiée comme dans les fentes d'un marbre, et y germaient : deux germes imperceptibles d'ailleurs. L'enfant l'occupait à peine quelques minutes chaque jour; pourtant il y pensait, et rentrait parfois chez lui un peu plus tôt que de coutume, secrètement attiré par le sourire de ce frais visage. La mère était pour lui quelque chose de plus. Ses souffrances, son jeune héroïsme, l'avaient touché. Elle était devenue à ses yeux une personne. Il lui découvrait des mérites. Il s'apercevait qu'elle était très instruite pour une femme, et prodigieusement pour une Française. Elle comprenait à demi-mot, savait beaucoup et devinait le reste. Elle avait enfin ce mélange de grâce et de solidité qui prête à la conversation des femmes dont l'esprit est cultivé un charme incomparable.

Habituée dès l'enfance à sa supériorité comme à son joli visage, elle portait aussi simplement l'une que l'autre. Elle se donnait aux soins de son ménage comme si elle n'eût pas eu d'autres idées dans la tête. Il y avait des détails d'intérieur qu'elle n'abandonnait pas aux domestiques. Elle venait après eux dans son salon, dans son boudoir, un plumeau bleu à la main; elle caressait légèrement de ce plumeau les étagères, les jardinières, les consoles; elle rangeait un meuble, en dérangeait un autre, plantait des branches dans un vase, tout cela en sautillant et en chantant comme un oiseau dans sa cage. Son mari se divertissait quelquefois à la suivre de l'œil dans ces menues besognes. Elle le faisait penser à ces princesses qu'on voit, dans les ballets d'opéra, réduites, par quelque coup du sort, à une domesticité passagère, et qui dansent en faisant le ménage.

— Comme vous aimez l'ordre, Marie! lui dit-il un jour.

— L'ordre, dit-elle gravement, est la beauté morale des choses.

Elle traîna sa voix sur le mot choses, et, craignant d'avoir été prétentieuse, elle rougit.

C'était une aimable créature, et on comprendra, nous l'espérons, qu'elle eût quelque attrait, même pour son mari. Quoiqu'il n'eût pas un seul instant la pensée de lui sacrifier la passion qui possédait sa vie, il est certain cependant que sa femme lui plaisait comme une amie charmante qu'elle était, et peut-être comme un charmant fruit défendu qu'elle était aussi.

Deux ou trois années se passèrent sans amener de changements sensibles dans les rapports mutuels des personnages divers de cette histoire. Ce fut dans la vie de M. de Camors la phase la plus brillante et sans doute la plus heureuse. Son mariage avait doublé sa fortune; ses spéculations habiles l'augmentaient encore chaque jour. Il avait proportionné le train de sa maison à ses nouvelles ressources : dans les régions de la haute vie élégante, il tenait décidément le sceptre. Ses chevaux, ses équipages, son goût artistique, sa toilette même faisaient loi. Sa liaison avec madame de Campvallon, sans être proclamée, était soupçonnée, et complétait son prestige. En même temps, sa capacité d'homme politique commençait à s'affirmer avec éclat; il avait pris la parole dans quelques débats récents, et son *maiden speech* avait été triomphal.

Cette prospérité était grande. Il est pourtant vrai que M. de Camors n'en jouissait pas sans trouble. Deux points sombres tachaient l'azur où il planait, et pouvaient contenir la foudre. — Sa vie d'abord était sans cesse suspendue à un fil. D'un jour à l'autre, le général de Campvallon pouvait être informé de l'intrigue qui le déshonorait, soit par quelque trahison intéressée, soit même par la rumeur publique, qui commençait à s'éveiller. Si ce cas se présentait jamais, il savait que le général ne le ménagerait pas, et il était, d'ailleurs, déterminé à ne pas défendre sa vie contre lui. Cette résolution, formellement arrêtée dans sa pensée, lui servait même de dernier argument pour apaiser sa conscience. Tout l'édifice de sa destinée était donc à la merci d'un hasard assez vraisemblable.

La seconde de ses inquiétudes, c'était la haine jalouse de madame de Campvallon contre la jeune rivale qu'elle s'était autrefois choisie. Après avoir plaisanté franchement sur ce sujet dans les premiers temps, la marquise avait peu à peu cessé même d'y faire allusion. M. de Camors ne pouvant se méprendre à certains symptômes muets, s'alarmait quelquefois de cette jalousie silencieuse. Craignant d'exaspérer dans une âme aussi redoutable le plus violent des sentiments féminins, il s'était réduit de jour en jour à des ménagements qui coûtaient à sa fierté et peut-être aussi à son cœur, car sa femme, pour qui sa conduite nouvelle était inexpliquée, en souffrait vivement, et il le voyait.

Un soir du mois de mai 1860, il y avait une réception à l'hôtel de Campvallon. La marquise, avant de partir pour la campagne, faisait ses adieux au groupe le plus choisi de son monde habituel. Quoique cette fête eût un caractère à demi intime, elle l'avait organisée avec sa recherche et son goût ordinaires. Une sorte de galerie formée de verdure et de fleurs conduisait des salons dans la serre à travers le jardin. Cette soirée fut pénible pour madame de Camors; la négligence de son mari envers elle fut si marquée, son assiduité auprès de la marquise si persistante, leur entente si radieuse, que la jeune femme sentit la douleur de son abandon à un degré presque insupportable. Elle alla se réfugier dans la serre, et, s'y trouvant seule, elle se mit à pleurer. Au bout d'un instant, M. de Camors, ne l'apercevant plus dans les salons, s'inquiéta; elle le vit bientôt entrer dans la serre, avec ce prompt coup d'œil des femmes qui voit sans regarder. Elle affecta d'examiner les fleurs des gradins, et, par un effort de volonté, sécha ses larmes. Son mari cependant s'était avancé lentement vers elle.

— Quel magnifique camélia! lui dit-elle... Connaissez-vous cette variété?

— Très bien, dit-il, c'est le camélia qui pleure.
Il arracha la fleur.
— Marie, reprit-il, je n'ai jamais été très porté aux enfantillages ; mais voici une fleur que je garderai.
Elle attachait sur lui des yeux étonnés.
— Parce que je l'aime, ajouta-t-il.
Un bruit de pas les fit retourner. C'était madame de Campvallon qui parcourait la serre au bras d'un diplomate étranger.
— Pardon, dit-elle en souriant, je vous dérange! que je suis gauche!
Et elle passa.
Madame de Camors était devenue subitement toute rouge, et son mari fort pâle. Le diplomate seul n'avait pas changé de couleur, parce qu'il n'y comprenait rien.
La jeune comtesse, prétextant une migraine que l'air de son visage ne démentait pas, se retira presque aussitôt en disant à son mari qu'elle lui renverrait la voiture.
Peu d'instants après, la marquise de Campvallon, obéissant à un signe secret de M. de Camors, le rejoignit dans le boudoir retiré qui leur rappelait à tous deux l'instant le plus coupable de leur vie. Elle s'assit à côté de lui sur le divan avec sa nonchalance hautaine.
— Qu'est-ce qu'il y a? dit-elle.
— Pourquoi me surveillez-vous? dit Camors. Cela est indigne de vous.

— Ah! une explication? Triste chose! C'est la première entre nous; au moins qu'elle soit complète et rapide.

Elle parlait d'une voix contenue mais passionnée, l'œil fixé sur son pied, qu'elle soulevait légèrement et qui se tordait dans le satin.

— Soyez vrai, reprit-elle : vous êtes amoureux de votre femme?

Il haussa les épaules.

— Indigne de vous, je le répète.

— Et que signifient alors ces tendresses pour elle?

— Vous m'avez ordonné de l'épouser, non de la tuer, je suppose.

Elle eut un mouvement de sourcils étrange qu'il ne vit pas, car ils ne se regardaient ni l'un ni l'autre. Après une pause :

— Elle a son fils, elle a sa mère, reprit-elle; moi, je n'ai que vous!... Écoutez, mon ami, ne me rendez pas jalouse, car, lorsque je le suis, il me vient des pensées dont je suis moi-même épouvantée... Et tenez, puisque nous en sommes là, si vous l'aimez, dites-le-moi plutôt; vous me connaissez, je n'ai pas de petites ruses... Eh bien, je crains tant les souffrances et les humiliations dont j'ai le pressentiment, je me crains tant moi-même, que je vous offre, que je vous rends votre liberté... J'aime mieux cette douleur horrible, mais du moins franche et noble... Ce n'est pas un piège que je vous tends, croyez-le.

Regardez-moi! je ne pleure pas souvent... (L'azur sombre de ses yeux était noyé de larmes.) Oui, je suis sincère, et, je vous en prie, si cela est, profitez de ce moment, car, si vous le laissez échapper, vous ne le retrouverez jamais!

M. de Camors n'était nullement préparé à cette mise en demeure. L'idée de rompre sa liaison avec la marquise ne lui avait encore jamais traversé l'esprit. Cette liaison lui paraissait très conciliable avec les sentiments que sa femme pouvait lui inspirer. Elle était la faute la plus pesante et le danger perpétuel de sa vie; mais elle en était l'émotion, l'orgueil et la volupté magnifique. Il frémit, il s'irrita presque à la pensée de perdre un amour qu'il avait, d'ailleurs, acheté si cher. Il couvrit d'un regard ardent ce beau visage pur et exalté comme celui d'un archange combattant.

— Ma vie est à vous, dit-il. Comment pouvez-vous songer à rompre des liens comme les nôtres? comment pouvez-vous vous alarmer, ou même vous occuper de ma conduite envers une autre? Je suis ce que l'honneur et l'humanité me commandent, rien de plus, et vous, je vous aime, entendez-vous?... entends-tu?

— C'est vrai? dit-elle.

— C'est vrai.

— Je vous crois.

Elle lui prit la main, et le regarda un moment sans parler, l'œil voilé, le sein palpitant; puis, se levant tout à coup:

— Vous savez, mon ami, que j'ai du monde chez moi?

Elle le salua d'un sourire et sortit du boudoir.

Cette scène cependant avait laissé dans l'esprit de Camors une impression désagréable, et il y pensait le lendemain matin avec humeur, tout en essayant un cheval dans l'avenue des Champs-Élysées, quand il se trouva soudain en face de son ancien secrétaire Vautrot. Il ne l'avait pas revu depuis le jour où ce personnage avait jugé prudent de se congédier lui-même à l'improviste. Les Champs-Élysées étant déserts à cette heure, Vautrot ne put esquiver, comme il l'avait fait peut-être plus d'une fois, la rencontre de Camors. Se voyant reconnu, il salua et s'arrêta, un sourire inquiet sur les lèvres. Son habit noir usé et son linge douteux décelaient une misère inavouée mais profonde. M. de Camors ne prit pas garde à ce détail, qui eût sans doute éveillé sa générosité naturelle et refoulé l'indignation dont il s'était senti saisi tout à coup. Il retint brusquement les rênes de son cheval.

— Ah! vous voilà, monsieur Vautrot? dit-il. Vous n'êtes donc plus en Angleterre? Et qu'est-ce que vous faites maintenant?

— Je cherche une position, monsieur le comte, dit humblement Vautrot, qui connaissait trop bien son ancien patron pour ne pas lire clairement dans le pli de sa moustache les pronostics d'un orage.

— Et pourquoi, reprit Camors, ne pas vous remettre

à la serrurerie? Vous y étiez fort adroit... Les serrures les plus compliquées n'avaient pas de secret pour vous.

— Je ne sais ce que vous voulez dire, murmura Vautrot.

— Drôle!

Et, en lui jetant ce mot du bout des lèvres avec un accent de mépris indicible, M. de Camors toucha légèrement du fouet de sa cravache l'épaule de Vautrot; après quoi il s'éloigna tranquillement au petit pas de son cheval.

M. Vautrot était alors, en effet, à la recherche d'une position qu'il eût aisément trouvée, s'il eût voulu se contenter de celles qui convenaient à ses talents; mais il était, on s'en souvient, de ceux qui ont des vanités sans proportion avec leur mérite et de ceux surtout qui sont plus affamés de jouissances que de travail. Il était tombé à cette époque dans une détresse extrême qui n'avait pas besoin d'être beaucoup aigrie pour le pousser au mal, sinon au crime. On a de nos jours plus d'un exemple des excès où peuvent se porter ces sortes d'intelligences ambitieuses, avides et impuissantes. M. Vautrot, en attendant mieux, était rentré depuis quelque temps dans le rôle hypocrite qui lui avait autrefois réussi; la veille même, il était retourné chez madame de la Roche-Jugan, et y avait fait amende honorable de ses egarements philosophiques, car il était comme ces Saxons du temps de Charlemagne qui demandaient le baptême toutes les fois qu'ils éprouvaient le désir d'avoir une tunique neuve. Madame de la Roche-Jugan n'avait pas mal accueilli ce triste enfant prodigue; mais elle s'était refroidie sensiblement en le trouvant plus discret qu'elle n'eût voulu sur certain sujet qu'elle avait à cœur d'approfondir. Elle était alors plus préoccupée que jamais des relations qu'elle avait dès longtemps soupçonnées entre madame de Campvallon et M. de Camors. Ces relations ne pouvaient manquer d'être fatales aux espérances qu'elle avait fondées de loin sur le veuvage de la marquise et sur l'héritage du général. Le mariage de Camors lui avait fait un moment quelque illusion; mais elle était de ces dévotes qui supposent toujours le mal, et ses soupçons n'avaient pas tardé à se réveiller. Elle avait essayé d'obtenir de Vautrot, qui avait été longtemps dans l'intimité de son neveu, quelques éclaircissements sur ce mystère, et, Vautrot ayant eu la pudeur de les lui refuser, elle l'avait mis à la porte.

Après sa rencontre avec M. de Camors, Vautrot se dirigea immédiatement vers la rue Saint-Dominique, et, une heure plus tard, madame de la Roche-Jugan avait le plaisir de connaître tout ce qu'il savait lui-même de la liaison de Camors avec la marquise. Or, on se rappelle qu'il savait tout. Cette révélation, si prévue qu'elle pût être, atterra madame de la Roche-Jugan, qui vit ses projets maternels décidément renversés pour jamais. Au sentiment amer de cette déception se joignit aussitôt dans cette âme vile le désir furieux de se venger. Il est vrai qu'elle avait été mal récompensée de l'effort anonyme qu'elle avait jadis tenté pour ouvrir les yeux du malheureux général; car, depuis ce moment, le général, la marquise et Camors lui-même, sans rompre leurs rapports ordinaires avec elle, lui avaient laissé sentir une pointe de mépris dont son cœur était ulcéré.

Il ne fallait point s'exposer à une nouvelle déconvenue du même genre : il fallait assurément, au nom de la morale, confondre ces aveugles et ces coupables, mais, cette fois, avec de telles preuves, que le coup fut irrésistible. A force d'y songer même, madame de la Roche-Jugan se persuada que le tour nouveau des événements pouvait redevenir favorable aux prétentions qui avaient été l'idée fixe de sa vie. Madame de Campvallon détruite, M. de Camors écarté, le général devait demeurer seul au monde, et il était naturel de supposer qu'il se rejetterait alors sur son jeune parent Sigismond, ne fût-ce que pour reconnaître l'amitié clairvoyante et offensée de madame de la Roche-Jugan. Le général, à la vérité, avait par son contrat de mariage assuré tous ses biens à sa femme : mais madame de la Roche-Jugan, qui avait consulté sur cette question, n'ignorait pas qu'il restait maître, tant qu'il vivait, d'aliéner sa fortune, d'en dépouiller l'épouse indigne et de la transmettre à Sigismond.

Madame de la Roche-Jugan ne s'arrêta pas à la chance, assez vraisemblable pourtant, d'une rencontre personnelle entre le général et Camors : on connaît l'intrépidité dédaigneuse des femmes en matière de duel. Elle s'ingénia donc sans scrupule à engager Vautrot dans l'œuvre méritoire qu'elle tramait : elle le lia par quelques avantages immédiats et par des promesses; elle lui fit espérer du général une rémunération considérable. Vautrot, qui sentait encore sur son épaule la cravache de Camors, et qui l'eût tué de sa main, s'il eût osé, avait à peine besoin des excitations du lucre pour s'associer aux vengeances de sa protectrice et s'en rendre l'instrument. Il résolut cependant, puisque l'occasion s'en offrait, de se mettre une fois pour toutes au-dessus des atteintes de la misère en spéculant habilement sur le secret dont il était possesseur et sur l'immense fortune du général.

Ce secret, il l'avait déjà livré à madame de Camors sous l'inspiration d'un autre sentiment; mais il avait eu alors entre les mains des témoignages qui maintenant lui manquaient. Il avait donc besoin de se procurer des armes nouvelles et infaillibles; mais si l'intrigue qu'il s'agissait de démasquer existait encore, il ne désespéra pas d'en surprendre quelques indices certains en s'aidant de la connaissance générale qu'il avait eue autrefois des habitudes et des allures du comte de Camors. Ce fut la tâche à laquelle il s'appliqua dès ce moment jour et nuit avec l'ardeur malfaisante de la haine et de la convoitise.

La confiance absolue que M. de Campvallon avait rendue à sa femme et à Camors depuis le mariage du comte avec mademoiselle de Tècle eût permis sans doute aux deux amants de supprimer dans leurs rapports les complications du mystère et de l'aventure; mais ce qu'il y avait d'ardent, de poétique et de théâtral dans l'imagination de la marquise ne l'avait pas souffert. L'amour ne lui suffisait pas : il lui en fallait le danger, la mise en scène, les voluptés rehaussées de terreur. Une ou deux fois, dans les premiers temps, elle avait eu la témérité de quitter son hôtel pendant la nuit et d'y rentrer avant le jour; mais elle avait dû renoncer à des audaces reconnues trop périlleuses. Ses entrevues nocturnes avec M. de Camors étaient rares, et elles avaient toujours lieu chez elle. Voici quelle en était la combinaison. — Un terrain vague, servant par intervalles de chantier, était contigu aux jardins de l'hôtel de Campvallon; le général en avait autrefois acheté une portion; il y avait fait construire une maisonnette au milieu d'un potager, et y avait logé, avec sa bonté ordinaire, un ancien sous-officier nommé Mesnil, qui lui avait longtemps servi d'ordonnance. Ce Mesnil avait toute la confiance de son maître; il était investi d'une sorte de contrôle sur la partie forestière des propriétés de M. de Campvallon. Il demeurait l'hiver à Paris, mais il allait quelquefois passer deux ou trois jours à la campagne quand le général désirait obtenir sur quelque litige spécial des renseignements sûrs. C'était le moment de ces absences que madame de Campvallon et M. de Camors choisissaient pour leurs dangereux rendez-vous de nuit. Camors, averti du dehors par quelque signe convenu, s'introduisait dans l'enclos qui entourait le logis de Mesnil, et, de là, dans les jardins de l'hôtel. Madame de Campvallon se chargeait elle-même, avec des épouvantes qui la charmaient, de tenir ouverte une des portes-fenêtres du rez-de-chaussée. L'habitude parisienne de reléguer les domestiques sous les combles donnait à ces hardiesses une sorte de sécurité, quoique toujours fort précaire.

Vers la fin de mai, une de ces occasions, toujours impatiemment attendues de part et d'autre, s'était présentée, et M. de Camors, au milieu de la nuit, pénétrait dans le petit jardin de l'ancien sous-officier. Au moment où il tournait la clef de la grille qui le fermait, il crut entendre un faible bruit derrière lui. Il se retourna, parcourut d'un regard rapide l'espace sombre qui l'environnait, et, pensant s'être trompé, il entra. L'instant d'après, l'ombre d'un homme parut à l'angle d'une des piles de bois qui s'échafaudaient çà et là dans le chantier; cette ombre demeura quelque temps immobile en face des fenêtres de l'hôtel, et se replongea dans les ténèbres.

La semaine suivante, M. de Camors, étant au cercle dans la soirée, fit un whist avec le général. Il remarqua que M. de Campvallon n'était pas à son jeu, et vit même sur ses traits l'empreinte d'une préoccupation profonde.

— Est-ce que vous êtes souffrant, général? lui dit-il quand la partie fut achevée.

— Non, non, dit le général... je suis contrarié seulement... Une affaire ennuyeuse... entre deux de mes gardes... à la campagne... J'ai envoyé Mesnil ce matin examiner cela.

Le général fit quelques pas, et revint vers Camors, qu'il prit à part.

— Mon ami, lui dit-il, je vous ai trompé tout à l'heure... j'ai quelque chose sur l'esprit, quelque chose de grave... je suis même très malheureux.

— Qu'y a-t-il donc? dit Camors, dont le cœur s'était précipité.

— Je vous conterai cela... probablement demain... Venez toujours chez moi demain matin, voulez-vous?

— Oui, certainement.

— Merci... Maintenant, je m'en vais, car je ne suis réellement pas bien.

Il lui serra la main avec plus d'affection que de coutume.

— Adieu, mon cher enfant, ajouta-t-il.

Et il se détourna brusquement pour cacher des larmes qui avaient soudain rempli ses yeux.

M. de Camors avait ressenti pendant quelques minutes une vive inquiétude; mais l'adieu amical et attendri du général le rassura pleinement en ce qui le concernait, quoiqu'il demeurât étonné et même affecté de la tristesse émue du vieillard. Chose étrange, s'il y avait un homme au monde auquel il voulût du bien et pour lequel il eût été prêt à se dévouer, c'était celui qu'il outrageait mortellement.

Il avait eu, d'ailleurs, raison de s'inquiéter, et il avait tort de se rassurer, car le général, dans le cours de cette soirée, était informé de la trahison de sa femme, du moins il y était préparé. Seulement, il ignorait encore le nom de son complice, ceux qui l'avaient instruit ayant craint de se heurter contre une incrédulité opiniâtre et absolue, s'ils avaient nommé Camors. Il est probable, en effet, après ce qui s'était passé autrefois, que, si ce nom eût été prononcé de nouveau, le général eût reculé devant ce soupçon comme devant une monstrueuse impossibilité, flétrissante même pour la pensée.

M. de Camors resta au cercle jusqu'à une heure du matin et se rendit de là rue Vaneau. Il s'introduisit dans l'hôtel de Campvallon avec les précautions accoutumées, et, cette fois, nous l'y suivrons.

En traversant le jardin, il leva les yeux vers les fenêtres de la chambre du général et ne vit briller derrière les persiennes que la douce lueur d'une lampe de nuit. — La marquise l'attendait à la porte de son boudoir, qui s'ouvrait sur une rotonde extérieure, élevée de quelques marches au-dessus du sol. Il posa ses lèvres sur la main de la jeune femme, et lui dit ensuite quelques mots de la tristesse préoccupée du général. Elle répondit qu'il était très inquiet de sa santé depuis quelques jours. Cette explication parut naturelle à M. de Camors, et il suivit la marquise à travers les grands salons pleins de silence et de ténèbres. — Elle tenait à la main un bougeoir, dont la faible clarté jetait sur ses traits délicats une pâleur étrange. Quand ils montèrent le large escalier sonore, le froissement de sa robe sur les degrés fut le seul bruit qui trahit sa démarche légère. Elle s'arrêtait de temps à autre, toute frissonnante, comme pour mieux savourer la solennité dramatique qui les entourait; elle renversait un peu sa tête blonde pour regarder Camors; elle lui souriait de son sourire inspiré, posait une main sur son cœur comme pour dire : « J'ai peur! » et reprenait sa marche.

Ils arrivèrent dans sa chambre, dont une lampe éclairait à demi la sombre magnificence, les boiseries sculptées, les lourdes draperies. La flamme du foyer, en s'élevant par intervalles, lançait d'ardents reflets sur deux ou trois tableaux de l'école espagnole qui étaient l'unique décoration de cette pièce sévère et superbe.

La marquise se laissa tomber, comme épuisée de crainte, sur un meuble en forme de divan qui était près de la cheminée : puis elle poussa du pied deux coussins sur lesquels M. de Camors se prosterna à demi devant elle; elle rejeta alors de ses deux mains les boucles épaisses de ses cheveux, et, se penchant sur son amant :

— M'aimez-vous aujourd'hui? dit-elle.

Le souffle pur de sa voix passait encore sur le visage de Camors quand une porte s'ouvrit devant eux : le général entra.

La marquise et M. de Camors furent debout au

même instant, et, côte à côte, immobiles, le regardèrent.

Le général s'était arrêté près de la porte : il avait eu en les apercevant un faible tressaillement, et ses traits s'étaient couverts d'une pâleur livide. Son œil s'attacha pendant une minute sur Camors avec une expression de stupeur et presque d'égarement; puis il leva ses bras tendus au-dessus de sa tête, et ses deux mains se choquèrent avec bruit.

En ce moment terrible, madame de Campvallon saisit le bras de Camors et lui jeta un regard profond, suppliant, tragique, qui l'effraya. — Il l'écarta avec une sorte de rudesse, croisa les bras, et attendit.

Le général marcha sur lui, d'abord lentement. Tout à coup son visage s'enflamma d'une teinte pourpre, ses lèvres s'entr'ouvrirent et s'agitèrent pour quelque insulte suprême, et il s'avança rapidement la main haute; mais, au bout de quelques pas, le vieillard s'arrêta brusquement, il battit l'air de ses deux bras comme pour chercher un soutien; puis il trébucha, tomba en avant, la tête contre le marbre de la cheminée. et, roulant sur le tapis, il y demeura étendu sans mouvement.

Il y eut alors dans cette chambre un silence sinistre. Un cri étouffé de M. de Camors le rompit. En même temps, il s'élança, s'agenouilla devant le vieillard immobile, et lui toucha longuement la main, puis le cœur. — Il vit qu'il était mort. — Un mince filet de sang coulait sur son front pâle que le choc du marbre avait déchiré; mais cette blessure était légère. Ce n'était pas là ce qui l'avait tué. Ce qui l'avait tué, c'était la trahison de ces deux êtres qu'il aimait et dont il se croyait aimé. Son cœur avait été littéralement brisé par la violence de la surprise, du chagrin et de l'horreur.

Un regard de Camors apprit à madame de Campvallon qu'elle était veuve. Elle s'affaissa sur le divan, cacha sa tête dans les coussins, et sanglota.

M. de Camors était debout, adossé à la cheminée, l'œil fixe, livré à ses pensées. Il eût voulu dans toute la sincérité de son âme réveiller ce mort et lui donner sa vie. Il s'était juré de la lui livrer sans défense, si jamais il la lui demandait en échange des bienfaits oubliés, de l'amitié trahie, de l'honneur violé, — et maintenant il l'avait tué! S'il n'avait pas commis ce crime de sa main, le crime pourtant était là, dans son hideux appareil. Il en avait le spectacle, il en sentait l'odeur, il en respirait le sang.

Sur un coup d'œil inquiet de la marquise, il ressaisit violemment ses esprits, et s'approcha d'elle. Il y eut alors entre eux un chuchotement à voix basse; il lui expliqua à la hâte quelle conduite elle devait tenir. Il fallait appeler, dire que le général s'était trouvé plus souffrant tout à coup, et qu'il avait été foudroyé en mettant le pied chez elle. Cependant, elle comprit avec effroi qu'il était nécessaire d'attendre un assez long temps avant de donner l'alarme, car elle devait laisser à Camors le temps de fuir, et, jusque-là, elle allait rester dans un épouvantable tête-à-tête. Il eut pitié d'elle, et se décida à sortir de l'hôtel par l'appartement de M. de Campvallon, qui avait une issue particulière sur la rue. — La marquise sonna aussitôt violemment à plusieurs reprises, et M. de Camors ne se retira qu'au moment où des bruits de pas précipités se firent entendre dans l'escalier.

L'appartement du général communiquait avec celui de sa femme par une courte galerie; il y avait ensuite un cabinet de travail, puis la chambre. M. de Camors traversa cette chambre avec des sentiments que nous n'essayerons pas de décrire, et il gagna la rue.

Les médecins constatèrent que le général était mort de la rupture d'un vaisseau du cœur. — Le surlendemain, l'enterrement eut lieu, et M. de Camors y assista. Le soir même, il quitta Paris, et alla rejoindre sa femme, qui était installée à Reuilly depuis la semaine précédente.

VII

Une des plus douces sensations de ce monde est celle de l'homme qui vient d'échapper aux étreintes fantastiques d'un cauchemar, et qui, s'éveillant le front baigné d'une sueur glacée, se dit qu'il a rêvé. Ce fut en quelque sorte l'impression qu'éprouva M. de Camors à son réveil, le lendemain de son arrivée à Reuilly, quand il vit de son premier regard le soleil jouer dans le feuillage, et quand il entendit sous sa fenêtre le rire frais de son fils. Lui pourtant n'avait pas rêvé; mais son âme, épuisée par l'horrible tension de ses émotions récentes, avait un moment de trêve, et goûtait presque sans mélange le calme nouveau qui l'entourait. Il s'habilla avec une sorte de hâte et descendit dans le jardin; son fils accourut. M. de Camors l'embrassa avec une tendresse inaccoutumée, et, penché sur lui, il lui parla à voix basse, l'interrogeant sur sa mère, sur ses jeux, avec un accent singulier de douceur et de tristesse ; puis il lui rendit sa liberté et se promena à pas lents, respirant l'air du matin, examinant les feuillages et les fleurs avec une sorte d'intérêt extraordinaire. De temps à autre, sa poitrine oppressée laissait échapper un soupir profond et saccadé, et il passait la main sur son front comme pour effacer des images importunes.

Il s'assit sur un de ces buis bizarrement taillés qui meublaient le jardin à l'ancienne mode, et appela de nouveau son fils ; il le tint entre ses genoux, l'interrogeant encore à demi-voix comme il avait déjà fait, puis il l'attira et le serra longtemps étroitement comme pour faire passer dans son propre cœur l'innocence et la paix du cœur de l'enfant.

Madame de Camors le surprit dans cette expansion et demeura muette d'étonnement. Il se leva aussitôt, et, lui prenant la main :

— Comme vous l'élevez bien! dit-il. Je vous en remercie... Il sera digne de vous et de votre mère.

Elle était si saisie du ton doux et triste de sa voix, qu'elle répondit en balbutiant avec embarras :

— Mais digne de vous aussi, je pense!

— De moi! dit Camors, dont les lèvres tremblèrent faiblement. Pauvre enfant, j'espère que non!

Et il s'éloigna avec précipitation.

Madame de Camors et madame de Tècle avaient

appris la veille dans la matinée la mort du général. Le soir, quand le comte était arrivé, il ne leur en avait point parlé, et elles s'étaient gardées d'y faire allusion. Le lendemain et les jours qui suivirent, elles observèrent la même réserve. Bien qu'elles fussent loin de soupçonner les circonstances fatales qui rendaient ce souvenir si pesant à M. de Camors, elles trouvaient naturel qu'il eût été frappé d'une catastrophe si soudaine, et que sa conscience s'en fût émue; mais elles furent étonnées que cette impression se prolongeât de jour en jour au point de prendre l'apparence d'un sentiment durable. Elles en arrivèrent à croire qu'il s'était élevé entre madame de Campvallon et lui, peut-être à l'occasion de la mort du général, quelque orage qui avait affaibli leurs liens. Un voyage de vingt-quatre heures qu'il fit une quinzaine de jours après son arrivée leur fut à la vérité justement suspect; mais son prompt retour, le goût tout nouveau qui le retint à Reuilly pendant tout l'été, furent pour elles d'heureux symptômes. Il était singulièrement triste, pensif, et d'une inaction contraire à toutes ses habitudes. Il faisait seul de longues promenades à pied; quelquefois, il emmenait son fils avec lui comme en bonne fortune. Il avait avec sa femme des essais de tendresse timide, et cette gaucherie de sa part était touchante.

— Marie, lui dit-il un jour, vous qui êtes une fée, promenez donc votre baguette autour de Reuilly, et faites-en une île au milieu de l'Océan.

— Vous dites cela parce que vous savez nager, répondit-elle en riant et en secouant la tête.

Mais le cœur de la jeune femme était dans la joie.

— Tu m'embrasses à toute minute depuis quelque temps, ma mignonne, lui dit madame de Tècle... Est-ce bien à moi que tout cela s'adresse?

— Ma mère adorée, répondit-elle en l'embrassant une fois de plus, je vous assure qu'il me fait tout simplement la cour... Pourquoi? Je l'ignore; mais il me fait la cour... et à vous aussi, ma mère, remarquez-vous?

Madame de Tècle le remarquait en effet. Dans ses entretiens avec elle, M. de Camors recherchait avec une sorte d'affectation les souvenirs du passé qui leur avait été commun; on eût dit qu'il voulait enchaîner à ce passé sa vie nouvelle, oublier le reste, et prier qu'on l'oubliât.

Ce n'était pas sans tremblement que ces deux charmantes femmes s'abandonnaient à leurs espérances. Elles se rappelaient qu'elles étaient en présence d'un être redoutable. Elles ne concevaient guère une métamorphose si brusque dont le principe leur échappait. Elles craignaient quelque caprice passager qui leur rendrait bientôt, si elles en étaient dupes, tout leur malheur avec la dignité de moins. Elles n'étaient pas seules pourtant frappées de cette singulière transformation. M. Des Ramures en parlait. Les paysans des environs sentant dans le langage du comte quelque chose de tout nouveau et comme une pointe d'humanité attendrie, disaient qu'il était poli les autres années, et que cette année il était bon. Les choses inanimées même, les bois, les champs, le ciel, auraient pu lui rendre le même hommage, car il les regardait et les étudiait avec une curiosité bienveillante dont il ne les avait jamais honorés auparavant.

La vérité est qu'un trouble profond l'avait envahi et ne le quittait pas. Plus d'une fois, avant cette époque, son âme, ses doctrines, son orgueil, avaient reçu de rudes atteintes, il n'en avait pas moins continué sa marche, se relevant après chaque coup comme un lion blessé, mais non vaincu. En mettant naguère sous ses pieds toutes les croyances morales qui entravent le vulgaire, il avait cependant réservé l'honneur comme une limite inviolable; puis, sous l'empire de la passion, il s'était dit qu'après tout l'honneur, comme le reste, était une convention, et il avait passé outre; mais au delà il avait rencontré le crime, il l'avait touché de la main : l'horreur l'avait saisi, et il reculait.

Il repoussait avec dégoût les principes qui l'avaient conduit là, se demandant peut-être ce que deviendrait une société humaine qui n'en aurait pas d'autres. Les simples vérités qu'il avait méconnues lui apparaissaient dans leur splendeur tranquille : il ne les distinguait pas encore clairement, il ne cherchait pas à leur donner un nom ; mais il se plongeait avec de secrètes délices dans leur ombre et dans leur paix, il les demandait au cœur pur de son enfant, au pur amour de sa femme, aux miracles quotidiens de la nature, aux harmonies des cieux, et peut-être déjà, dans le plus profond de sa pensée, à Dieu.

Au milieu de ses élans vers une vie renouvelée, il hésitait. Madame de Campvallon était là. Il l'aimait encore vaguement; surtout il ne pouvait l'abandonner sans une sorte de lâcheté. De confuses épouvantes l'agitaient. Après avoir fait tant de mal, lui serait-il permis de faire le bien et de goûter paisiblement les joies qu'il entrevoyait? Ses liens avec le passé, sa fortune mal acquise, sa fatale maîtresse, le spectre de ce vieillard, le permettraient-ils? et nous ajouterons : la Providence le souffrirait-elle? Non pas que nous voulions abuser légèrement, comme on le fait beaucoup, de ce mot de Providence, et laisser planer sur M. de Camors la menace de quelque châtiment surnaturel : la Providence n'intervient dans les événements humains que par la logique des lois éternelles, elle n'est autre chose que la sanction de ces lois; mais c'est assez pour qu'on la craigne.

A la fin du mois d'août, M. de Camors se rendit suivant l'usage au chef-lieu du département pour prendre part aux travaux du Conseil général. La session finie, il alla faire visite à la marquise de Campvallon avant de retourner à Reuilly. Il l'avait un peu négligée dans le cours de l'été, et n'avait paru à Campvallon qu'à de rares intervalles, comme la convenance l'exigeait. La marquise voulut le retenir à dîner, bien qu'elle n'eût pas d'hôtes chez elle; elle insista avec tant de séduction, que, tout en se blâmant, il céda. Il ne la revoyait jamais sans trouble. Elle lui rappelait des souvenirs terribles, mais aussi de terribles ivresses. Elle n'avait jamais été si belle ; ses vêtements de deuil ennoblissaient encore sa grâce languissante et souveraine ; ils pâlissaient son front, ils relevaient l'éclat sombre de son regard. Elle avait l'air d'une jeune reine tragique, ou d'une allégorie de la nuit.

Dans la soirée, une heure arriva où la réserve qui, depuis quelque temps, avait marqué leurs relations fut oubliée. M. de Camors se retrouva comme autrefois aux pieds de la jeune marquise, les yeux dans ses yeux, couvrant de baisers ses mains éblouissantes. Elle était étrange ce soir-là. Elle le regardait avec une tendresse exaltée, versant comme à plaisir dans ses veines les philtres les plus brûlants de la passion ; puis elle lui échappait, et des larmes jaillissaient de ses yeux. Tout à coup, par un de ces mouvements de magicienne qu'elle avait, elle enveloppa de ses cheveux la tête de son amant avec la sienne, et lui parlant tout bas sous l'ombre de ce voile parfumé :

— Nous pourrions être si heureux ! dit-elle.

— Ne le sommes-nous pas ? dit Camors.

— Non... moi, du moins... car vous n'êtes pas tout à moi comme je suis toute à vous... Cela me paraît plus dur encore maintenant que je suis libre... Si vous étiez resté libre vous-même... Quand j'y songe !... ou si vous pouviez le devenir... ce serait le ciel !

— Vous savez que je ne le suis pas... Pourquoi parler de cela?

Elle s'approcha encore, et, de son souffle plutôt que de sa voix :

— Est-ce que c'est impossible, dites?

— Comment? demanda-t-il.

Elle ne répondit pas; mais son regard fixe, caressant et cruel répondit.

— Parlez donc, je vous prie, murmura Camors.

— Ne m'avez-vous pas dit, — je ne l'ai pas oublié, moi, — que nous serions unis par des liens supérieurs à tout... que le monde et ses lois n'existeraient plus pour nous... qu'il n'y aurait d'autre bien, d'autre mal pour nous que notre bonheur ou notre malheur?... Eh bien, nous ne sommes pas heureux... et si nous pouvions l'être enfin!... Écoute, — j'y ai bien pensé...

Ses lèvres touchèrent la joue de Camors, et le murmure de ses dernières paroles se perdit dans ses baisers.

M. de Camors brusquement la repoussa et se leva debout devant elle.

— Charlotte, dit-il avec force, c'est une épreuve, j'espère... mais, épreuve ou non, ne revenez jamais sur cela... jamais, entendez-vous!

Elle se dressa elle-même subitement.

— Ah! comme vous l'aimez! cria-t-elle. Oui, vous l'aimez! c'est elle que vous aimez! je le sais!... je le sens! et, moi, je ne suis plus que le misérable objet de votre pitié ou de vos caprices!... Eh bien, allez la retrouver! allez la garder! car je vous jure qu'elle est en danger!...

Il sourit avec son ironie la plus hautaine.

— Voyons vos projets, dit-il; ainsi vous comptez la tuer?

— Si je puis! dit-elle.

Et son bras superbe se tendit comme pour saisir une arme.

— Quoi! de votre main?

— La main... se trouvera!

— Vous êtes si belle en ce moment, dit Camors, que je meurs d'envie de retomber à vos pieds. Avouez seulement que vous avez voulu m'éprouver, ou que vous avez été folle une minute...

Elle eut un sourire farouche.

— Ah! vous avez peur, mon ami! dit-elle froidement.

Puis, élevant de nouveau sa voix, qui avait pris des sons rauques :

— Et vous avez raison, car je ne suis pas folle... je n'ai pas voulu vous éprouver... je suis jalouse... je suis trahie... et je me vengerai! Et rien ne me coûtera... car je ne tiens plus à rien au monde!... Allez la garder!...

— Soit! j'y vais, dit Camors.

Il sortit aussitôt du salon, puis du château. Il gagna à pied la station du chemin de fer, et il était le soir même à Reuilly. — Quelque chose de terrible l'y attendait.

Madame de Camors était allée, pendant son absence, faire quelques emplettes à Paris, où sa mère l'avait accompagnée. Elles y étaient restées trois jours. Elles étaient revenues le matin. Lui-même arriva fort tard dans la soirée. Il crut voir quelque gêne dans leur accueil; mais il ne s'en préoccupa pas dans l'état d'esprit où il était.

Voici ce qui s'était passé. Madame de Camors, pendant son séjour à Paris, était allée, suivant son usage, rendre ses devoirs à sa tante, madame de la Roche-Jugan. Leurs relations avaient toujours été tièdes. Ni leurs caractères ni leurs religions ne s'accordaient; mais madame de Camors se contentait de ne pas aimer sa tante, et madame de la Roche-Jugan haïssait sa nièce. Elle trouva une bonne occasion de le lui prouver, et ne la manqua pas. Elles ne s'étaient pas vues depuis la mort du général. Cet événement, que madame de la Roche-Jugan eût dû se reprocher pour sa large part, l'avait simplement exaspérée. Sa mauvaise action s'était retournée contre elle. La mort subite de M. de Campvallon avait finalement détruit ses dernières espérances, celles qu'elle avait cru pouvoir fonder sur la colère et sur l'abandon du vieillard. Depuis ce temps, elle était sourdement animée contre son neveu et contre la marquise d'une fureur de mégère. Elle avait su par Vautrot que M. de Camors se trouvait dans la chambre de madame de Campvallon la nuit où le général avait succombé. Sur ce fond vrai, elle n'avait pas craint d'élever les plus odieuses suppositions, et Vautrot, déçu comme elle dans sa vengeance et dans ses convoitises, l'y avait aidée. Quelques rumeurs sinistres, échappées apparemment de cette source, avaient même couru à cette époque dans le monde parisien. Camors et madame de Campvallon, soupçonnant qu'ils avaient été trahis une seconde fois par madame de la Roche-Jugan, avaient rompu avec elle, et elle avait pu s'apercevoir, quand elle s'était présentée à la porte de la marquise, qu'elle y était consignée, affront qui avait achevé de l'ulcérer.

Elle était encore en proie à toute la violence de ces sentiments quand elle reçut la visite de madame de Camors. Elle affecta de prendre la mort du général pour texte d'entretien, versa quelques larmes sur son vieil ami, et, saisissant les mains de sa nièce dans un élan de tendresse :

— Ma pauvre petite, lui dit-elle, c'est aussi sur vous que je pleure... car vous allez être plus malheureuse qu'auparavant... si c'est possible.

— Je ne vous comprends pas, madame, dit froidement la jeune femme.

— Si vous ne me comprenez pas, tant mieux, reprit madame de la Roche-Jugan avec une nuance d'aigreur.

Puis, après une pause :

— Écoutez, ma chère petite, c'est un devoir de conscience que je remplis, voyez-vous... une honnête créature comme vous méritait un meilleur sort... et votre mère, qui est dupe aussi... Cet homme-là tromperait le bon Dieu! Au nom de ma famille, je sens le besoin de vous demander pardon à toutes deux.

— Je vous répète, madame, que je ne comprends pas.

— Mais c'est impossible, mon enfant! Voyons, il est impossible que, depuis le temps, vous ne soupçonniez rien?

— Je ne soupçonne rien, madame, dit madame de Camors, car je sais tout.

— Ah! reprit sèchement madame de la Roche-Jugan, s'il en est ainsi, je n'ai rien à objecter; mais il y a des personnes, en ce cas, qui ont des accommodements de conscience bien étranges.

— C'est ce que je me disais tout à l'heure en vous écoutant, madame, dit la jeune femme qui se leva.

— Comme vous voudrez, ma chère petite... mais je vous parlais dans votre intérêt, et je me reprocherais même de ne pas vous parler plus nettement. Je connais mon neveu mieux que vous ne le connaissez, et l'autre aussi... Quoi que vous en disiez, vous ne savez pas tout, entendez-vous!... Le général est mort bien brusquement... et, après lui, c'est votre tour... Ainsi veillez sur vous, ma pauvre enfant...

— Oh! madame! s'écria la jeune femme, qui pâlit affreusement, je ne vous reverrai de ma vie!

Elle sortit sur-le-champ, courut chez elle, et, y trouvant sa mère, elle lui répéta les horribles paroles qu'elle venait d'entendre. Sa mère essaya de la calmer; mais elle était elle-même bouleversée. Elle se rendit aussitôt chez madame de la Roche-Jugan, elle la supplia d'avoir pitié d'elles, de rétracter son abominable propos ou de l'expliquer plus clairement. Elle lui fit entendre qu'elle en instruirait au besoin M. de Camors, et qu'elle ne répondait pas qu'il n'en vînt demander compte à son cousin Sigismond. Madame de la Roche-Jugan, effrayée à son tour, jugea que le plus sûr était de perdre tout à fait M. de Camors dans l'esprit de madame de Tècle. Elle lui conta donc ce qu'elle tenait de Vautrot, en se gardant de se compromettre elle-même dans son récit. Elle lui apprit la présence de M. Camors chez le général pendant la nuit où il était mort. Elle lui dit les bruits qui avaient couru. Mêlant les calomnies aux vérités, redoublant en même temps d'onction, de caresses et de larmes, elle parvint à donner à madame de Tècle une telle idée du caractère de Camors, qu'il n'y eut pas de suppositions ni d'appréhensions que la pauvre femme ne trouvât dès ce moment légitimes. Madame de la Roche-Jugan lui offrit de lui envoyer Vautrot afin qu'elle l'interrogeât elle-même. Madame de Tècle, affectant une incrédulité et une tranquillité qu'elle n'avait pas, refusa, et se retira.

En rentrant chez sa fille, elle s'efforça de la tromper sur les impressions qu'elle rapportait; mais elle y réussit mal : l'altération de ses traits démentait trop sensiblement son langage.

Elles partirent toutes deux la nuit suivante, se

cachant mutuellement l'égarement et la détresse de leurs âmes; mais, habituées depuis si longtemps à penser, à sentir et à souffrir ensemble, elles se rencontrèrent, sans se le dire, dans les mêmes réflexions, dans les mêmes raisonnements, dans les mêmes terreurs. Elles repassaient dans leur souvenir toute la vie de Camors, toutes ses fautes, et, sous le reflet de l'action monstrueuse qui lui était imputée, ces fautes elles-mêmes prenaient un caractère criminel qu'elles s'étonnaient d'avoir méconnu. Elles découvraient une suite, un enchaînement dans ses desseins; contre lui, tout se tournait désormais en crime, même le bien. Ainsi sa conduite pendant le cours de ces derniers mois, son attitude bizarre, son retour vers son enfant, vers sa femme, son assiduité tendre auprès d'elle, n'étaient plus que la préméditation hypocrite d'un crime nouveau, qui d'avance se préparait un masque.

Que faire cependant? Quelle vie commune était possible sous le poids de telles pensées? Quel présent! quel avenir! Elles s'y perdaient.

Le lendemain, M. de Camors ne put s'empêcher de remarquer leur contenance singulière en sa présence; mais il sut que son domestique, sans songer à mal, avait parlé de sa visite chez madame de Campvallon, et il attribua la froideur et l'embarras des deux femmes à cet incident. Il s'en inquiéta d'autant moins qu'il était disposé à leur rendre de ce côté une sécurité entière. A la suite des réflexions de la nuit, il méditait, en effet, de rompre pour toujours sa liaison avec la marquise. Cette rupture, qu'il se fût fait un scrupule d'honneur de provoquer, madame de Campvallon lui en avait fourni une occasion suffisante. La pensée criminelle qu'elle avait osé lui confier n'était sans doute qu'une feinte pour l'éprouver, il le croyait, mais c'était assez qu'elle l'eût exprimée pour justifier son abandon. Quant aux paroles violentes et menaçantes que la jalousie avait arrachées à la marquise, il en tenait peu de compte, quoique par instants ce souvenir le troublât.

Cependant, il ne s'était pas senti depuis des années le cœur si léger. Ce funeste lien brisé, il lui semblait qu'il avait repris avec sa liberté une sorte de jeunesse et de vertu. Il joua et se promena avec son fils une partie du jour.

Après le dîner, comme la nuit tombait déjà, mais claire et pure, il proposa tout à coup à madame de Camors une excursion en tête à tête dans les bois. Il lui parla d'un site qui l'avait frappé quelque temps auparavant par une nuit semblable, et qui plairait, dit-il en riant, à son goût romantique. Il ne laissa pas d'être étonné du peu d'empressement de la jeune femme, du sentiment d'inquiétude qui se peignit sur ses traits, et du regard rapide qu'elle échangea avec sa mère. — Une même pensée, en effet, et une pensée affreuse, venait de traverser l'esprit de ces deux malheureuses femmes. Elles étaient encore sous le coup immédiat d'un ébranlement qui les avait comme affolées, et la brusque proposition de Camors, assez contraire d'ailleurs à ses habitudes, l'heure, la nuit, la promenade solitaire, avaient agité soudain dans leur cerveau les images sinistres que madame de la Roche-Jugan y avait jetées. Madame de Camors cependant, avec un air de résolution que la circonstance ne semblait guère exiger, s'apprêta aussitôt pour sortir ; puis elle suivit son mari hors de la maison, laissant son fils aux soins de madame de Tècle. Tous deux n'eurent qu'à traverser le jardin pour se trouver dans les bois qui touchaient à l'habitation et qui allaient rejoindre au loin les vieilles futaies dont M. de Camors était devenu propriétaire par la mort du comte de Tècle.

L'intention de M. de Camors, en recherchant ce tête-à-tête, avait été de confier à sa femme la détermination décisive qu'il avait prise, de lui livrer enfin sans réserve son cœur et sa vie, et de jouir dans la solitude de ses premiers épanchements de bonheur. Surpris de la distraction glaciale avec laquelle la jeune femme répondait à la gaieté affectueuse de son langage, il redoubla d'efforts pour amener leur entretien sur le ton de l'intimité et de la confidence. Tout en s'arrêtant par intervalles pour lui faire admirer quelque effet de lumière dans l'éclaircie d'un sentier, il se mit à l'interroger sur son récent voyage à Paris, sur les personnes qu'elle y avait vues. Elle nomma madame Jaubert, quelques autres, puis, en baissant la voix malgré elle, madame de la Roche-Jugan.

— Celle-ci, dit Camors, vous auriez pu vous en dispenser. J'ai oublié de vous avertir que je ne la voyais plus.

— Pourquoi? dit-elle timidement.

— Parce que c'est une misérable femme, dit Camors. Quand nous serons un peu mieux ensemble, vous et moi, ajouta-t-il en riant, je vous édifierai sur ce caractère. Je vous conterai tout... tout, entendez-vous?

Il y avait tant de naturel et même de bonté dans l'accent avec lequel il prononça ces paroles, que la comtesse sentit son cœur à demi soulagé de l'oppression qui l'accablait. Elle se prêta avec plus d'abandon aux gracieuses avances de son mari et aux légers incidents de leur promenade. Les fantômes se dissipaient peu à peu dans son esprit, et elle commençait à se dire qu'elle avait été le jouet d'un mauvais rêve et d'une véritable démence, quand un changement singulier dans la contenance de son mari vint réveiller toutes ses terreurs. M. de Camors à son tour était devenu distrait et visiblement préoccupé de quelque grave souci. Il ne parlait plus qu'avec effort, répondait à demi, songeait, puis s'arrêtait brusquement pour regarder autour de lui comme un enfant qui a peur. Ces étranges allures, si différentes de son attitude précédente, alarmèrent d'autant plus la jeune femme qu'ils se trouvaient alors dans la partie la plus déserte et la plus éloignée du bois.

Il y avait entre les pensées qui les obsédaient l'un

et l'autre un rapport extraordinaire. Au moment où madame de Camors tremblait d'épouvante près de son mari, lui tremblait pour elle. Il avait cru s'apercevoir qu'ils étaient suivis. A plusieurs reprises, il lui avait semblé entendre dans le fourré des craquements de branches, des froissements de feuilles, enfin un bruit de pas étouffés : ce bruit s'interrompait quand il s'arrêtait lui-même, et on marchait de nouveau dès qu'il se remettait en marche. Il se figura un instant plus tard qu'il avait vu l'ombre d'un homme passer rapidement d'un taillis dans un autre derrière eux. L'idée de quelque braconnier lui était venue d'abord; mais il ne pouvait la concilier avec cette persistance qu'on paraissait mettre à les suivre. Il finit par ne point douter qu'ils ne fussent épiés, et par qui pouvaient-ils l'être? Les menaces répétées de madame de Campvallon contre la vie de madame de Camors, le caractère passionné et effréné de cette femme s'étaient subitement représentés à son esprit, et, rapprochés de cette poursuite mystérieuse, ils y avaient fait naître d'effrayants soupçons. Il n'imagina pas une minute que la marquise elle-même se fût chargée du soin de sa vengeance; mais elle avait dit — il s'en souvint — que la main se trouverait. Elle était assez riche pour la trouver en effet, et cette main pouvait être là.

Il ne voulait pas inquiéter sa jeune femme en appelant son attention sur cette espèce de spectre qu'il croyait sentir à leurs côtés; mais il ne pouvait cependant lui cacher une agitation dont chaque mouvement donnait lieu à des interprétations si fausses et si cruelles.

— Marie, lui dit-il, marchons un peu plus vite, je vous prie, j'ai froid.

Il hâta le pas, et résolut de regagner le château par le chemin public, qui était semé d'habitations. Quand ils approchèrent de la lisière du bois, quoiqu'il crût toujours entendre par intervalles les sons qui l'avaient alarmé, il se rassura, reprit quelque liberté d'esprit, et, un peu honteux même de sa panique, il fit arrêter la comtesse devant le site qui avait été le but de son excursion. C'était une muraille de roches qui dominait l'excavation profonde d'une marnière abandonnée depuis longtemps : les arbustes aux formes fantastiques qui couronnaient la cime de ce rocher, les lianes pendantes, les lierres sombres, qui en tapissaient les parois, les blancheurs de la pierre, les vagues reflets de l'étang qui croupissait au fond du gouffre, tout cela offrait sous cette nuit lumineuse un spectacle d'une beauté sauvage.

Il y avait tout autour de la marnière des accidents de terrain et des fourrés de broussailles épineuses qui obligeaient à un long détour ceux qui voulaient passer des bois sur la route voisine; mais on avait jeté sur la partie la plus resserrée de l'excavation deux troncs d'arbres accouplés et à demi aplanis qui permettaient le passage direct, tout en donnant à ceux qui s'y hasardaient l'aspect le plus complet et le plus pittoresque de ce site bizarre. Madame de Camors n'avait pas encore vu cette espèce de pont que son mari avait fait disposer tout récemment.

Après quelques minutes de contemplation, et comme il lui indiquait de la main les deux troncs d'arbres :

— Est-ce qu'il faut passer par là? lui dit-elle d'une voix très brève.

— Si vous n'avez pas peur, dit Camors; au reste, je serai là.

Il vit qu'elle hésitait, et, sous les rayons de la lune, sa pâleur lui sembla si étrange, qu'il ne put s'empêcher de lui dire :

— Je vous croyais plus brave !

Elle n'hésita plus, et mit le pied sur ce pont périlleux. — Malgré elle, tout en s'y avançant avec précaution, elle retournait à demi la tête derrière elle, et sa marche en était gênée. Tout à coup, elle chancela. M. de Camors s'élança pour la retenir, et, dans le trouble du moment, sa main s'abattit sur elle avec une sorte de violence. La malheureuse femme poussa un cri déchirant, fit un geste comme pour se débattre, le repoussa, et, courant follement sur le pont, alla se rejeter dans le bois. M. de Camors, interdit, effrayé, ne sachant ce qui se passait, la suivit à la hâte : il la trouva à deux pas du pont, adossé contre le premier arbre qu'elle avait rencontrée, tournée vers lui, épouvantée mais menaçante, et, dès qu'il approcha :

— Lâche ! lui dit-elle.

Il la regardait avec un véritable égarement, quand il entendit un bruit de pas précipités : une ombre était sortie tout à coup de l'épaisseur du bois; il reconnut madame de Tècle. Elle accourut, haletante, en désordre, saisit la main de sa fille, et, dressée vers lui :

— Toutes deux ensemble au moins! dit-elle.

Il comprit enfin. Un cri s'étouffa dans sa gorge. Il saisit convulsivement son front dans ses deux mains; puis, laissant retomber ses bras désespérés :

— Ainsi, dit-il d'une voix sourde, vous me prenez pour un meurtrier! Eh bien, poursuivit-il en frappant la terre du pied avec une violence soudaine, que faites-vous là?... Sauvez-vous!... sauvez-vous donc!

Éperdues de terreur, elles lui obéirent. Elles se sauvèrent; la mère entraîna sa fille à grands pas, et il les vit disparaître dans la nuit.

Quant à lui, il demeura là, dans ce lieu sauvage, les heures s'écoulant sans qu'il en sût le nombre. Tantôt il allait et venait dans l'étroit espace qui le séparait du pont et de l'abîme; tantôt, s'arrêtant brusquement, les yeux baissés et fixes, il semblait aussi immobile, aussi inerte que le tronc d'arbre contre lequel il s'appuyait. S'il y a, comme nous l'espérons, une main divine qui pèse dans de justes balances nos douleurs en regard de nos fautes, ce moment dut être compté à cet homme.

VIII

Le lendemain dans la matinée, la marquise de Campvallon se promenait sur les bords d'une vaste pièce d'eau de forme circulaire qui ornait la partie basse de son parc, et dont on entrevoyait de loin à travers les arbres les reflets métalliques. Elle en faisait le tour à pas lents, le front penché, traînant sur le sable sa longue robe de deuil, et comme escortée par deux grands cygnes éblouissants de blancheur qui, semblant attendre de sa main quelque pâture, nageaient assidûment contre la rive à ses côtés. Tout à coup M. de Camors parut devant elle. Elle avait cru ne jamais le revoir; elle dressa la tête et porta vivement une main sur son cœur.

— Oui, c'est moi, lui dit-il. Donnez-moi votre main.

Elle la lui donna.

— Vous aviez raison, Charlotte, reprit-il ; on ne rompt pas des liens comme les nôtres... J'en ai eu la pensée... C'était une lâcheté que je me reproche et dont j'ai été, d'ailleurs, assez puni. Cependant, je vous prie de me la pardonner.

Elle l'attira doucement à quelques pas sous l'ombre des grands platanes qui enveloppaient la pièce d'eau, elle s'agenouilla avec sa grâce théâtrale, et, attachant sur lui des yeux humides, elle couvrit ses mains de baisers. Il la releva, et, la serrant contre sa poitrine :

— N'est-ce pas pourtant, dit-il à voix basse, que vous ne vouliez pas ce crime?

Comme elle secouait la tête avec une sorte d'indécision triste :

— Au reste, reprit-il amèrement, nous n'en serions que plus dignes l'un de l'autre, car, moi, on m'en a cru capable!

Il lui prit le bras, et, tout en marchant, il lui conta brièvement les scènes de la nuit. Il lui dit qu'il n'était pas rentré dans sa maison, et qu'il était résolu à n'y rentrer jamais.

Tel avait été, en effet, le résultat de ses douloureuses méditations. Essayer d'une explication auprès de celles qui l'avaient si mortellement outragé, leur ouvrir le fond de son cœur, leur dire que cette pensée criminelle, dont elles l'accusaient, il l'avait repoussée la veille avec horreur quand une autre la proposait, — il avait songé à tout cela; mais cette humiliation, quand il eût pu s'y abaisser, eût été inutile. Comment espérer vaincre par des paroles une défiance capable de se porter à de tels soupçons? Il en devinait confusément l'origine, et il comprenait que cette défiance, envenimée par les souvenirs du passé, était incurable. Le sentiment de l'irréparable, l'orgueil révolté, l'indignation même de l'injustice ne lui avaient montré qu'un refuge possible, c'était celui où il venait se jeter.

La comtesse de Camors et madame de Tècle n'apprirent que par leurs gens et par le public l'installation du comte dans une maison de campagne qu'il avait louée à peu de distance du château de Campvallon. Après avoir écrit dix lettres qu'il avait toutes déchirées il s'était décidé à un silence absolu. Elles tremblèrent quelque temps qu'il ne leur prît son fils. Il y pensa; mais c'était une sorte de vengeance qu'il dédaigna.

Cette installation, qui affichait hautement les relations de M. de Camors avec madame de Campvallon, fit sensation dans le monde parisien, où elle ne tarda pas à être connue; elle y souleva de nouveau, on peut s'en souvenir, d'étranges rumeurs. M. de Camors ne les ignora pas, et les méprisa. Sa fierté, qui était alors exaspérée par une irritation farouche, se plut à défier l'opinion, se promettant, d'ailleurs, d'en triompher aisément. M. de Camors savait qu'il n'est pas de situation qu'on ne puisse imposer au monde avec de l'audace et de l'argent.

A dater de cette époque, il reprit énergiquement la suite de sa vie, ses habitudes, ses travaux, ses pensées d'avenir. Madame de Campvallon, initiée à tous ses projets, y ajoutait les siens, et tous deux s'occupèrent d'organiser à l'avance leurs deux existences désormais confondues pour toujours. La fortune personnelle de Camors unie à celle de la marquise ne laissait aucune limite aux fantaisies qui pouvaient tenter leur imagination. Ils convinrent d'habiter séparément à Paris; mais le salon de la marquise leur serait commun : leurs deux prestiges y rayonneraient à la fois, et en feraient un centre social d'une influence souveraine. La marquise y régnerait avec la splendeur de sa personne sur le monde des lettres, des arts et de la politique; Camors y trouverait des moyens d'action qui ne pouvaient manquer d'accélérer les hautes destinées auxquelles ses talents et son ambition l'appelaient. C'était enfin la vie qui leur était apparue, à l'origine de leur liaison, comme une sorte d'idéal du bonheur humain, celle de deux êtres supérieurs se partageant fièrement au-dessus de la foule toutes les voluptés de la terre, les ivresses de la passion et les jouissances de l'esprit, les satisfactions de l'orgueil et les émotions de la puissance. L'éclat d'une telle vie serait la vengeance de Camors, et forcerait à d'amers regrets celles qui avaient osé le méconnaître.

Le deuil encore si récent de la marquise leur commandait cependant d'ajourner la réalisation de ce rêve, s'ils ne voulaient pas heurter trop violemment la conscience publique. Ils le sentirent, et résolurent de voyager pendant quelques mois avant de rentrer à Paris. Le temps qui se passa dans leurs combinaisons d'avenir et dans les préparatifs de ce voyage fut pour madame de Campvallon le moment le plus doux de sa vie. Elle goûtait enfin dans sa plénitude une intimité si longtemps troublée, et dont le charme, à la vérité, était grand, car son amant, comme pour lui faire oublier un instant d'abandon, y prodiguait avec les grâces infinies de son esprit les effusions d'une tendresse exaltée. Il apportait en même temps à ses études particulières, comme à leurs projets communs, une ardeur, un feu qui éclatait sur son front, dans ses yeux, et qui semblait rehausser encore sa virile beauté.

Il lui arrivait souvent, après avoir quitté la marquise dans la soirée, de travailler fort tard chez lui, et quelquefois jusqu'au matin. Une nuit, peu de temps avant le jour qu'ils avaient fixé pour leur départ, le domestique particulier du comte, qui couchait au-dessous de la chambre de son maître, entendit un bruit qui l'alarma. Il monta à la hâte et trouva M. de Camors étendu sans mouvement sur le parquet au pied de sa table de travail. Ce domestique, nommé Daniel, avait toute la confiance de Camors, et il l'aimait de cette affection singulière que les natures fortes inspirent souvent à leurs inférieurs. Il envoya chercher madame de Campvallon. Elle accourut bientôt après. M. de Camors, revenu de son évanouissement, mais fort pâle, marchait à travers sa chambre quand elle entra. Il parut contrarié de la voir, et gronda assez vivement son domestique pour son zèle malavisé. Il avait eu simplement, dit-il, un de ces vertiges auquel il était sujet. Madame de Campvallon se retira presque aussitôt, après l'avoir supplié de ne plus se livrer à ces excès de travail.

Quand il vint chez elle le lendemain, elle ne put être surprise de l'abattement dont sa physionomie était empreinte, et qu'elle attribuait à la secousse qu'il avait éprouvée dans la nuit; mais, lorsqu'elle lui parla de leur prochain départ, elle fut étonnée et même alarmée de sa réponse :

— Différons un peu, je vous prie, lui dit-il; je ne me sens pas en état de voyager.

Les jours se passèrent. Il ne fit plus aucune allusion à ce voyage. Il était sombre, silencieux, glacial. L'ardeur active et comme fiévreuse qui avait animé jusque-là sa vie, son langage, ses yeux, était brusquement tombée. Un symptôme qui inquiéta la marquise entre tous, ce fut le désœuvrement absolu auquel il s'abandonna. Il la quittait le soir de bonne heure. Daniel dit à la marquise que le comte ne travaillait pas et qu'il l'entendait marcher une partie de la nuit. En même temps, sa santé s'altérait visiblement.

La marquise se décida un jour à l'interroger. Comme ils se promenaient tous deux dans le parc :

— Vous me cachez quelque chose, lui dit-elle. Vous souffrez, mon ami... qu'avez-vous?

— Je n'ai rien.

— Je vous en prie.

— Je n'ai rien, répéta-t-il avec plus de force.

— Est-ce votre fils que vous regrettez?

— Je ne regrette rien.

Après quelques pas faits en silence :

— Quand je pense, reprit-il subitement, qu'il y a quelqu'un au monde qui m'a traité de lâche... car j'entends toujours ce mot-là à mon oreille!... qui m'a traité de lâche... et qui le croit comme il l'a dit... et qui le croira toujours!... Si c'était un homme, cela irait tout seul! mais c'est une femme!

Après cette explosion soudaine, il se tut.

— Eh bien, que voulez-vous, que demandez-vous? dit la marquise avec une sorte d'emportement. Voulez-vous que j'aille lui dire la vérité?... lui dire que vous étiez prêt à la défendre contre moi?... que vous l'aimez et que vous me haïssez? Si c'est là ce que vous voulez, dites-le!... Je crois que j'en serais capable, tant cette vie devient impossible!

— Ne m'outragez pas à votre tour, dit-il vivement. Congédiez-moi, si cela vous plaît, mais je n'aime que vous... Ma fierté saigne, voilà tout!... Et je vous donne ma parole que, si jamais vous me faisiez l'affront d'aller me justifier, je ne reverrais de ma vie ni vous ni elle!... Embrasse-moi.

Il la pressa contre son cœur, et elle se calma pour quelques heures.

Cependant la maison qu'il avait louée allait cesser

d'être libre, le propriétaire revenant l'habiter. Le milieu de décembre approchait alors, et c'était le moment où la marquise avait l'usage de retourner à Paris. Elle proposa à M. de Camors de le loger au château pendant le peu de jours qu'ils devaient encore passer à la campagne. Il accepta; mais, quand elle lui parla de Paris :

— Pourquoi sitôt? lui dit-il; ne sommes-nous pas bien là?

Un peu plus tard, elle lui rappela que la session de la Chambre allait s'ouvrir. Il prétexta sa santé, qu'il sentait atteinte, disait-il, et voulut envoyer sa démission de député. Elle obtint à force de prières qu'il se contentât de demander un congé.

— Mais vous, ma chère, lui dit-il, je vous condamne là à une triste existence.

— Avec vous, répondit-elle, je suis heureuse partout et de tout.

Il n'était pas vrai qu'elle fût heureuse; mais il était vrai qu'elle l'aimait et qu'elle lui était dévouée. Il n'y avait pas de souffrances auxquelles elle ne fût résignée, pas de sacrifices auxquels elle ne fût prête, si c'était pour lui. Dès ce moment, la perspective de cette existence radieuse, de cette souveraineté mondaine qu'elle avait tant rêvée, qu'elle avait cru toucher de la main, lui échappait. Elle commençait à pressentir un sombre avenir de solitude, de renoncement, de larmes secrètes; mais près de lui la douleur même était une fête.

On sait avec quelle rapidité passe la vie pour ceux qui s'ensevelissent sans distraction dans quelque chagrin profond; les jours sont longs, mais la suite en est brève et comme insensible. Ce fut ainsi que les mois, puis les saisons, se succédèrent pour la marquise et pour Camors avec une monotonie qui ne laissait presque aucune trace dans leur pensée. Leurs relations quotidiennes étaient marquées d'un caractère invariable : c'était de la part du comte une courtoisie froide et le plus souvent silencieuse, de la part de la marquise une tendresse attentive et une douleur contenue. Chaque jour, ils sortaient à cheval dans la campagne, tous deux vêtus de noir, sympathiques par leur beauté et leur tristesse, et entourés dans le pays d'un respect mêlé d'effroi.

Vers le commencement de l'hiver suivant, madame de Campvallon éprouva de sérieuses inquiétudes. Bien que M. de Camors ne se plaignît jamais, il était évident que sa santé s'altérait de plus en plus. Une teinte bistrée, presque argileuse, couvrait ses joues amaigries et s'étendait jusque sur l'émail de ses yeux. La marquise manda, sans l'en prévenir, son médecin de Paris. M. de Camors montra quelque humeur en l'apercevant, et se prêta pourtant à la consultation avec sa politesse ordinaire. Le médecin reconnut les symptômes d'une hépatite chronique; il ne vit pas de danger, mais il recommanda une saison à Vichy, quelques précautions hygiéniques et le repos absolu de l'esprit. Quand la marquise essaya de proposer à

Camors ce voyage à Vichy, il haussa les épaules sans répondre.

Peu de jours après, madame de Campvallon, entrant un matin dans les écuries, vit Medjé, la jument favorite de Camors, blanche d'écume, haletante et à demi fourbue. Le palefrenier expliqua avec embarras l'état de cette bête par une promenade que le comte avait faite dans la matinée. La marquise eut recours à Daniel, qui était devenu pour elle un confident. Elle le pressa de questions, et il finit par lui avouer que son maître, depuis quelque temps, était sorti plusieurs fois le soir à cheval pour ne rentrer que le matin. Daniel était désespéré de ces courses nocturnes, qui, disait-il, fatiguaient beaucoup M. de Camors. Il finit par confesser à madame de Campvallon que Reuilly était le but de ses excursions.

La comtesse de Camors, cédant à des considérations dont le détail serait sans intérêt, avait continué de résider à Reuilly depuis que son mari l'avait abandonnée. Reuilly était à une dizaine de lieues de Campvallon, bien qu'on pût abréger un peu la route en prenant quelques traverses. M. de Camors n'hésitait pas à franchir deux fois cette distance dans la nuit pour se donner l'émotion de respirer pendant quelques minutes le même air que sa femme et son enfant. Daniel l'avait accompagné une ou deux fois; mais le comte allait seul le plus souvent. Il laissait le cheval dans le bois, s'approchait de la maison autant qu'il le pouvait sans courir le risque d'être découvert, et, se dérobant comme un malfaiteur derrière l'ombre des arbres, il épiait les fenêtres, les lumières, les bruits, les moindres signes des chères existences dont un abîme éternel le séparait.

La marquise, à demi irritée, à demi effrayée d'une bizarrerie qui lui sembla toucher à la démence, feignit de l'ignorer; mais ces deux esprits étaient trop habitués à se pénétrer l'un l'autre, jour par jour, pour pouvoir se rien cacher. Il comprit qu'elle était instruite de sa faiblesse et ne parut plus se soucier de lui en faire un mystère.

Un soir du mois de juillet, il partit à cheval dans l'après-midi et ne rentra point pour dîner. Il arriva dans les bois de Reuilly à la chute du jour, comme il l'avait prémédité. Il entra dans le jardin avec ses précautions accoutumées, et, grâce à la connaissance qu'il avait des usages de la maison, il put approcher sans être aperçu du pavillon où était la chambre de la comtesse, qui était en même temps celle de son fils. Cette chambre, par la disposition particulière du logis, était élevée du côté de la cour à la hauteur d'un entre-sol; mais elle donnait de plain-pied sur le jardin. Une des fenêtres était ouverte à cause de la chaleur de la soirée, M. de Camors, se masquant derrière un des volets de la persienne qui était à demi fermé, plongea son regard dans l'intérieur de la chambre. Il n'avait revu depuis près de deux ans ni sa femme, ni son fils, ni madame de Tècle : il les revit là tous les trois. Madame de Tècle travaillait près de la cheminée : son visage n'avait pas changé, il avait toujours le même air de jeunesse; mais ses cheveux étaient uniformément d'une blancheur de neige. Madame de Camors, assise sur une causeuse, presque en face de la fenêtre, déshabillait son fils en échangeant gaiement avec lui des questions, des réponses et des baisers.

L'enfant, sur un signe, s'agenouilla aux pieds de sa mère dans sa légère toilette de nuit, et, pendant qu'elle lui tenait les mains jointes dans les siennes, il commença à voix haute sa prière de chaque soir. Elle lui soufflait de temps à autre un mot qui lui échappait. Cette prière, composée d'un petit nombre de phrases à la portée de ce jeune esprit, se terminait par ces mots: « Mon Dieu! soyez bon et miséricordieux pour ma mère, pour ma grand'mère, pour tous les miens, et surtout, mon Dieu! pour mon père infortuné! » Il avait prononcé ces paroles avec un peu de précipitation enfantine; sur un regard sérieux de sa mère, il reprit aussitôt avec une insistance émue, comme un enfant qui répète une inflexion de voix qu'on lui a apprise : « **Et surtout, mon Dieu! pour mon père infortuné!** »

M. de Camors se détourna soudain, s'éloigna sans bruit, et sortit du jardin par l'issue la plus proche. Il passa la nuit dans le bois. Une idée fixe le tourmentait: il voulait voir son fils, lui parler, l'embrasser, le presser sur son cœur. Ensuite peu lui importait. Il s'était souvenu qu'on avait coutume autrefois de mener l'enfant chaque matin à la ferme la plus rapprochée pour lui faire boire une tasse de lait. Il espérait qu'on avait conservé cette habitude.

La matinée arriva, et bientôt l'heure qu'il attendait. Il s'était embusqué dans le sentier qui conduisait à la ferme. Il entendit un bruit de pas, des rires, des cris joyeux, et son fils se montra tout à coup, courant en avant. C'était alors un élégant petit garçon de cinq à six ans, d'une mine gracieuse et fière. Quand il aperçut M. de Camors au milieu du sentier, il s'arrêta : il hésitait devant ce visage inconnu ou à demi oublié; mais le sourire tendre, presque suppliant de Camors le rassura.

— Monsieur! dit-il avec incertitude.

Camors ouvrit ses bras, et, se penchant comme s'il était près de s'agenouiller :

— Venez m'embrasser, je vous en prie! murmura-t-il.

L'enfant s'avançait déjà en souriant, quand la femme qui le suivait, et qui était son ancienne nourrice, parut soudain.

Elle fit un geste d'effroi.

— Votre père! dit-elle d'une voix étouffée.

A ce mot, l'enfant poussa un cri de terreur, se rejeta violemment en arrière et se pressa contre cette femme en attachant sur son père des yeux épouvantés. La nourrice le prit par le bras et l'emmena à la hâte.

M. de Camors ne pleura pas. Une contraction

affreuse rida les coins de sa bouche et fit saillir la maigreur de ses joues. Il eut deux ou trois secousses pareilles à des frissons de fièvre. Il passa lentement la main sur son front, soupira longuement, et partit.

Madame de Campvallon ne connut point cette triste scène; mais elle en vit les suites, et elle les sentit elle-même amèrement. Le caractère de M. de Camors, déjà si profondément bouleversé, devint méconnaissable. Il n'eut même plus pour elle la politesse froide qu'il avait gardée jusque-là. Il lui témoignait une antipathie étrange. Il la fuyait. Elle s'aperçut qu'il évitait de lui toucher la main. Ils ne se virent plus que rarement, la santé de Camors ne lui permettant plus de repas réguliers.

Ces deux existences désolées offraient alors, au milieu de l'appareil presque royal qui les entourait, un spectacle digne de pitié. Dans ce parc magnifique, à travers les riches parterres et les grands vases de marbre, sous les longues arcades de verdure peuplées de statues blanches, on les voyait tous deux errer séparément comme deux ombres mornes, se rencontrant quelquefois, ne se parlant jamais.

Un jour, vers la fin de septembre, M. de Camors ne descendit pas de son appartement. Daniel dit à la marquise qu'il avait donné l'ordre de n'y laisser pénétrer personne.

— Pas même moi? dit-elle.

Il secoua la tête douloureusement. Elle insista.

— Madame, dit-il, je serais chassé.

Le comte persistant dans cette manie de réclusion absolue, elle en fut réduite dès ce moment aux nouvelles que ce domestique lui donnait chaque jour. M. de Camors n'était point alité. Il passait sa vie dans une rêverie sombre, couché sur son divan. Il se levait par intervalles, écrivait quelques lignes, et se recouchait. Sa faiblesse paraissait grande, quoiqu'il ne se plaignît d'aucune souffrance. Après deux ou trois semaines, la marquise, lisant sur les traits de Daniel une inquiétude plus vive que de coutume, le supplia d'introduire chez son maître le médecin du pays, qu'elle fit appeler. Il s'y décida. La malheureuse femme, quand le médecin fut entré dans l'appartement du comte, se tint contre la porte, écoutant avec angoisse. Elle crut entendre la voix de Camors s'élevant avec violence, puis ce bruit s'apaisa. Le médecin en sortant lui dit simplement :

— Madame, son état me paraît grave, mais non désespéré... Je n'ai pas voulu le presser aujourd'hui... il m'a permis de revenir demain.

Dans la nuit qui suivit, vers deux heures, madame de Campvallon entendit qu'on l'appelait : elle reconnut la voix de Daniel. Elle se leva aussitôt, jeta une mante sur elle, et le fit entrer :

— Madame, dit-il, M. le comte vous demande.

Et il fondit en larmes.

— Mon Dieu, qu'y a-t-il?

— Venez, madame, il faut vous hâter.

Elle l'accompagna aussitôt.

Dès qu'elle eut mis le pied dans la chambre, elle ne put s'y tromper. La mort était là. Épuisée par la douleur, cette existence si pleine, si fière, si puissante, allait finir. La tête de Camors, renversée sur les oreillers, semblait avoir déjà une immobilité funèbre. Ses beaux traits, accentués par la souffrance, prenaient le relief rigide de la sculpture. Son œil seul vivait encore, et la regardait. Elle s'approcha à la hâte, et voulut saisir la main qui flottait sur le drap. Il la retira. Elle eut un gémissement désespéré. Il la regardait toujours fixement. Elle crut voir qu'il essayait de parler et qu'il ne le pouvait plus; mais ses yeux parlaient. Ils lui adressaient quelque recommandation à la fois impérieuse et suppliante qu'elle comprit sans doute, car elle dit tout haut, avec un accent plein de douleur et de tendresse :

— Je vous le promets!

Il parut faire un effort douloureux, et son regard désigna une grande lettre cachetée qui était posée sur le lit; elle la prit, et lut sur l'enveloppe : « Pour mon fils. »

— Je vous le promets! dit-elle encore en tombant sur ses genoux et en inondant le drap de ses larmes.

Il souleva alors sa main vers elle.

— Merci! lui dit-elle.

Et, ses pleurs redoublant, elle posa ses lèvres sur cette main déjà froide. Quand elle redressa la tête, elle vit dans la même minute les yeux de M. de Camors se mouiller faiblement, rouler tout à coup comme égarés, puis s'éteindre. Elle poussa un cri, se jeta sur le lit, et baisa follement ces yeux encore ouverts, mais qui ne la voyaient plus.

Ainsi mourut cet homme qui fut sans doute un grand coupable, mais qui pourtant fut un homme.

FIN